作者简介：

黄宽重，国际知名宋史学者，深耕宋史研究，长年致力于历史学及人文学之跨领域研究。著有《孙应时的学宦生涯》《宋代的家族与社会》《艺文中的政治》《南宋地方武力——地方军与民间自卫武力的探讨》《居乡怀国——南宋乡居士人刘宰的家国理念与实践》等专著。

政策与对策

黄宽重 著

后浪出版公司　上海三联书店

推荐语

本书是享誉海内外的宋史学家黄宽重先生在大陆出版的第6本书，是一部精心编辑的论文集。

全书分3编收录了7篇论文，“导言：从活的制度史迈向新的政治史：宋代政治史研究趋向”提纲挈领，高屋建瓴，是作者的研究宣言。第1编“中央集权下的基层权力结构”论文3篇，分别讨论“五代的巡检”“宋朝的基层武力——弓手”和“宋朝县级地方政府的权力结构与运作”；第2编“地方势力与政治适应”论文2篇，分别讨论“两宋之际的洛阳地方武力”和“宋元时期的四明士族”；第3编“政局变动与信息流动”论文2篇，分别讨论“北宋晚期的广西经略”和“宋蒙广西战役的军情搜集与传递”。“结论”帮助读者收拢思绪，启发思考。

以论文为形式便于聚焦议题、深入讨论，从不同的角度深刻揭示历史的真实。而所有这些角度和议题均指向标题所示的两大主题词“政策”与“对策”。权力的集中与中央控制，是帝制国家两千年一贯的不懈追求，然而当权者可以为所欲为，却很难心想事成，“上有政策，下有对策”是帝制政治从未间断的实际发生。在“五代宋元”这个充满变化的历史时期之内，“皇帝国家”的政策与地方政府、地方人士之间的关系究竟呈现出怎样复杂的互动交融？平时如何，战时又如何？作者以自身丰厚的宋代社会史、军事史积累为基础，回望政治史，希望“跳脱传统偏重典章制度的讨论方式，以兼顾基层的角度考察宋代政治与社会秩序的形成过程”，为读者“描绘出更为生动、深刻的政治史图像”。

——**赵冬梅（北京大学历史学系教授）**

目录

第二编
地方势力与政治适应

第三编
政局变动与信息流动

序

在国际宋史研究领域中，尤其在南宋史方面，黄宽重教授无疑居于领导地位。

从学士到硕士的求学时期，宽重就以南宋末年宋廷与金、蒙关系的论文崭露头角；博士论文探讨南宋时代的义军，奠定他在南宋史学界的名声。其后他从宋金关系、宋蒙关系、金朝到宋的归正人、地方武力，转而专注南宋的地方社会与士人家族，并在这些研究领域都发表了重要的论文和专著。

宽重的学术成就，一方面来自他孜孜不倦地读书和参考前人之作，从而发现新的研究课题与途径，因此能够发人所未发，如探究官员、地方势力和胥吏等推动基层社会运作的主要力量；另一方面，他力图穷尽现存文集并广泛发掘新数据，因此能够知人所不知，如发现宋代印刷术的确实证据。本书则是在这两方面达到高峰的作品，也是他多年来研究工作的精华。书中开启了讨论地方与中央信息沟通和互动的新途径，呈现出南宋社会组织与发展成为宋以后基层社会的模式，可以说是研究南宋地方社会和家族的典范。

从宽重进入台湾大学历史研究所起，就和我有共同的研究兴趣。四十余年来，在教学相长的漫长生涯中，我能够目睹优秀学者的成长和光大，是最值得骄傲和庆幸的事。在此我还要提及他曾协助先父与我出版《食货月刊》，由衷感激他任事细心负责、任劳任怨。谨以这篇序文，作为与宽重最深最久、谊兼师友的纪念。

陶晋生

2011年12月

导　言

从活的制度史迈向新的政治史

宋代政治史研究趋向

20世纪初以来，政治史长居中国史研究的主流地位。早期的政治史研究着重上层政治结构与政治发展，典章制度、政治事件、变法、党争、政局变动、政治人物与集团等面向都是常见的主题。后因史料刊布及欧美社会科学理论引进，新的研究议题与领域日渐拓展，学者的研究眼光开始从中央、上层、典章制度，转向地方、基层、庶民生活。社会、经济、文化等历史研究议题成为学界新宠，发展日益蓬勃，反观政治史研究却渐形萎缩。

在政治史初逢挑战之际，宋史学界已有学者尝试通过各种视角，分析政治过程与空间，动态阐述决策的形成与落实，以发掘具有新意与启发性的政治史议题。2001年，大陆宋史学界提出"活的制度史"，进一步指出制度史研究应把握制度变迁与背后复杂的人事权力关系，而非视制度为孤立于政治运作与人事之外的静态产物。在政治史研究的新视野下，已有几部成功的著作问世，并在宋史学界引发广泛回响。继此以降，在研究视野、方法推陈出新的学术环境里，宋代政治史未来的研究趋向为何，有哪些具体的研究观点、范畴与成果，又如何能保持竞争力，值得研究者关注。

一、宋代政治史研究的兴盛阶段

20世纪初，符合现代学术意义的中国史研究方才展开，政治史研究已广受学界重视并位居主流，是为政治史研究的兴起阶段。历史研究在此阶段因出版典籍不多，重要图书不易使用，加上讨论上层政治结构、人物与政治发展等问题，仅需结合重要经典及“二十五史”等正史典籍即能提出新见，成一家之言，故投身研究者众多，成果辉煌。在偏爱研究盛世典制的学术氛围与史料局限下，学界研究虽有“重汉唐、轻宋明”的现象，但第一代宋史学者仍为宋代政治史研究奠定了扎实的基础。如聂崇岐《宋代府州军监之分析》与《论宋太祖收兵权》、张荫麟《北宋的外患和变法》、钱穆《论宋代相权》，以及邓广铭《宋史职官志考正》与《宋史刑法志考正》等著作，通过文献考索的实证方法，对史志与制度翔实地考订与探究，是早期研究宋代政治制度具有代表性的作品[①]。此外，

① 邓广铭:《宋史职官志考正》,《“中央研究院”历史语言研究所集刊》10本(1948),页433—593;《宋史刑法志考正》,《“中央研究院”历史语言研究所集刊》20本下(1948),页123—173。钱穆:《论宋代相权》,《中国文化研究汇刊》2卷(1942),页145—150。聂崇岐:《宋代府州军监之分析》,《燕京学报》29期(1941),页1—56;《论宋太祖收兵权》,《燕京学报》34期(1948),页85—106。张荫麟:《北宋的外患和变法》,《思想与时代》5期(1941),页22—29;6期(1942),页31—38。

变法、党争、政局变动、集团与政治斗争，以及政治人物的作为与历史定位等议题，也都是早期政治史研究的热点；宋代的皇权与相权、强干弱枝、重文轻武等，更是讨论中国历史转型的重要课题。

不过，此阶段的宋史也如同其他断代研究，明显独重开国立制阶段与变法党争，对北宋晚期以降，特别是南宋一百五十三年的历史，多有忽视。之所以如此，一来是研究者多认为开国时期的规划与作为决定了一朝格局，后继者多是祖述旧章，无关宏旨，故疏于论述。二来，研究资料也限制了讨论的开展。北宋一朝除了《宋史》，尚有编年体的《续资治通鉴长编》，该书保留北宋中晚期以前的详细史料，裨于学者掌握兴革变化；南宋除了《宋史》与记录高宗一朝历史的《建炎以来系年要录》，缺乏完备的编年史料，其他文献又殊为零散，不易搜集整理，一时难以掌握梳理。再者，在追求盛世宏规的国情下，南宋往往被视为偏安小朝廷，除了悲剧性英雄岳飞、文天祥与理学大儒朱熹等历史人物，其他课题鲜受学者青睐。

台湾地区的宋史研究开展于1949年之后。当时大量典籍文献进入台湾，许多历史学者在艰苦的环境中揭开了中国史研究的序幕。惟此时期受限于庋藏条件，一般学者难有机会利用这些典籍，故而整体研究环境和风气仍与在大陆时无异。学界多遵循传统的考证分析，此即被批评为缺乏理论的史料学派。此时，各大学历史学系的课程讲授及研究仍以政治史为主，焦点也偏重北宋史。其中，政治大学的政治研究所的成果最为丰硕。该所以政治制度及其运用为主要探讨方向，有较强的政治学训练，并能参用政治与社会科学理论及方法，虽然研究途径及史料运用与历史学界不尽相同，史料爬梳与考订亦不如历史学界，却是跨领域研究的先行者。

二、台湾地区的宋代政治史研究的消退

台湾地区的宋代政治史研究兴起阶段的研究焦点集中北宋，讨论议题偏重政治事件与历史人物探究，至20世纪70年代起转入消退阶段。这与典籍的大量出版与社会科学理论的引进关系密切。

20世纪中叶，世界各国认识、了解中国的需求急切，积极开展中国学研究。国际学界视中国台湾地区所藏的丰富典籍为重要研究资源，台湾地区遂成为中国传统文化重要的对外窗口，大规模的史料编辑、翻印等出版工作于20世纪70年代前后陆续展开。以宋史研究材料而言，除了正史，《续资治通鉴长编》、《宋会要辑稿》、名家文集、笔记小说，以及由赵铁寒教授主编的《宋史资料萃编》，均大大丰富了研究资源，连带开拓了新的研究领域与议题①。

① 李焘:《续资治通鉴长编》(台北：世界书局，1961)。徐松辑:《宋会要辑稿》(台北：新文丰出版公司，1976)。赵铁寒主编:《宋史资料萃编》(台北：文海出版社，1967)。

同时，受到欧美学界的影响，社会科学理论也浸渐主导台湾地区的中国史研究取向。欧美学者关心中国的历史发展与现代化，或源于其对自身社会历史发展的观察，或撷取自相关的社会科学理论，社会学、人类学、经济学、文化学等观点都是触发其灵感的来源。通过旅美学者的转介，各时期流行的理论和方法先后引进，如计量统计、社会流动都曾或深或浅地影响史学研究，使历史学研究途径多样化，观察诠释也趋于多元。不同学科间的激荡刺激，使新的议题不断出现，带动了新的研究方法，也扩展了新的研究方向。20世纪70年代以降，史学研究的重点不断改变，如以个别人物为中心的学术思想史、强调量化统计与理论的社会经济史、着眼于庶民生活的文化史与后现代研究等，都曾在史学界引领过一代风骚。

研究材料的开拓、数字数据库的出现，加上一波波不同领域社会科学理论的影响，历史研究议题不断扩大、分殊，研究范畴也由原本的中央、上层，向地方、下层、庶民推展，面向渐广。史学研究的热点日益被思想史、社会史、经济史、文化史等形形色色的课题占据。在此背景下，政治史论著数量虽未减少，但相较于各类新生议题，显得欠缺新意，因而传统的以典章制度考订或政治事件探究为主的政治性议题，不再受到学界关注，政治史的重要性渐渐被冲淡、稀释，甚至有消退之势。这种现象从近十年来台湾地区史学界所发表的论文，以及各大学相关系所开设的课程内容，可以清楚发现。

研究途径和书写技术的改变，与政治史研究热潮消退相系。传统历史研究侧重对史料的搜集整理与考订解读，留心对时空背景的整体掌握，着重“变”与“常”之间的关系，在数据分析之外，更看重叙述。这样的治学方式强调“文史不分家”的涵养，研究者必须具备扎实的阅读与文字掌握能力，善于参照不同性质的史料，同时广泛涉猎各类知识，充实历史地理、年代、职官、版本目录等基本素养，才能深透。也就是说，传统中国的历史学被视为人文学枢纽，是一门综合性的学问，学科边界并不明显。

然而，传统的“学问”在现代学科划分的影响下，相互之间分际凛然，非但训练与途径各有不同，更纷纷强调创新、注重理论，学术专业性日益强化，尤其仰赖大型数据库查索数据，用大量数据说明立论的完备性与严谨度，借以建立具备学术说服力的观点，人文学科遂日渐趋近自然科学。强调专业，即使各学科间的疏离感加剧，造成历史学与其他学科的隔阂，历史学传统的讨论方式也因难以迎合现代学术标准，研究成果受到其他学科的贬抑，渐渐退居学术边缘。甚者，历史学者借助社会科学理论的同时，无形中也放弃了传统史学的思考、分析、叙述与整体关照，将历史学拆解成社会史、经济史、思想史等不同研究类型，以致各类型研究间隔行如隔山，许多课题若不曾涉足，几乎无法深入评论。

鉴于政治史研究的消退、传统历史书写技术后继无人，台北“中央研究院”历史语言研究所于2009年春天举办历史研习营，特别强调政治史研究，及传统历史书写技术与训练的重要性。这个例子结合上述历史系缺乏政治史课程的现象，可以反映政治史研究在台湾地区面临的人才断层与研究发展的困境。

三、大陆宋史学界“活的制度史”之提出

大陆历史学界在20世纪80年代配合改革开放的步伐，历史研究大幅跃进，面向拓展，质与量俱增。其中，宋代政治史研究继承了典章制度史坚实的考订传统，成果尤为显著，如王曾瑜《宋朝兵制初探》、龚延明《宋史职官志补正》、何忠礼《宋史选举志补正》、李昌宪《宋代安抚使考》、朱瑞熙《中国政治制度通史·宋代》。香港方面也有梁天锡《宋代祠禄制度考实》《宋枢密院制度》《宋宰辅制度研究论集·第一辑·宋宰辅兼摄制度》《宋宰相表新编》等四部力作，都是考订与增补宋代政治制度史研究的代表性著作[①]。邓小南《宋代文官选任制度诸

① 龚延明:《宋史职官志补正》(杭州：浙江古籍出版社，1991)。何忠礼:《宋史选举志补正》(杭州：浙江古籍出版社，1992)。王曾瑜:《宋朝兵制初探》(北京：中华书局，1983)。李昌宪:《宋代安抚使考》(济南：齐鲁书社，1997)。白钢主编，朱瑞熙著:《中国政治制度通史·第6卷·宋代》(北京：人民出版社，1996)。梁天锡:《宋代祠禄制度考实》(香港：龙门书店，1978);《宋枢密院制度》(台北：黎明文化事业公司，1981);《宋宰相表新编》(台北:“国立”编译馆，1996);《宋宰辅制度研究论集·第一辑·宋宰辅兼摄制度》(香港：中国佛教文化出版有限公司，1996)。

层面》、虞云国《宋代台谏制度研究》及前述《中国政治制度通史·宋代》，则在制度考订之外，兼及其运行机制与特点[①]。

此一荣景，反映了大陆学术重建的劲道与成就，与同一时期台湾地区宋代政治史研究消退的情况，呈现明显对比。20世纪90年代以后，大陆随着研究资源日增，对外交流日盛，加上各类社会科学理论的触发，新的研究议题扩展迅速，政治史再难独重。复以大陆政治史研究途径受限于既有框架及训练方式，或一再重复相同的史料及议题，或无法跳脱静态的制度梳理。就数量而言，研究成果虽有明显成长，但往往缺乏新见，质量难以提升。到世纪交替之际，政治史研究较之于其他领域的兴盛，更是窘态日见。

为了重振宋代政治史研究并调整发展方向，青壮辈宋史研究者于2001年邀集海内外学者，在杭州召开"近百年宋史研究的回顾与展望"学术研讨会。会议针对制度研究发表17篇论文，除了部分以宋史为例，讨论了制度史研究中具有普遍意义的问题，其余12篇论文分由不同侧面，回顾与反思百年来的制度研究。这些论文在2004年由浙江大学包伟民教授集结成《宋代制度史研究百年（1900—2000）》一书出版[②]。

该书各篇论文详细检视不同议题下的宋代制度研究，既总

---

① 邓小南:《宋代文官选任制度诸层面》(石家庄：河北教育出版社，1993)。虞云国:《宋代台谏制度研究》(上海：上海社会科学院出版社，2001)。
② 包伟民主编:《宋代制度史研究百年（1900—2000）》(北京：商务印书馆，2004)。

结了百年来制度史的研究成果，也深切地反省了过去的缺失与不足，希望借以改变政治史既有的研究形态，重新出发。该书呼吁学者跳脱制度阐释的藩篱，由以往强调宏观、静态、脱离历史实际的文本主义制度史，转向重视制度的动态发展与运作过程，尝试把握制度变迁与背后复杂的人事权力关系，以更贴近历史实情，总名之为“活的制度史”[①]。制度不外乎人事，政治体制的运行并非仅由人单纯地遵行制度规范，更是制度与人事之间的相互作用。当制度建立之后，仍须通过人事从中解释、运作，乃至创造新制度的发展空间；倘若太过单一、静态地看待制度，未能与政治、社会的发展相结合，制度史将沦为孤立的考证，而非具有历史意义的学术问题。

2001年的会议之后，经过反省、检讨并调整研究途径，宋代政治制度研究的整体情况已有所改变，其中以邓小南教授指导的博士生论文最为具体。这些作品着重阐述制度的形成、推动与执行过程中，外在环境变动与人事权力关系所造成的影响，不再将制度视为客观独立且凝止不变的存在。论述也多能兼顾动态发展过程与人事运作的角色，将研究范畴扩及参与政治运作的各类社会组织与力量，以及文化发展与政治情势之间的互动关系等，使政治史研究不再偏于上层、中央政治结构，转而注意下层、地方，

① 包伟民:《走向自觉：关于深入拓展中国古代制度史研究的几个问题（代前言）》，收入包伟民主编:《宋代制度史研究百年（1900—2000）》，页7。

乃至上下沟通等议题。

此一发展趋向可以说明，推动“活的制度史”研究，实有助于宋史界走出旧有研究框架，对宋代政治有更整体的了解。不过，“活的制度史”只是活络政治史研究的途径之一，若期待政治史研究能改换新貌，仍需有新的思考，并结合其他学科的研究成果，形成跨越不同领域、不同层面的整合性观察，使其内涵更为丰富多元，才能让政治史研究在众多学术领域的竞争下，开展新猷。

四、迈向新的政治史研究

早在政治史初逢挑战的20世纪70年代，个别海外宋史研究前辈尝试通过不同视角，发掘具有新意的政治史议题，为政治史研究开拓新的发展方向。

首先对政治史提出反省的，是美国普林斯顿大学东亚系的已故教授刘子健。刘教授早年修习政治学，专攻宋史，并讲授中国现代史。他以政治史为研究主轴，提倡新视野、新方法，对宋代政治人物如范仲淹、欧阳修的讨论，都有别于传统的历史人物研究[①]。20世纪60—70年代，刘教授发表了《背海立国与半壁山河的长期稳定》《包容政治的特点》《王安石、曾布与

① 刘子健:《欧阳修的治学与从政》(香港：新亚研究所，1963)。

北宋晚期官僚的类型》《南宋君主和言官》《略论宋代武官群在统治阶级中的地位》等多篇论文，从宏观角度讨论了南宋立国环境及政权特色，论点虽仍待深化充实，但明显摆脱传统政治史的论述方式，重视解释与新观点的提出，颇具启发性[①]。惟当时国内历史学界缺乏这样重视思辨的训练，复以刘教授在美执教，其研究方法只能对少数学者产生影响，可惜未能带动整体华人学界政治史研究的新风[②]。

20世纪80年代末，日本广岛大学的寺地遵教授提出的“政治过程论”，也可视为政治史研究的新视角。日本学界的宋史研究，长期受内藤虎次郎、宫崎市定等学者的宏观政治学、唐宋变革论影响，多以中央政治为讨论中心，关注君主独裁政治论，且过于偏重北宋时期。有感于此，寺地遵教授以南宋为研究对象，提出“政治过程论”，以微观视角考察南宋由皇帝到最下层的官僚机构中所存在的势力集团，及围绕国家决策所发生的冲突、抗争，也就是将中央与地方联系起来，以分析政治过程[③]。其代表著作《南宋初期政治史研究》（1988）于1995

---

① 上述多篇论文收于刘子健：《两宋史研究汇编》（台北：联经出版事业公司，1987）。

② 毕业于普林斯顿大学的柳立言博士是刘教授的高足，其所著《南宋政治初探——高宗阴影下的孝宗》即体现了刘教授所揭示的研究观点与风格。柳立言：《南宋政治初探——高宗阴影下的孝宗》，《“中央研究院”历史语言研究所集刊》57本3分（1986），页533—584。

③ 平田茂树：《日本宋代政治史研究述评》，收入包伟民主编：《宋代制度史研究百年（1900—2000）》，页43。

年被译成中文[①]。

该书的出版对日本宋代政治史研究的影响颇为显著，后继者对此观点的阐述也时有新见。如大阪市立大学平田茂树教授，便曾以政治空间（场）的文书传递，以及议与对策等议题，阐述宋代政治决策的过程[②]。不过，直到近年，寺地教授的论点才因平田教授与余英时教授在著作中的引介而受到华人学界重视。此种强调过程的动态研究，也表现在邓小南教授发其端、个人继其后的文书传递与政令运作的研究项目中。这一系列的相关研究，不仅注意政治制度的功能与运作过程，还关注信息取得对帝国统治、士人沟通的关系，使制度与人事相结，形成动态发展，且能从政治运作的角度，赋予原属各专门领域的学术议题新的内涵。具体成果见于邓小南教授主编的《政绩考察与信息渠道——以宋代为重心》一书[③]，及《汉学研究》“宋代的信息传递与政令运行”专辑[④]。

继“活的制度史”论点活络了政治史研究之后，后续出版的两本宋代政治文化史专著：余英时教授《朱熹的历史世界——宋代士大夫政治文化的研究》及邓小南教授《祖宗之

---

① 寺地遵著，刘静贞、李今芸译：《南宋初期政治史研究》（台北：稻禾出版社，1995）。

② 平田茂树：《日本宋代政治史研究述评》，页48—58。

③ 邓小南主编：《政绩考察与信息渠道——以宋代为重心》（北京：北京大学出版社，2008）。

④ 黄宽重主编：《汉学研究》27卷2期“宋代的信息传递与政令运行”专辑（台北：汉学研究中心，2009）。

法——北宋前期政治述略》，在宋史学界中引发了广泛的回响，更直接触发了政治史研究的新发展方向。余教授研究囊括经济、学术、思想等诸多领域，并长期以思想文化、宋明理学及某些思想家哲学内涵为主要探讨课题。《朱熹的历史世界》一书以思想史内容的政治解读为主要途径，关注孝宗朝著名思想家所形成的道学集团，及其因关切国是而展开的活动，强调综合文化史与政治史研究，注重两者的互动关系①。邓教授大作则在探索宋代官僚制度之外，进一步阐发宋史学者熟知的祖宗之法如何为北宋历朝君臣所利用，又如何影响当时政局，细致地勾勒出政治过程、制度运作与人事互动间的联动关系②。上述两本专书几乎同时以不同途径重新诠释了宋代政治史的文化意涵，在学界纷纷检讨如何在传统的典章制度之外寻求政治史研究新出路之际，成为宋史学界重启政治史研究最直接的触发力。

五、宋代政治史探索：本书主题说明

在学术风潮的转折起落外，个人的成长经验与学史历程也让我对宋代政治史研究有不同的体会与想法。

① 余英时:《朱熹的历史世界——宋代士大夫政治文化的研究》(台北：允晨文化出版公司，2003)，自序，页11。

② 邓小南:《祖宗之法——北宋前期政治述略》(北京：生活·读书·新知三联书店，2006)，序引《问题的提出》，页1—20。

我成长于20世纪中叶，当时台湾地区的国民党当局在政治、社会方面均受到巨大的冲击与挑战。在国际形势变幻莫测、两岸气氛紧绷的情况下，政局风雨飘摇。少时的我身处其间，对内外情势变化非常敏感，甚至有个人生命与集体安危相系的强烈感受。另一方面，当时的台湾社会正是新旧传承与转变的阶段。传统文化仍主导着社会运作，家族活动、乡里互助是日常生活的基石；政治权威则通过行政体系与法律制度，深入百姓的生活，展现其力量。两股势力在基层社会交汇，身处其中的个人无时不感受到两者的力量互动、消长与变化。这种经验让我一生都关切现实环境的整体发展，也成为我学习历史的启蒙力量。

古今相证的史学训练更让我对经由现在观照过去、通过过去了解现在的观史治史法则，另有一番体悟。大学时期，西方社会科学理论虽相继引入，但校内可资阅读的西方图书不多，亦欠缺适当引导，我所接受的训练仍较着重传统的深度研读。时适蒙东海大学中文系孙克宽教授指引，我开始研读南宋文集。[①]从史料阅读中，我既了解到历史现象无法以特定社会科学理论一以概之，也意识到历史人物或事件发展与大时代之间的关系多重而绵密。

本着这样的认识，我总尝试将历史经验与现实环境结合，

---

① 孙克宽教授的研究着重在元代史、宋元道教、诗学三个范畴，同时投入古典诗词创作与新式散文写作。详见许建昆:《孙克宽先生行谊考述》,《东海中文学报》18期(2006)，页79。

从中寻求灵感，并通过现实事务理解过去，分析影响历史发展的多重因素；在研究过程中，我也特别关注政治、社会环境发生变化时，个人与群体的适应、出路与最后的命运。我注意到宋、金、蒙三势力兴替之际，其政治环境与现实情势多有可扣合之处，进一步促进我研究南宋历史。我曾讨论过的理宗时代和战、边防与流民三项重要国是争论，以及南宋义军、和战与南北人、归正人、"害韩杀岳"等收兵权与文字狱问题，乃至李全父子和马扩等乱世英雄人物等课题，都是受现实环境经验触发，进而探寻其历史脉络[①]。这种古今对话、相证的做法，在中外前辈史家的经验中，所在多有[②]。

阅读清末民初人物传记及名家回忆录，则是我课余时最大的嗜好，研究宋代地方武力与地方军的灵感便得之于此。我在其中观察到，从清末到抗战期间，不少地区仍存在中央政府不

① 黄宽重：《晚宋朝臣对国是的争议——理宗时代的和战、边防与流民》（台北：台湾大学文学院，1978）；《南宋时代抗金的义军》（台北：联经出版事业公司，1988）；《从和战到南北人——南宋时代的政治难题》，收入《中国历史上的分与合学术研讨会论文集》（台北：联合报系文化基金会，1995），页169—189；《略论南宋时代的归正人》（上）（下），《食货月刊》7卷3期（1977），页15—24；7卷4期（1977），页22—33；《从害韩到杀岳：南宋收兵权的变奏》，收入《国际宋史研讨会论文集》（台北：文化大学史学研究所史学系，1988），页517—534；《秦桧与文字狱》，收入岳飞研究会编：《岳飞研究·第四辑——岳飞暨宋史国际学术研讨会论文集》（北京：中华书局，1996），页152—172；《割据势力、经济利益与政治抉择——宋、金、蒙政局变动下的李全、李璮父子》，收入《世变、群体与个人》（台北：台湾大学历史系，1996），页87—106；《马扩与两宋之际的政局变动》，《"中央研究院"历史语言研究所集刊》61本4分（1990），页789—808。

② 陈寅恪的著作有不少对现实的关怀，这是学界熟知的。法国年鉴学派第三代代表人物雅克·勒高夫（Jacquse Le Goff）研究欧洲中世纪历史，也多运用这种"时代错倒法"。见郑智鸿：《雅克·勒高夫的法式新史学》（台北：唐山出版社，2007），页43—44。

能有效控制的地方势力，并由此联想七八百年前的南宋时代，表面上朝廷承继北宋强干弱枝政策，实际上应仍有地方武力存在。此后，我便特别留意史料中的南宋地方军、地方武力，先后撰写了多篇论文，最后结集成书[①]。该书讨论重心虽是区域武装力量，但中心关怀则是从整体性看南宋中央与地方的互动，以及其中反映的南宋极具包容性的政权性格。没有这样的机缘，很难想象在史料上偶然出现的飞虎军、摧锋军、左翼军、茶商军、两淮山水寨等名词，有何历史意义与研究价值，足以成为具有时代特色的研究议题。

我因从事地方家族、地方军与地方武力等研究，常被视为宋代社会史或军事史工作者。然而，我却对政治议题较富敏感度，习于将历史现象与政治问题联结思考，研究内容也因此带有较强的政治观察，同时注重整体现实环境的长期发展。从自身的治史经验出发，我发现研究者如能留心观察，进而思考现实社会中各种现象的历史背景，并通过阅读培养史料敏感度，搜集筛沥有意义的材料，往往就能逐步串联出具有历史意义的研究课题。本书讨论的中央集权与基层权力结构、地方势力与政治适应、政局变动与信息流动这三个主题，都呈现了这种特质。

---

① 黄宽重:《南宋地方武力——地方军与民间自卫武力的探讨》(台北：东大图书公司，2002)。

本书题为《政策与对策：宋代政治史探索》，意在结合现有成果，响应学界近年对政治史研究的讨论，也呈现个人历史研究的政治观察视角。以往的宋代政治史研究多着眼于该朝中央集权政体，以朝廷作为授令者，视政策、制度乃至政令为整体的静态架构，其间纵有阶段性差异，但研究者对多数时期的制度描述仍平板而一贯。然而，研究者若能跳脱传统偏重典章制度的讨论方式，以兼顾基层的角度考察宋代政治与社会秩序的形成过程，往往能描绘出更为生动、深刻的政治史图像。我以“政策与对策”为题，希望点出政治发展或制度形成，或许不宜再以中央主动授令、地方被动而响应的方式来划分，不宜将中央政权象征的政治力与地方所呈现的社会力视为彼此对立的两种力量，也不宜再视政治发展为“施令—受令—结果”的单向式关系。

政策与对策之间，存在多种互动交融的动态过程。首先，授令者因应内外情势变异，也存在寻求应对之策的必要，不论政策、制度与政令，从制定到执行都显现其机动性。就有宋一朝而论，其面对的外部政权强弱有别，国内的政治角力消长不一，宋廷制定、推行的各项政策必须持续响应国内外情势变化，有所调整。以经营广西为例，北宋时期四邻势力介入广西尚浅，情势单纯，宋廷得以强势经略此西南边陲之地，日后却因国内新旧党争难平，由经略趋于保守；南宋晚期蒙军经由大理、安南进犯广西，战况危急，宋廷对广西虽由放任转为积极布防，然宋蒙之间战线过多，宋廷只能选择集中资源确保荆湖防线安全。两宋的战略差异，反映了政权因应外在情势的因时制宜。

其次，中央与地方的政令授受是双向互动的，亦即政令、政策，乃至国家发展走向，实际上也因受令者不同阶段的反馈而持续调整。如晚唐五代具有私人武力性质的弓手，到宋代改隶县尉，并有明确的组织与职能规范，代表朝廷在地方执行公权力。然而，随着时局环境变化，弓手成为地方职役，且转由当地人士充任，其在执行政策时，便不再单纯是中央朝廷政治力的展现，也有代表地方利益与公权力周旋拉锯的现象。弓手制度从制定到推动落实，反映了地方社会服膺中央政令的同时，也因为直接参与制度的运作，而逐渐影响转化其内涵。

再者，受令者对政权递嬗与政策制度的因应，除了及时而有形的行动，也可能化为心态或意识的转变，从而影响政治利益关系与政治抉择。如两宋之际洛阳永安豪强孟邦雄，原是宋金乱局中效忠赵宋、守护皇陵的义师，及至女真在洛阳地区扶植刘豫政权后，孟邦雄为求生存，只能改事刘齐，并为之盗掘宋陵以输诚。身处新旧政权交替之际，孟邦雄叛宋虽有违传统忠义，却是基于维护自身及当地的社会秩序所做的抉择，对刘齐政权具有稳定作用，也重新诠释了忠诚的意义。

本书尝试探讨政治与社会秩序的联结和互动关系，在制度、规范之外，关注不同权力在面对不同时空的政治情境时，其制度转变、结构调整与政治立场抉择等种种过程，乃至其因应之策如何呈现当代的政治内涵。而这三个讨论的主题正是本人希冀借由政治视角，重新整合个人军事史、社会史、家族史研究，形成跨时段、跨议题的观察，试图开启探索宋代政治史的另一扇门。

六、结语

当新方法或论点的出现带动学界的新研究风潮时，旧的议题与讨论方式相对遭到忽视，影响力消退。政治史研究的起落转折正是学术风潮转移所致，这种情况也可以在西方历史学的发展演变中看到端倪。欧洲早期历史学研究以政治、军事事件叙述为中心，写作时呈现大人物、大事迹，经过启蒙时代的冲击，19世纪逐渐出现民众史、马克思社会经济史观，以及鲁滨逊（James Harvey Robinson）提倡的结合人类学等治史的新史学（New History），长期独霸的政治史面临挑战而明显式微①。然而，政治史研究的价值虽一时受到挑战，却不代表政治不再是历史研究的重要议题。姑以贬抑政治史尤炽的年鉴学派言之，该学派前辈史家虽将政治事件史贬至一文不值，但到了

① 彼得·柏克（Peter Burke）著，江政宽译:《法国史学革命：年鉴学派1929—89》（台北：麦田出版社，1997），页9—15。

第三代，学者在反对形式决定论的同时，也借区域研究，重新关注政治史，甚至发展政治文化史。回归政治史的转变，乃至叙述事件及历史传记的复兴，说明在持续的冲击挑战下，研究者经过反省检讨，将政治史视角拉广，结合各领域研究成果，重新调整并催生出新的发展方向。

历史研究是一门综合性的学科，不该被学科领域界线切割。讨论历史问题，特别是涉及政治时，尤应广泛关照全局，兼顾社会、经济、文化及各种时空因素，才能切近历史的全貌。历史研究若为迎合社会科学各专业领域而过度切割，非但将自外于历史时空，更会因过度倾向社会学科，反而沦为其他学科的批注，却又不易得到认同。政治史若要重新出发，实应整合不同学科的研究观点，将过去被割裂为交通史、社会史、经济史、思想史等类别的诸多成果，从政治运作的角度加以统合，重新赋予学术意义，才能丰富研究内涵，这也是我撰写本书的信念。

新的政治史研究是历史学界面对挑战与冲击后所做出的反思、呼吁与调整，是由约返博的功夫。学术研究虽不断推陈出新，但研究质量的高下优劣与新旧关系不大。推动新的政治史研究揭示的“新”，用意在扩大视野之外，更关注回归政治思维为主体，吸纳其他领域的成果，以丰厚其内涵。从动态发展的观点与政治运作的角度，观察政治决策与人事关系的互动，赋予原属各专门领域的学术议题新的内涵，对开拓政治史研究的视角有其帮助。

若期待新的政治史研究能有不同于过去的成果，研究者必须加强交流，寻找可以探讨的议题，兴趣相近的学者通过集体研究，组成研究团队，才能发挥较大的研究效益。在人文社会学科的研究中，个人才学与创见固然重要，如果能进一步借重群体讨论或集体合作的方式，对大型议题进行长期研究，不仅可以突破点状的研究成果，创造局部优势，影响层面也较为宽广。这一点，法国年鉴学派推动的群体研究经验值得取法。若学界以笃实的治学态度，通过新思维与新途径，重新揭示政治史的发展方向，圆满不足之处，相信会让政治史研究既有新意又能求全，再度展现活跃的生命力。

第一编

中央集权下的基层权力结构

自宋太祖赵匡胤加黄袍于陈桥开始，如何收拢军事、财税与民政权力，杜绝割据势力再兴，走出五代频繁易姓的阴影，始终是赵宋王朝持续努力的课题。是以，有宋一朝以“强干弱枝”为基本国策，集权中央，将武力与财赋两项重要资源纳归国家，以达到控制地方社会的目的。本编从赵宋王朝对内外政治情境变化的因应出发，分别由基层武力的发展沿革与基层社会的权力结构入手，勾勒赵宋如何通过制度设计，响应五代以来的统治难题。借着探讨巡检、弓手的推行与县政的运作，本编也将进一步阐明，当中央统治力经由制度设计渗透地方社会时，地方也因服膺中央政策、实际参与制度执行，致使各项政策、制度逐渐因应地方需要，而有所调整，甚或质变。

《五代巡检的转型与特色》《宋代弓手体系的沿革考察》两

文，从唐宋政治情境与基层社会转变切入，探究基层武力制度之变。两文说明，当代表朝廷执行公权力的武装力量在地化后，不免与个人乃至地方利益相结合，成为同时兼具国家统治力与社会势力的群体，摆荡在政治力与社会力之间。《基层社会的权力结构与运作》则以“县”为观察场域，讨论基层政治结构中，县衙、胥吏、基层武力、地方家族与士人群体之间的有机联系。在赵宋王朝实践中央集权的过程中，官员受限于制度结构与现实环境，必须仰赖地方权势之家的协助，才能有效伸张统治权，反而在无形中创造了社会力得以发挥的空间，形成政治力与社会力之间相互包容制衡的互动关系。这种互动关系的形成，不仅是了解传统中国社会的基础，也是掌握基层社会变动的关键，从中体现了从唐到宋政治与社会形态，乃至运作机制的转变。

第一章

沿唐变制

五代巡检的转型与特色

在唐宋社会变迁的研究中，制度的转型与变迁是尤为重要的议题。然而，一项制度从初创到确定，过程往往极为细致而复杂，尤其制度萌芽阶段常因数据隐晦不足，难以爬梳明确清楚的脉络。面对这种情况，不同专业的研究者或从问题出发，或由梳理史料着手，从不同的角度就有限的资料提出诠释，企图寻觅制度形成的缘由。最常见的讨论方式，便是从一项制度发展成熟期向前追溯，只是这种方式常需跨越朝代并突破数据的限制，十分费力，最终也常因史料不足而众说纷纭，虽每有新见，却难有定论。本章拟探究的巡检就是一个例子。

自宋迄明，巡检都是维持地方治安的重要职务，是皇朝统治基层社会的主要武职。巡检制度的形成历经复杂、曲折的过程，特别是自唐末到北宋前期之间，其职能与角色的变化较多，不但可用以观察制度从初创到定型的转变，也可借此掌握政治、社会环境变化的重要线索，是探讨唐宋社会变迁的重要课题。学界有关巡检的专题研究不在少数，却仍待开拓。其中，黄清连的《圆仁与唐代巡检》[①]、刘琴丽的《五代巡检研究》[②]、苗书梅的《宋代巡检初探》[③]三篇，分别讨论唐、五代和宋的巡检制度。三篇论文的研究取向和讨论重点各异，却都指出了巡检一职发展的重要方向：在唐代，巡检尚非一项职称，而有“巡回检查、巡行视察”之意；到了五代至北宋时期，其职能才有多方面的发展。北宋中期以后，尤其到南宋，巡检已成为维护基层治安的要角之一。就历史发展而言，这项观察是正确的，不过从唐到五代的发展过程还有许多讨论空间。

一、制度的萌芽：唐末的巡检

黄清连以日本僧人圆仁《入唐求法巡礼行记》为例，借由圆仁入唐所历时期和记录中使用的词汇，说明“巡检”一词在唐末尚非命官职称，而是动词。这种说法就唐末一般情况而言，并无疑义。不过，倘若因此判定唐末尚未以巡检为命官，待后梁、后唐才出现巡检使、都巡检使等官职，则或须斟酌。关于唐代巡检是否已作为官职，清末民初收藏家端方最早提

① 黄清连:《圆仁与唐代巡检》,《“中央研究院”历史语言研究所集刊》68本4分(1997),页899—942。
② 刘琴丽:《五代巡检研究》,《史学月刊》2003年6期,页34—41。
③ 苗书梅:《宋代巡检初探》.《中国史研究》1989年3期,页41—54。

出讨论。在其所编《匋斋藏石记》的《归义县魏惟俨等题名》中，端方考证“四县巡检副将”张君爽、韩定、王全庆、吴仝政等人时，就明白指出，一般以为“巡检始于宋代”的说法有待商榷，进而提出题名所载“四县巡检副将”与《通考》所载“宋朝巡检或一州一县而一置，或数州数县而一置”的设置相符，因此巡检“不独其名不始于宋，即其设官疏密，亦皆沿唐旧制矣”[①]。端方的看法可以从下文所引数据得到进一步印证。

巡检在唐代已具官职名称之实，有四件唐末人物的墓志铭可为佐证。最早的一件是张敬祐撰《唐故雄武军捉生将太中大夫试殿中监黄公墓志铭并序》，文中提到黄直是江夏人，其父黄晖曾任巡检马步都将[②]；时间不详，但可确定在咸通（860）以前。一件是温景中撰《唐故幽州节度衙前讨击副使太中大夫试殿中监温府君合祔墓志并序》，墓主河东并州人温令绶因识略果敢，被张公任为燕乐镇巡检将，任职时间约在咸通年间[③]。一件是《太原王公夫人清河张氏墓志》，墓主长子王宏泰曾任雄武军平地栅巡检烽浦大将游击将军，时间约在咸通四年

---

① 李锦绣:《唐代财政史稿　下卷》(北京：北京大学出版社，2001) 第一分册，页589。端方:《匋斋藏石记》(香港：香港明石文化国际出版有限公司，2004) 卷34,《归义县魏惟俨等题名》，页19。

② 吴钢主编:《全唐文补遗》(西安：三秦出版社，1994) 第四辑，页257。或见周绍良、赵超主编:《唐代墓志汇编续集》(上海：上海古籍出版社，2001)，页1120。

③ 吴钢主编:《全唐文补遗》第四辑，页253。或见周绍良、赵超主编:《唐代墓志汇编续集》，页1114。

（863）[1]。一件是余渥撰《故银青光禄大夫检校右散骑常侍右内率府率同正兼御史大夫上柱国郭府君墓志铭》，墓主郭彦琼于昭宗光化二年（899）任度支巡检官、银青光禄大夫、检校国子祭酒兼监察御史[2]。

前述四位曾任巡检的唐人除了是武职军将，职务尚与财政有关，这一点和李锦绣的说法一致。李锦绣在其《唐代财政史稿》中提出，唐末有武将掌理财务的趋势。她在探讨唐代后期直属朝廷财政机关的巡院时，将巡检列为巡院吏职，并以贞元十三年（797）同州合阳县尉杨萨兴充两池都巡检官为例，指出唐廷为了防止盐场地私盐盗窃等事件，在安邑、解县两池盐专置保卫盐地的巡检。她引《册府元龟》卷494，大中元年（847）闰三月两池榷盐司空舆奏略所称："又弓射所由等，昼夜只于池内检巡。其壕篱外面，山林掩映，村栅相次。"认为巡检官即为统领弓射所由之官，两池置有巡检官员额[3]。可知负责产盐地安全防护的巡检与贩盐流通的交通要路上的检阅官，是唐代为取缔私盐所设双重防范检查的官员。咸通年间，岭南东道的南道十州设有巡检务，吴太楚即曾担任此职，这是晚唐巡院分务化的

① 王言：《金石萃编补略》卷2，收入中国东方文化研究会历史文化分会编《历代碑志丛书》（南京：江苏古籍出版社，1998），页55。
② 吴钢主编：《全唐文补遗》第五辑，页73—74。
③ 李锦绣：《唐代财政史稿　下卷》第一分册，页422。

体现。

除了盐场，晚唐也设置了维护河塘安全的河塘巡检官。这些巡检官似先由文职官员充任；到了唐代后期，朝廷为确保财政无虞，实施盐法运输、营田、茶酒专卖等法，需要以武力维护利益，或协助财务管理，促成了巡检系统官吏的出现。他们的主要任务为出巡、缉私、巡查等，协助财务行政管理。同时，由于晚唐政局混乱，藩镇对立形势日趋严峻，不但使巡检官的设置更为普遍，而且出现武职军将侵夺原由文职僚佐执掌事务的现象。这种现象在财务行政领域尤为明显，形成武将掌理财务的情况。因此，李锦绣认为，巡检官丰富了唐后期财务系统的官吏构成，也体现了唐宋官制的变革[①]。

若将圆仁《入唐求法巡礼行记》以及唐末墓志与石刻数据涉及的巡检文字联系起来，这些史料透露出制度萌芽的信息：巡检原是官员的职务之一，到晚唐逐渐成为专职。巡检，即中央或地方按时派吏员到各地巡视、检查工作，如维护治安等，属于临时性任务或是官员众多职务之一。到了唐后期，因地方不靖，巡检逐渐成为维持治安的专职；复因朝廷实施盐酒茶等专卖制度，为防止盗掘盗卖，影响朝廷或地方财政收入，便出现隶属巡院吏职而专司检查的巡检，在各盐铁产地出巡、缉私、巡查等，巡检乃成为协助执政者处理财政税收与行政管理

① 李锦绣:《唐代财政史稿　下卷》第一分册，页589—590。

的职务。此后朝政崩解，中央缺乏统一指挥的枢纽力量，藩镇及朝廷为应付多变的环境，不断有任务多样、名目繁多的临时性差遣，一方面出现许多与巡检名称相近的官职（如巡官、巡判、巡覆），彼此之间任务相近或通同，另一方面在军政形势变化下，而有武职者侵夺原由文官执掌的巡检一职的现象，巡检逐渐由派遣性的职务演变为差遣性的职称。不过，在唐末担任巡检的官吏职位均较低。这是从文献上看到巡检从萌芽到创置时变化的现象，也反映了唐末军政社会的状况。

二、承袭与转变：五代巡检职能的发展

五代十国延续唐末藩镇割据的局面，政治社会现象与唐末无异，且政权更迭更为频繁，诸国并立，大小割据势力互相倾轧。在这个变动频繁的时代，有许多制度与事务都有新发展、变化或隐然形成的过程，例如枢密使和都部署等宋代官制就源于此时[①]。同样地，唐末萌芽的巡检此时也随着军政环境的变化，逐渐出现制度化的雏形。

巡检作为动词自古迄今不变，在五代时期仍然如此。如《旧五代史·食货志》和《册府元龟》均有“所在官吏节级所

① 参见苏基朗:《中国经济史的空间与制度：宋元闽南个案的启示》,《历史研究》2003年1期，页35—43。赵冬梅:《文武之间：北宋武选官研究》(北京：北京大学出版社，2010)。李全德:《唐宋变革期枢密院研究》(北京：国家图书馆出版社，2009)。

由，常须巡检，村坊邻保，递相觉察”[①]，及“委本州府差公干职员与巡盐节级、村保、地主、邻人，同共巡检”[②]，又如《册府元龟》卷949记白进福“曾于沿淮巡检”[③]。在部分情况下，动词性的“巡检”说明其官职是巡检或巡检使，如安从进因任京城巡检，而有巡检京城之举[④]；马铎因任许州巡检而领军赴州巡检[⑤]。不过，“巡检”作为职官名称，已是五代的普遍现象。如周世宗继位后，于显德元年肆赦文中诏“草贼避法隐藏者，所有巡检人谕以恩赦，招呼令归农养，如愿在军亦听”[⑥]；三月的大赦文中则有“诸处有草寇团集，仰所在州府及巡检使臣晓谕恩赦，招唤各令归农”[⑦]。可知巡检官的任务之一，是代皇帝赴各地执行晓谕恩赦。

五代巡检职级和唐代有很大的不同。巡检在唐代尚处萌芽阶段，除了动词性的巡检，很难在新旧《唐书》与《通鉴》等记录朝政发展的典籍中，找到高等职级的巡检职称与有确切生平事迹的人物，只有《唐会要》中才有关于巡检的制度性记

---

① 薛居正等:《旧五代史》(台北：鼎文书局，1981)卷146,《食货志》，页1952。王钦若等编:《册府元龟》(台北：台湾商务印书馆，1983)卷494，页24上。
② 陈尚君辑纂:《旧五代史新辑会证》(上海：复旦大学出版社，2005)卷146,《食货志》，页4501。王钦若等编:《册府元龟》卷494，页28上。
③ 王钦若等编:《册府元龟》卷949，页24下。陈尚君辑纂:《旧五代史新辑会证》卷112,《周书·太祖本纪》，页3411。另如欧阳修:《新五代史》(台北：鼎文书局，1980)卷51,《安从进传》，页586记从进曾巡检京城。
④ 陈尚君辑纂:《旧五代史新辑会证》，页1508、2847、3011。
⑤ 陈尚君辑纂:《旧五代史新辑会证》卷105,《汉书·宗室列传》，页3191、3202。
⑥ 王钦若等编:《册府元龟》卷96，页12上。
⑦ 同上注，页15下。

载。较具体的资料主要见于墓志和石刻史料中，人物阶层与职位较低，多属基层角色或地方属性的任务。五代情况则与唐代迥异，巡检记载见于墓志或石刻史料较少，反多在《旧五代史》《新五代史》《册府元龟》《资治通鉴》等重要史籍，所记载的史事则与政局变动、战争密切相关，被记录的人物或职位都较高，其活动较具政治意义。

不过，基层性巡检仍散见于《五代会要》或《册府元龟》等史籍。其中，有负责盐铁管制者，如后唐长兴二年（931）十二月的敕令中，允许百姓自铸军器外的铁器，“巡检、节级、勾当卖铁场官，并铺户一切并废”[①]。四年（933）五月七日，由于私贩严重妨害政府利益，朝廷制定了严惩私贩的办法，“其犯盐人经过处，地分门司、厢界巡检、节级所由，并诸色关连人等，不专觉察，委本州临特断讫散省……若是巡检弓射池场门子，自不专切巡察，致有透漏到棘围外，被别人捉获，及有纠告，兼同行反告，官中更不坐罪”[②]。显德三年（956）八月二十四日，后周改立盐法，对邢、洺州盐务所属贮盐地、产盐地及煎盐场灶严加修护管理，以防偷盗夹带，并订定严惩条款禁止，若有犯者，“其刮碱处地分，并刮碱人住处巡检、节级、所由、村保各徒二年半”[③]。显德二年（955）八月，规定有偷

① 王溥:《五代会要》(台北：台湾商务印书馆，1983)卷26,《铁》，页14下。
② 王溥:《五代会要》卷26,《盐铁杂条上》，页15下—18上。
③ 王溥:《五代会要》卷27,《盐铁杂条下》，页3下—4上。

盗官盐者，“其刮碱处地分，共刮碱人住处巡检、节级、所由、村保等各决脊杖十八”[①]。

基层巡检也有承继唐末维护京城或地方治安职务者。如后唐天成五年（930），京城有幼童嬉戏，巡检军使浑公儿误为平民以竹竿习战斗，杀害无辜小儿，被明宗下令惩处，决脊杖二十[②]。京城也常有外来商旅途中非理殁故，引发无处申雪或官司扰人情事，台司担心“两巡驱使官与诸司同巡检、节级等，于有事人家妄有所求”，规定“除百司外，台中不更差人”；此处巡检当是负责京城治安的低阶巡检[③]。此外，如马彦勍曾于周太祖广顺元年（951）任考城县巡检供奉官[④]；竹奉璘于显德元年（954）任宋州巡检供奉官，因不能枪杀抢掠客船的盗贼而被论斩[⑤]；郝光庭在任叶县巡检时，挟私怨断杀平民，为周世宗杖死[⑥]。这些都是负责京城或州县治安的巡检。从以上所记的巡检职务和角色看来，他们都是专业或维护地方治安的官员，职级较低。

五代时期，巡检角色和职能也明显扩大。五代各王朝为求生存与发展，在京城内外、重要州军及边防要地增设巡检、巡

---

① 王钦若等编:《册府元龟》卷 494，页 28 下。
② 薛居正等:《旧五代史》卷 39,《唐书·明宗本纪》，页 533—534。
③ 王溥:《五代会要》卷 8,《丧葬上》，页 8。
④ 薛居正等:《旧五代史》卷 111,《周书·太祖本纪》，页 1473。
⑤ 王钦若等编:《册府元龟》卷 154，页 20 上。又见薛居正等:《旧五代史》卷 114,《周书·世宗本纪》，页 1520。
⑥ 王钦若等编:《册府元龟》卷 154，页 20 上。

检使等武职官员，甚至在欲并吞、攻击的敌境，预先设置巡检使。如后周世宗以司超任庐、寿、光、黄巡检使，何超任光、舒、黄招安巡检使，荆罕儒为舒、蕲二州招安巡检等（详见本章附表二），都是为攻南唐而在淮河南境所设。这种偏重战时措置的做法，与五代政局关系密切。五代时期，除了梁、唐、晋、汉、周政权频繁递嬗，同一时期内还有诸国并立，相互对峙，篡夺争战不已，中央与地方关系复杂。在政治崩坏、社会纷乱的情况下，临时派遣性质的巡检所负担的军事角色与职能不断增强，成为五代时期的重要特色。

关于这方面的讨论，刘琴丽在《五代巡检研究》一文中通过检索汉籍电子数据库，找到数量可观的数据，并分别就州和县巡检的设置、京师和留都巡检的设置、军镇巡检的设置、经济领域巡检的设置等四类，加以分析说明，对了解五代巡检的角色与职能帮助甚大。她认为五代在州级配置的巡检以河南道为最多，另外，为了适应战争体制的需要，后周也在南唐境内的淮南道设置招安巡检使。五代中央政府的京城都设有巡检，而且呈现出巡检地域缩小，官员却增多的现象。为了应对边境局势及确保境内安全，在重要军镇要地、缘边山河重地，也大量设置巡检，以加强对河道及边防的守护[①]。

从目前的资料看来，该文利用的数据虽尚有待增补之处

① 刘琴丽:《五代巡检研究》，页34—41。

（详见本章附表二），但从她分析所举州级、京城留都、军镇，乃至沿河缘边的巡检使观察，五代巡检不论是角色还是职能都较唐末更为扩大，职位也更为重要，这是不争的事实。此外，五代巡检逐渐出现官职结构化的现象。此时的巡检职称有巡检供奉官、巡检判官、巡检、都巡检、巡检使、都巡检使等，彼此虽未必有明显行政隶属关系或职权大小之分，但供奉官、判官之类的职级较低，都巡检、巡检使的职级较高，由此可以看出其职能与组织较唐末有更进一步的发展，且有结构化的趋势。

三、绵延扩大：十国巡检的设置

五代时期可谓唐末藩镇割据的延续。唐朝灭亡后，中央朝廷形式上虽由后梁等五个朝代继承，但割据自守的藩镇或据地称王，或不奉朝命，使得中央政令实质上难及于全国，甚至不出所辖领地。甚者，由后梁、后晋同时并立之势论之，若说五代是另一个群雄并起，相互争战，军事、政治与社会秩序崩解混乱的时期，也毫不为过。在政权递嬗频繁、局势变动无常的时代里，各执政者为了发展茁壮或防止灭亡，不仅发动战争，更发展许多临时性的军事体制，且不断扩大其职能。巡检一职便是在这样的背景下，获得了进一步的发展。除了中原政权，十国乃至契丹，都有设置巡检使的记录，反映了当时设置巡检继承自晚唐且区域不断扩大的事实，以及各国割据的军事性和战时体制的时代特性。

远在西陲的后蜀就是显例。长兴三年（932），赵廷隐任东川巡检[①]；广政十七年（954），李廷珪由成都巡检使改为遂州武信军节度，领本镇及保宁军都巡检使以抗周[②]；广政十九年（956），戎泸州獠贼罗驻雍反，左街都巡检使赵季文讨降之[③]；广政二十一年（958），昌州獠反，杀巡检使赵汉琼等，由左界巡检使申彦瑭讨平乱事[④]；广政二十二年（959），罗济任宁江军都巡检判官[⑤]；同年，蜀将高彦俦由峡路巡检制置使改任招讨使[⑥]；次年，宋军来攻时，高彦俦任夔州宁江军都巡检置制招讨使，加宣徽北院事、利州昭武军节度[⑦]；孟知祥之子仁贽降宋后，宋廷任之为西京都巡检使[⑧]。可见后蜀为了维护政权与国家安全，在东西边境及成都设有巡检使，负责讨乱、防边等任务。

南唐方面，巡检一职首见升元三年（939），姚嗣骈被任命

① 司马光编著:《资治通鉴》（北京：古籍出版社，1956）卷 277，页 9072。
② 脱脱等:《宋史》（台北：鼎文书局，1980）卷 479，《西蜀孟氏世家·李廷珪传》，页 13890。
③ 句延庆:《锦里耆旧传》（台北：台湾商务印书馆，1983）卷 3，页 12 上。
④ 同上注，页 12 下。
⑤ 吴任臣:《十国春秋》（北京：中华书局，1983）卷 55，页 808。
⑥ 司马光编著:《资治通鉴》卷 294，页 9590。
⑦ 脱脱等:《宋史》卷 479，《西蜀孟氏世家·高彦俦传》，页 13887。
⑧ 吴任臣:《十国春秋》卷 50，页 749。

为上淮巡检都部署，克修边备[①]；当时黄梅县有妖人诸佑挟左道诬众，县令陈起上报巡检使周邺，出兵捕佑[②]；及至后周谋攻淮南，朱匡业曾任内外巡检使，都是以安辑境内为主[③]。许光大曾任沿海都巡检[④]；后汉隐帝乾祐元年（948），李守贞以河中叛汉，向南唐乞师，查文徽议出师，唐欲借由从后晋南降的李金全，以宿将威望，解河中之围，任之为北面行营招讨使，而以魏岑为沿淮巡检使[⑤]；显德三年（956），南唐主任命柴克宏为宣州巡检使，修城墙、整器械，以备吴越[⑥]；次年，命郭廷谓任上淮巡检应援兵马都监，以防后周的进犯，但廷谓旋于十二月降后周[⑦]；卢绛被唐枢密使擢为沿江巡检，募亡命习水战，要吴越兵于海门[⑧]；建隆二年（961），南唐后主李煜即位，任命南郊巡检使黄延谦为武清军节度使留后[⑨]。可见南唐既有职司境内治安的巡检使，也有防备中原王朝以及吴越而设的上淮巡检与沿江巡检等，均是以防御为重。

---

① 吴钢主编:《全唐文补遗》第七辑,《姚嗣骈墓志》，页192。
② 吴任臣:《十国春秋》卷23，页327—328。陆游:《南唐书》(台北：台湾商务印书馆，1983）卷14，页10—11。
③ 陆游:《南唐书》卷8，页5下。
④ 吴任臣:《十国春秋》卷29，页423。
⑤ 司马光编著:《资治通鉴》卷288，页9403—9404。
⑥ 司马光编著:《资治通鉴》卷293，页9551。马令:《南唐书》(台北：台湾商务印书馆，1966）卷11，页6上。陆游:《南唐书》卷6，页4上。
⑦ 王钦若等编:《册府元龟》卷118，页26下。吴任臣:《十国春秋》卷30，页428。
⑧ 吴任臣:《十国春秋》卷30，页431。陆游:《南唐书》卷14，页6。龙衮:《江南野史》(台北：台湾商务印书馆，1983）卷10，页3。
⑨ 马令:《南唐书》卷5，页2下。

更南方的吴越、楚、闽等国也设有巡检。吴越钱镠曾于开平四年（910）三月，任沈行思为湖州巡检使[①]。楚国刘宾于乾祐三年（950）任内外巡检侍卫指挥使[②]，不过次年由于楚国马希广、马希萼兄弟相争，南汉主任吴怀恩为西北招讨使，图谋攻楚，希广遣指挥使彭彦晖，在桂州龙峒，以备南汉军。希萼更任命彦晖为桂州都监、在城外内巡检使、判军府事。此举引起知桂州马希隐的不满，乃引蒙州刺史许可琼率兵到桂州，击败彭彦晖。楚国内部的争战反而让南汉得以顺利攻下蒙州，进兵侵犯桂管，危及楚政权[③]。闽王则曾任命陈文显为四州都巡检使[④]。这些巡检的职务偏重于军防，有的防区包括城内和城外，权力甚大。

北方契丹也有许多关于巡检使的记载。姚内斌本为契丹关西巡检、瓦桥关使，周显德六年（959），赵匡胤从世宗北征，至瓦桥关，内斌率部卒五百人降[⑤]。保宁初（969），契丹以宋师屡梗南边，任耶律合住为涿州刺史、西南兵马督监招安巡检等使[⑥]。天福八年（943）晋叛，契丹出师南伐，以高模翰为副使，入汴，任他为汴州巡检使[⑦]。晋将方太于开运三年（946）

① 司马光编著:《资治通鉴》卷267，页8726。
② 吴任臣:《十国春秋》卷69，页968。
③ 司马光编著:《资治通鉴》卷290，页9468。
④ 吴任臣:《十国春秋》卷93，页1353。
⑤ 脱脱等:《宋史》卷273，《姚内斌传》，页9341。
⑥ 脱脱等:《辽史》卷86，《耶律合住传》，页1321。
⑦ 脱脱等:《辽史》卷76，《高模翰传》，页1249—1250。

十二月降契丹，被任为洛京巡检使，其后武行德叛，据洛阳，契丹留守刘晞弃城奔许州，方太为叛军所挟，入府行留守事，与洛京巡检使潘环击却群盗，不久又遭武行德杀害①。周显德六年（959），建雄军节度使杨廷璋率所部入河东界，下堡砦十三，招降北汉巡检使靳汉晁等三人②。这些巡检多半负责要地军备或边防任务，军事性质甚强。

终五代之时，除了中原的五代政权，北至契丹、北汉，南至十国中的后蜀、南唐、吴越、楚、闽等国，均设有巡检使，可稽考者达三十人，且带有很强的军事性质。上述例子说明，在纷扰不安的五代时期，众政权独立运作，各自面临诸多防边和安境的需求，因此多承袭晚唐之制设置巡检，负责军防任务，有巡检使、内外巡检侍卫指挥使、巡官、供军巡官、统军使、沿淮巡检使、诸卫巡官、都巡检制置招讨使等，其职能较之中原政权更为多样与复杂。（详见本章附表三）

四、权位与权势：巡检与帝王的关系

从刘琴丽的研究与本章附表二中可看到，五代时期巡检地位有高低之分，其中固有如唐末的低阶军职人员，但更多则

① 司马光编著：《资治通鉴》卷 286，页 9353—9354。薛居正等：《旧五代史》卷 99，《汉书·高祖本纪》，页 1238—1329；卷 94，《晋书·潘环传》，页 1243。

② 脱脱等：《宋史》卷 255，《杨廷璋传》，页 8904。

是帝王的亲信及拥有实权的军事将领。他们或拱卫京师，或任方面之寄，权力相当大，有时甚至威福自任，连帝王都不敢过问。如天福二年（937）七月，晋安州威和指挥使王晖得知范延光倡乱，乃杀安远节度使周瑰，自领军府，企图观察形势的变化，以遂首鼠两端之意。晋帝石敬瑭乃派李金全到安州巡检，并赦王晖，以防止叛乱扩大。安从进也派将会复州兵邀击之。王晖眼见情势窘迫，大掠安州，意图奔吴，遭部将杀害。巡检使李金全抵安州后，说谕从叛党徒，而杀指挥使等人，晋帝虽知情，不敢过问，反任命李金全为安远节度使①。

巡检既负责治安，奉命御敌平乱或征伐，且属临时性差遣职务，必然多为帝王的亲信人物。此类例子很多，如袁建丰在后唐庄宗时，曾随庄宗解上党之围，破柏乡之阵，讨刘守光，身先士伍，庄宗视之为心腹，而选为魏府都巡检使②。段凝因妹妹为朱温宠侍，稍委心腹，而任之为左军巡使兼水北巡检使③。张廷蕴从唐庄宗救上党，攻蓟门，下邢、魏，得宠信，庄宗令他统御营黄甲军；他从明宗收汶阳，充魏博三城巡检使④。郑仁诲在后汉时从郭威西征，密赞军机，及后周建政，以仁诲为大内都巡检⑤。李彦頵与周世宗柴荣有旧，柴荣即位后，彦頵历任

① 司马光编著:《资治通鉴》卷281，页9180—9181。
② 薛居正等:《旧五代史》卷61，《唐书·袁建丰传》，页822。
③ 薛居正等:《旧五代史》卷73，《唐书·段凝传》，页962。
④ 薛居正等:《旧五代史》卷94，《晋书·张廷蕴传》，页1246。
⑤ 薛居正等:《旧五代史》卷123，《周书·郑仁诲传》，页1620。

内客省使、知相州军府事、延州兵马留后，但窥图小利，侵渔蕃汉部人，引起蕃部不满，结聚围城。世宗虽不喜其为人，仍委曲庇护，改任他为西京水南巡检使[①]。杨廷璋为人纯谨，因其姊为郭威宠妃，而被任命为皇城使、澶州巡检使，迁客省使、河阳巡检、知州事等，所战多捷，世宗赞："吾舅真能御寇。"[②]宋廷浩为后唐庄宗女婿，历石、原、房三州刺史，石敬瑭曾事庄宗，对廷浩母甚为尊重，建晋后，任廷浩为汜水关巡检使。天福二年（937）六月曾任东都巡检使的张从宾叛晋，攻汜水，杀廷浩[③]。其子宋偓为汉高祖刘知远的女婿，其女为宋太祖之后。郭威称帝，偓开门迎谒，周祖深德之。世宗南征，任偓为寿州四面巡检，显示宋氏父子历唐、晋、汉、周四代，宠信不衰[④]。韩通为人谨厚，郭威伐河中镇大名时，命他自随，并委以心腹，广顺初，充孟州巡检；郭威征兖州，任之为在京右都巡检。周世宗征淮南，命通为京城都巡检，及在京内外都巡检等官，淮南平，被任命为归德军节度[⑤]。李筠在后晋、后汉交替之际，以控鹤一军击契丹兵，送款汉祖，汉祖深赏之。郭威镇大名，表之为先锋指挥使与北面缘边巡检，是后周创业功臣

① 薛居正等:《旧五代史》卷129,《周书·李彦頵传》, 页1700。
② 脱脱等:《宋史》卷255,《杨廷璋传》, 页8903—8904。
③ 陈尚君辑纂:《旧五代史新辑会证》卷76,《晋书·高祖本纪》, 页2328。
④ 脱脱等:《宋史》卷255,《宋偓传》, 页8905—8906。
⑤ 脱脱等:《宋史》卷484,《韩通传》, 页13968—13969。

之一，自称“吾周朝宿将，与世宗义同昆弟”[1]。上述这些例子，说明五代时期的高阶巡检多为帝王的宠信或心腹，因此被委任临时性重要军务，拥有较大的移防、布防等兵权，或与其他职衔配合，扩大或增强其人的军政权力。

五代巡检一职为武人仕途的重要历练，上述杨廷璋、宋偓、韩通、李筠等人都成为五代晚期乃至宋初的重要将领，其中以建立后汉的刘知远尤为显例。他在后唐时由于护卫石敬瑭，并劝敬瑭起兵，被任为北京马步军都指挥使、军城都巡检使等职[2]。经过指挥使与巡检使的职务历练，到石敬瑭称帝时，刘知远便被任命为更加亲信的侍卫马军都指挥使[3]；后又历官邺都、北京留守，河东节度使，封太原王、北平王等。契丹入犯，虏晋少帝北去，河东行军司马张彦威及文武将吏，以中原无主，上笺劝进；知远以声望不足服众，未受旗。不久，陕州兵马留后赵晖与巡检侯章、王晏杀契丹监军，遣使臣至晋阳奉表，刘知远大喜，乃于太原宫受册，即帝位，建立后汉[4]。此外，还有皇子被任命为巡检的情况，更彰显此职的重要性。刘承训是后汉高祖刘知远的长子，深为知远钟爱。《册府元龟》称他：“少弘厚、美姿仪……辑睦宗亲，接下僚友，有士君子

① 脱脱等:《宋史》卷484,《李筠传》，页13970—13973。
② 陈尚君辑纂:《旧五代史新辑会证》卷99,《汉书·高祖本纪》，页3043。
③ 陈尚君辑纂:《旧五代史新辑会证》卷76,《晋书·高祖本纪》，页2282；卷99,《汉书·高祖本纪》，页3044则作“充侍卫马步都指挥使，权点检随驾六军诸卫事”。
④ 陈尚君辑纂:《旧五代史新辑会证》卷99,《汉书·高祖本纪》，页3045—3053。

之风，高祖器之……及义旗南向，赞开创之业，人皆服其规略。”[1]乾祐初，授左卫上将军，高祖赴洛，命承训为北京大内巡检、开封尹、东都留守，天福十二年（947）十二月死，年二十六，知远哭之大恸，以至于不豫[2]。

从本节讨论的例子可以看出，巡检制度在五代时期并非十分稳定，有的是因应突发的边防任务，有的属于常态性的城防；有的是临时指派的单一职衔，任务完成或即卸任，有的却为多项职衔中的一项，与受命者的其他职务一同执行。这种现象的出现固然出于五代政局纷乱，制度难以确立，但也可视为在五代特殊的军政环境中，帝王因情况所需，任命巡检、灵活调度的结果。由于高阶巡检拥有较多移防与布防的权力，通常由帝王亲信担任这一重要职位，因此这也成为五代武人仕途的重要历练。武人历经巡检职务的历练，也较易累积军政实力，作为日后继续效忠或叛逆的资本。

五、臣服与叛逆：巡检的政治认同

政权并立、争战侵夺不休和王朝更迭频繁，是五代时期的特征。在争战不断的时空环境下，五代时期有许多制度都

---

① 王钦若等编:《册府元龟》卷272，页21。
② 陈尚君辑纂:《旧五代史新辑会证》卷105，《汉书·魏王承训传》，页3199—3200。

难以确立，帝王授予亲信的临时性措置往往无法兼顾权力制衡，因此五代巡检职能的扩大与权力、地位的取得，可说是非常时期制度变形的结果。这些武职人员因一时战绩或宠信，被拔擢为坐拥重权的巡检使，由于权力与地位来自君王，当然有为君王效死者。如天福二年（937）七月，东都巡检张从宾叛晋，进犯汜水关，杀害汜水关巡检宋廷浩[①]；后蜀广政二十二年（959），夔州宁江军都巡检制置、招讨使高彦俦在夔州抵抗宋军，宋师乘城而入，彦俦不愿降，登楼纵火自焚。两人都是因忠君而死的例子[②]。

然而，在政局变化迅速、社会秩序解体、人伦关系淡薄的五代时期，武人拥军自立，以下胁上成为社会常态。类似冯道转事多主的情况史不绝书，甚至连背叛旧主、自立旗帜、投降敌国，乃至顺逆无常、挟持两端的现象，也所在多见。在五代巡检中，固然有效忠君王、以死报国的例子，但更多的是嚣张跋扈，甚至叛国或降敌的巡检，这反映了叛服无常的时代特质。附表一百二十八位曾任巡检的人物中，就有三十人有过叛变或投降敌国的记录，比例虽不高，却远多于忠君死节的巡检人数。若加上虽没有明显的叛逆行动，但在易代之际，自然转事新主的巡检，如《宋史》所列的二十五位（详见本章附表

① 欧阳修:《新五代史》卷 8,《晋高祖本纪》，页 81。
② 脱脱等:《宋史》卷 479,《西蜀孟氏世家・高彦俦传》，页 13887—13888。

二），则总数当有一半之数。这一现象和五代其他类型的人物、事例相印证，可以反映当时的政治社会风气。

这种叛服无常或不断转事新主的巡检，有明显事迹者不少，兹举数例说明：一是王景。王景是后梁大将王檀的部下，先降后唐庄宗，清泰末，归石敬瑭，被授为相州刺史。晋高祖幸邺，留为京城巡检使。少帝时曾任晋州巡检使、知州事。后历事后汉、后周及宋，共六朝[①]。二是朱守殷。朱守殷少事唐庄宗，同光二年（924），任巡检校京师，恃恩骄恣，与伶人景进相为表里。庄宗疑忌大臣，遣守殷伺唐明宗动静，守殷却阴使人告知明宗"宜自图归藩，无与祸会"。及明宗与郭从谦相继作乱，庄宗召守殷等率军护卫，守殷按兵不动。庄宗崩，守殷驰入宫中，纵军士劫掠，并遣人催促明宗入洛。明宗即位，任命他为同中书门下平章事、河南尹、判六军诸卫事，集大权于一身。不久，守殷杀指挥使马彦超，闭门反。明宗遣范延光攻城，杀之[②]。

最足以说明关系转变的，莫过于晋汉开国者石敬瑭与刘知远两人。刘知远与石敬瑭都是后唐明宗的部将，明宗与梁人对战于德胜时，石敬瑭为梁人所袭，马甲连革断裂，知远把自己的马让给敬瑭，自己骑断革的马殿后，石敬瑭十分感动。因此，当敬瑭被明宗授为北京留守时，以知远有护援之

---

① 脱脱等:《宋史》卷252,《王景传》, 页8845—8846。

② 欧阳修:《新五代史》卷51,《朱守殷传》, 页573—574。

功，奏移于麾下。后来唐闵帝的左右谋害石敬瑭，知远即密遣御士石敢，袖锤立于敬瑭后，以为护卫。变乱起时，石敢力当敌锋，战死。知远与李洪信入内，护石敬瑭幸免于难。刘知远力劝敬瑭起事，建立政权。敬瑭任知远为军城都巡检使、北京马步军都指挥使，后充侍卫马步都指挥使、权点检随驾六军诸卫事、陕州节度使、许州节度使等职。天福四年（939）三月，加同平章事，但刘知远不满与功勋不及他的杜重威同制加恩，恳让不受，杜门不出，石敬瑭大怒，两人关系遂由密转疏。

敬瑭崩，少帝即位，刘知远加检校太师，进位中书令。及晋与契丹反目，耶律德光率兵进犯晋地，知远曾破契丹兵于忻口。但晋少帝与知远相互猜忌，知远虽于开运元年（944）被封为太原王、北面行营都统等职，只是尊以虚名，并不实际预闻诸军指挥之事。反之，知远知晋主与契丹结怨，国势危，并未论谏，亦无邀遮契丹兵以入援晋帝之意，反而广募士卒，搜刮财物，步骑达五万，为诸镇之冠，意图自立。契丹入汴京，知远一面分兵守四境，一面遣使奉表诣契丹主送款，以缓和压力。契丹挟晋主北迁，河东诸将以中原无主，上笺劝进，知远乃于太原即位，改国号为汉[①]。从刘知远为石敬瑭效命，到与

① 参见薛居正等:《旧五代史》卷 99,《汉书·高祖本纪》，页 1321—1325。司马光编著:《资治通鉴》卷 282，页 9199—9200；卷 286，页 9335—9337、9339—9341。王钦若等编:《册府元龟》卷 8，页 19—20。

晋帝相互猜忌，及至自立的过程，可以看出五代人际关系的复杂、政治伦理的淡薄和政局变迁之间的互动因素。

这种复杂多变的政局与人际关系在朝代递嬗之初最为明显。对曾担任巡检使的武将而言，后晋政权初建的天福二年（937），是五代巡检对君王叛服最频繁的一年，实具有相当的指标意义。

先是，唐明宗死后，三子从厚即位，养子从珂自太原掳闵帝夺得皇位，自立为帝。在帝位争夺的同时，后唐内部纷扰不已，骄兵悍将，势不可制，法纪荡然。复末帝所用宰相皆贪浊之辈，朝政混乱，拥兵镇守各地的藩镇不服朝命，契丹又乘机入犯。此时，明帝之婿石敬瑭在晋阳举兵叛，但他自度实力不足，乃听幕僚桑维翰之议，遣使向契丹乞师，契丹主耶律德光率五万骑由雁门入援石敬瑭。在契丹支持下，天福二年（937）正月，石敬瑭得天下，建立晋朝。

石敬瑭虽获契丹支持，但藩镇多未服从，或一时屈从，终谋自立，因此乱象相继不断。如唐将范延光闻赵德钧败，虽奉表请降，却在魏州聚卒擅兵作乱，石敬瑭以洛阳漕运有阙，东巡汴州，留前朔方节度使张从岩为东都巡检使，进延光为临清郡王，以安其心；延光却从孙锐之劝，据魏州叛。石敬瑭为稳定情势，命白奉进、张从宾、杨光远、杜重威等人以兵防备延光。范延光使人诱从宾一同叛晋，引兵入洛阳，杀权东京留守石重义，任都巡检张延播知河南府事；从宾进而引兵扼汜水关（虎牢关）杀巡检使宋廷浩。晋廷命奉国都指挥使侯益率禁兵五千，会杜重威讨张从宾。不久，符彦饶杀白奉进，与范延光、张从宾同拥兵叛晋，人情大震。敬瑭问计于右厢都指挥使卢顺密与奉国都虞候方太，共执彦饶。杜重威、侯益则引兵攻汜水，张从宾溺水死，擒获其党张延播等人。此时知安州威和指挥使王晖闻范延光作乱，也杀了安远节度使周瑰，自领军府，以待延光，企图胜则附之，败则渡江奔吴。石敬瑭遣李金全率千骑至安州巡检，安从进则恐王晖奔吴，派部将率兵会复州兵于要路邀击，晖为部将胡进所杀。李金全至安州，斩杀胁从之指挥使武彦和。晋高祖以李金全为安远节度使。金全亲吏胡汉筠劝其自立新局，金全遂叛晋，奔南唐[①]。

面对军将叛顺不常的局面，刘知远劝石敬瑭“抚将相以恩”，而自己则“戢士卒以威”，以恩威并济的手法，稳住政局[②]。在这一年的乱局中，先后出现了八位曾任巡检的武将：有据地叛晋的张从宾、张延播，或先率兵讨叛的侯益、方太、李金全、安从进、刘知远等人，这些人后来也先后叛晋，只有宋廷浩是效忠石敬瑭，在汜水关被杀的。在这八位叛服不常的巡检中，具有代表性的是侯益。侯益原为唐庄宗的爱将。明宗立，则面缚请罪。及李从珂在凤翔举兵，闵帝任命他为西面行营都

① 司马光编著:《资治通鉴》卷 281，页 9180—9184。
② 同上注，页 9178—9179。

虞候，侯益知军情必变，称疾不奉诏，迁商州刺史；因其击退蜀军，加西面行营都巡检使。当初张从宾叛晋，益受命率兵攻之，敬瑭大喜，拜河阳三城节度，充邺都行营都虞候，及镇秦州，充西面都部署。阶州义军校王君怀率数千众投蜀，益一面向朝廷请援，一面遣人遗书蜀将，以达诚意。晋少帝疑之，徙镇内地。及契丹率兵入汴，益率僚属归开封，诣契丹主，被授为凤翔节度。刘知远建立后汉王朝，益以尝受契丹命，深以为忧，适蜀王孟昶招之，乃与其子谋归蜀。知远得知，遣王景崇召益入朝，益厚赂史弘肇辈，言景崇横恣，汉隐帝乃任益为开封尹兼中书令，封鲁国公。景崇闻讯，杀益亲属七十余人，据城叛。及郭威起兵，益奉命守澶州，临阵见士卒无斗志，乃与焦继勋夜谒郭威。周初封楚国公，改齐国公，到宋太祖乾德三年死，享年八十岁①。

由本节探讨例证可以观察，五代武将行忠君死节之事少，叛离君国之实多。此系时代环境导致的武人拥军自立风气，与曾否担任巡检并无直接关联。但必须注意，巡检一职为五代武将提供了重要的起点与运作空间，高阶巡检系武人军政生涯的重要经历，借由帝王的信任与授权而获得统掌军权的机会，也因此得到较多的政治资源，以奠定其后臣服或叛逆的基础，这是不可忽视的事实。因此，五代武将叛服的表现虽未必都发生

① 脱脱等:《宋史》卷254,《侯益传》, 页8879—8882。

在其担任巡检之时，但是巡检一职赋予武将的军政资本意义，却对五代政局的变化具有一定的影响力。

六、结语

五代是巡检制度由唐末萌芽至制度初创的阶段，仍存在许多过渡时期的特征。一方面，巡检在官制上职能多样，既有维持地方治安的低阶官员，也有统领军队、镇守境内重要区域，乃至肩负军事任务、驻置于境外欲征服地区的军事将领，且又以后者为多。各类巡检虽有官阶高低之别，但官阶、层级、任期和隶属关系等，仍未见比较确定的制度。另一方面，设置巡检的地域更为广泛，不仅存在于政权相续的中原王朝，也出现于遍及江南的十国，甚至契丹；惟临时差派性的军事任务显然较多。

这些领军的巡检使或为帝王宠信，或因拥有实力而被任命。他们之中固有效忠于帝王，为之死节者，但多数曾任巡检使的高阶将领则叛服无常，充分显示了五代政治败坏、伦常失序的社会现象。巡检自唐末创置之后，本应逐步进入稳定的制度化阶段，但由于继之而来的五代政局混乱、政权短暂，复以人际关系诡谲多变，反使巡检一职的职能、角色多样发展。其权位转化也因此掺杂了更多的人为因素，显现该时期特殊的政治风貌，与制度发展时的过渡性质；这种现象一直延续到北宋初期。

赵宋建政是五代政局的延续，政权背景的类似性使赵宋王朝对旧制度仍多有沿袭。当时，对握有重权、曾任巡检使的众多军事将领而言，依循五代的旧习，转事新主赵氏并非难事；宋太祖、太宗为稳定政局，在南征北讨、战事频仍的时期，也正需要这些臣服的宿将为之御敌或平乱。因此，除了韩通等少数几人，这些曾任巡检的将领，皆顺理成章地成为新王朝的权贵，但他们被委任的职责，通常多是在边境维护国家安全，而较少在国境内握有军事重权。

其后，随着宋与辽、西夏的紧张对峙局面缓和，此类巡检也逐渐消失[①]。在中央集权与一统中土的政局下，像五代时期拥有叛逆实力的巡检已不复见。相对地，维持治安的低阶巡检却逐渐成为王朝统治地方的要角。仁宗时期，宋朝外部压力稍缓，内部变乱却渐增，宋廷为了巩固政局，逐步将巡检的职能制度化。此后，巡检便与县尉共同维持县级地方的治安，并在宋代成为定制，逐渐发展至清。

① 苗书梅:《宋代巡检初探》，页 41—54。

附表一　唐代巡检表

编号	姓名	年代	朝代	资料出处	刘琴丽《五代巡检研究》引用
1	温令绶	咸通年间（860—874）	唐	领燕乐镇巡检将……领威戍栏捉生将……出自《唐代墓志汇编续集》，温景中《唐故幽州节度衙前讨击副使太中大夫试殿中监温府君合袝墓志并序》，页1114。另见《全唐文补遗》第四辑，《唐故幽州节度衙前讨击副使太中大夫试殿中监温府君（全绶）合袝墓志并序》，页253。	领燕乐镇巡检将，出《唐代墓志汇编续集》。
2	黄晖	咸通以前（860年以前）	唐	巡检马步都将。出自《唐代墓志汇编续集》，《唐故雄武军捉生将太中大夫试殿中监黄公墓志铭并序》，页1120。另见《全唐文补遗》第四辑，张敬祐《唐故雄武军捉生将太中大夫试殿中监黄公（直）墓志铭并序》，页257。	巡检马步都将，出《唐代墓志汇编续集》。
3	郭彦琼	光化二年（899）	唐	光化二年，任度支巡检官、银青光禄大夫、检校国子祭酒兼监察御史。《全唐文补遗》第五辑，余渥《故银青光禄大夫检校右散骑常侍右内率府同正兼御史大夫上柱国郭府君（彦琼）墓志铭并序》，页73—74。	
4	王宏泰	咸通四年（863）	唐	雄武军平地栅巡检烽浦大将游击将军。出自《金石萃编补略》卷2，未题朝代《太原王公夫人清河张氏墓志（咸通四年）》，页55。	“任宏泰”不知是否为同一人，雄武军平地栅巡检烽铺大将游击将军，出《唐代墓志汇编》。按：“任宏泰”应为“王宏泰”之误。
5	杨萨兴	贞元十三年（797）	唐	两池都巡检官宣德郎前行同州合阳县尉杨萨兴。出自《金石萃编》卷103，唐六十三《盐池灵庆公碑（贞元十三年）》，页30上—33上。	
6	吴太楚		唐	皇岭南东道盐铁院都巡覆官，并南道十州巡检务，试左武卫兵曹参军。出自《全唐文补遗》第四辑，何松《梁故岭南东道青海军随使元从都押衙金紫光禄大夫检校司空前使持节泷州诸军事守泷州刺史御史大夫上柱国吴公（存锷）墓志铭并序》，页275。	岭南东道中南道十州巡检，引李锦绣文。

附表二　五代十国巡检表

编号	姓名	朝代	资料出处	叛降状况	刘琴丽《五代巡检研究》曾引用（引用资料不同加注◎）	附注
1	方太	后晋 契丹	1.天福四年（939），洛京巡检使。 《旧五代史》卷99，《汉书·高祖本纪》，页1329。 《旧五代史新辑会证》卷99，《汉书·高祖本纪》，页3062。 2.方太晋将，晋开运三年（946）十二月降契丹。 《资治通鉴》卷285，页9319。 3.后汉天福十二年（947），契丹遣太诣洛阳巡检，至郑州被推叛契丹，至河阳为武行德所杀。 《资治通鉴》卷286，页9353—9354。	晋将降契丹	天福四年（939），京洛巡检使。引《旧五代史》，《汉书·高祖本纪》。	
2	王仁赡	宋	荆南都巡检使。 《十国春秋》卷101，页1452。	无		原任枢密承旨
3	王守恩	后晋 后汉	开运末（947），（潞州）巡检使（权任）。 《旧五代史》卷125，《周书·王守恩传》，页1641。 《宋史》卷254，《张从恩传》，页8886。 《宋史》卷270，《高防传》，页9260。 《资治通鉴》卷286，页9337。 《新五代史》卷46，《王建立传》，页513。 《旧五代史新辑会证》卷125，《周书·王守恩传》，页3829。	天福十二年，由晋投汉。（《旧五代史》，《晋书·高祖本纪》记为“留后”，本传记为“巡检使”。）	（权）潞州巡检使，《山西通志》卷75。	
4	王保义	后晋	天福二年（937），充荆南行军司马兼沿淮巡检使。 《旧五代史》卷76，《晋书·高祖本纪》，页1003。 《旧五代史新辑会证》卷76，《晋书·高祖本纪》，页2326。	无	天福二年（937），兼沿淮巡检使。引《旧五代史》，《晋书·高祖本纪》。	
5	王建立	后唐	明宗镇真定，诏入朝，以建立巡检知留守事。 《册府元龟》卷172，页28下。	无		
6	王重胤 （王重裔）	后周	后周（951），又令于徐州巡检。 《旧五代史》卷129，《周书·王重裔传》，页1703。 《旧五代史新辑会证》卷129，《周书·王重胤传》，页3960。	无		

附表二　五代十国巡检表（续）

编号	姓名	朝代	资料出处	叛降状况	刘琴丽《五代巡检研究》曾引用（引用资料不同加注◎）	附注
7	王晏	后晋	《洛阳缙绅旧闻记》卷1,《陶副车求荐见忌》，页11："令上马，推赵晖为首，侯章、王晏为都巡检，差陶公与赵晖之子延进同赍表奏，汉祖（刘知远）劝进焉。"	开运末戍陕州，时陕州为契丹据，杀契丹将，投后汉。		
8	王殷	后周	后周广顺三年（953），诏留殷充京城内外巡检。 《册府元龟》卷951，页19上。 《资治通鉴》卷291，页9497。	无	后周广顺三年（953），充京城内外巡检。引《资治通鉴》卷291。	
9	王景	后晋	天福六年（941），留为京城巡检使。开运二年（945），晋州巡检使。 《宋史》卷252,《王景传》，页8845。	原为梁将，先降后唐庄宗，再降后晋。（不确定叛降时职位）	1. 开运二年（945），晋州巡检使。引《宋史》,《王景传》。 2. 天福六年（941），留为京城巡检使。引《宋史》,《王景传》。	高祖时
10	王景崇	后汉	乾祐元年（948）二月，凤翔巡检使。 《旧五代史》卷101,《汉书·隐帝本纪》，页1344。 《册府元龟》卷360，页27下。 《新五代史》卷10,《汉隐帝本纪》，页103。 《新五代史》卷53,《王景崇传》，页604。 《资治通鉴》卷287，页9386。 《十国春秋》卷49，页716。 《旧五代史新辑会证》卷109,《晋书·王景崇传》，页3308。	任凤翔巡检使，叛后汉附李守贞。	1. 天福十二年（947），兼凤翔巡检使。引《新五代史》,《王景崇传》。 2. 后汉高祖时，兼凤翔巡检使。引《资治通鉴》卷287。	
11	王万敢	后周	1. 广顺元年（951）十月，晋州巡检。 《旧五代史》卷112,《周书·太祖本纪》，页1478。 《资治通鉴》卷290，页9466。 《册府元龟》卷128，页38下。 《册府元龟》卷400，页31上。 2. 乾祐四年（951）十月，辽遣萧禹厥率兵五万，会汉帝率兵二万攻晋州，周巡检使王万敢拒之。 《十国春秋》卷104，页1478。	无	广顺元年（951）十月，晋州巡检。引《旧五代史》,《周书·太祖本纪》;《资治通鉴》卷290。	

附表二　五代十国巡检表（续）

编号	姓名	朝代	资料出处	叛降状况	刘琴丽《五代巡检研究》曾引用（引用资料不同加注◎）	附注
12	王审琦	后周	显德三年（956），及攻楚州，为南面巡检。 《宋史》卷250，《王审琦传》，页8815。	无		
13	王继勋	后周	广顺初（951）之后，充晋、磁、隰等州缘边巡检。 《宋史》卷274，《王继勋传》，页9353。	1.李守贞叛后汉，王继勋在其麾下，但不确定职称。 2.王继勋叛李守贞投后周，广顺被命充晋、磁、隰等州缘边巡检。	广顺初（951），晋、磁、隰等州缘边巡检。引《宋史》，《王继勋传》。	
14	司超	后周	1.显德三年（956），庐、寿巡检使。 《旧五代史》卷116，《周书·世宗本纪》，页1541。 《宋史》卷272，《司超传》，页9319。 《资治通鉴》卷292，页9537。 《十国春秋》卷16，页224。 2.天福十二年（947），宋、宿、亳三州游奕巡检使。 《宋史》卷272，《司超传》，页9319。	无	1.天福十二年（947），宋、宿、亳三州游奕巡检使。引《宋史》，《司超传》。 2.显德三年（956），庐、寿、光、黄等州巡检使。引《宋史》，《司超传》；《资治通鉴》卷292。	
15	史弘肇	后汉	1.乾祐初（948）之后，总禁兵，兼京城巡检。 《旧五代史》卷107，《汉书·史弘肇传》，页1408。 《宋史》卷257，《李崇矩传》，页8952。 《旧五代史新辑会证》卷107，《汉书·史弘肇传》，页3237	无	乾祐初（948），京城巡检。引《宋史》，《李崇矩传》。	
16	史常思	后汉	天福十二年（947）夏四月己未，三城巡检使。 《旧五代史新辑会证》卷99，《汉书·高祖本纪》，页3058。	无		
17	田武	后唐	天成二年（927），襄州都巡检使。 《旧五代史》卷90，《晋书·田武传》，页1192。	无	天成二年（927），襄州都巡检使。引《旧五代史》，《晋书·田武传》。	
18	申彦瑭	◎后蜀	1.左界巡检使。 《十国春秋》卷49，页728。 2.广政二十一年（958），昌州獠反，杀巡检使赵汉琼等，于是左界巡检使申彦瑭讨平之。 《锦里耆旧传》卷3，页12下。	无		

附表二　五代十国巡检表（续）

编号	姓名	朝代	资料出处	叛降状况	刘琴丽《五代巡检研究》曾引用（引用资料不同加注◎）	附注
19	白廷诲		巡检。 《旧五代史新辑会证》卷124，《周书·白文珂传》，页3819，引《洛阳缙绅旧闻记》卷3，《白万州遇剑客》。	无		
20	白延遇		巡检使。 《旧五代史新辑会证》卷124，《周书·白延遇传》，页3821，引《潜研堂金石文跋尾》卷11。	无		
21	白进福	后周	沿淮巡检。 《册府元龟》卷949，页24下。	无		
22	向拱	后周	广顺中（951）之后，平贼后命为陕州巡检。 《宋史》卷255，《向拱传》，页8908。	无	广顺中（951）之后，陕州巡检。引《宋史》，《向拱传》。	
23	安重荣	后晋	1.清泰三年（936），西北界巡检使。 《旧五代史》卷48，《唐书·末帝本纪》，页661。 《旧五代史新辑会证》卷48，《唐书·末帝本纪》，页1623。 2.天福元年（936），振武西北巡检使安重荣戍代北。 《资治通鉴》卷280，页9144。 3.郑州巡检。 《册府元龟》卷413，页34下。	曾任振武西北巡检使，后天福年间，安重荣领后晋成德军，叛。	1.天福元年（936），振武西北巡检使，引《资治通鉴》卷280。 2.清泰三年（936），西北界巡检使。引《旧五代史》，《唐书·末帝本纪》。	《新五代史》重荣本传称“振武巡边指挥使”，与《旧五代史》《通鉴》所指应为同一职任。
24	安从进	后梁	后梁应顺元年（934）三月，京城巡检。 《旧五代史》卷45，《唐书·闵帝本纪》，页620。 《旧五代史》卷92，《晋书·卢导传》，页1221。 《新五代史》卷7，《唐闵帝本纪》，页70。 《新五代史》卷51，《安从进传》，页586。 《新五代史》卷54，《卢导传》，页623。 《资治通鉴》卷279，页9111。 《册府元龟》卷551，页25上。 《旧五代史新辑会证》卷45，《唐书·闵帝本纪》，页1508。 《旧五代史新辑会证》卷92，《晋书·卢导传》，页2847。	1.清泰元年（934）安从进任京城巡检，暗中为潞王谋反内应。 2.后晋天福六年（941），任山南东道节度使（另有作“襄州节度使”），反，安重荣附之。七年（942），举族自焚，未叛降他国。	清泰元年（934），京城巡检。引《资治通鉴》卷279。	

编号	姓名	朝代	资料出处	叛降状况	刘琴丽《五代巡检研究》曾引用（引用资料不同加注◎）	附注
25	成德钦	后汉	乾祐二年（949），徐州巡检使。 《旧五代史》卷102，《汉书·隐帝本纪》，页1357。 《旧五代史新辑会证》卷102，《汉书·隐帝本纪》，页3140。	无	乾祐二年（949），徐州巡检使。引《旧五代史》，《汉书·隐帝本纪》。	
26	朱匡业	◎南唐	陆游：《南唐书》卷8，页5下："周侵淮南，中外震骇。盗投罅多窃，发以匡业为内外巡检使，严而无私。"	无		
27	朱守殷	后唐	同光二年（924），巡检校京师。 《新五代史》卷51，《朱守殷传》，页573。	后唐天成二年，任汴州节度使，反。（此前僚属即劝朱守殷反，拒守城，故有绛霄殿之祸，主宗身死。）		电子版《新五代史》亦作"巡检校"，四库版《新五代史》为"巡检"，此处宜从四库版。
28	竹奉璘	后汉	显德元年（954），宋州巡检供奉官。 《旧五代史》卷114，《周书·世宗本纪》，页1520。 《册府元龟》卷154，页20上。 《容斋随笔》，《容斋三笔》卷9，《周世宗好杀》，页523。 《文献通考》卷166，页1443。 《旧五代史新辑会证》卷114，《周书·世宗本纪》，页3542。	无	显德元年（954），宋州巡检。引《旧五代史》卷114，《周书·世宗本纪》。	
29	何宗寿	后梁	后梁（907—923），（充）东北面巡检。 《修武县志》卷13，《金石·保安寺石幢》，页16上。	无	后梁时（907—923），（充）东北面巡检，引《修武县志》卷13，《金石·保安寺石幢》。	资料搜集中无此项。
30	何超	后周	显德三年（956），光、舒、黄招安巡检使。 《资治通鉴》卷293，页9546。	无	显德三年（956），光、舒、黄招安巡检使。引《资治通鉴》卷293。	
31	吴廷祚	后周	显德元年（954），北面都巡检使。 《宋史》卷257，《吴廷祚传》，页8947。	无	后周世宗时，北面都巡检使。引《宋史》，《吴廷祚传》。	
32	吴密	后晋	天福九年（944）正月，（耶律）德光自河间率诸部兵入犯甘陵，陷之，巡检使吴密投井而死。 《五代会要》卷29，《契丹》，页8上。	无		

编号	姓名	朝代	资料出处	叛降状况	刘琴丽《五代巡检研究》曾引用（引用资料不同加注◎）	附注
33	宋廷浩	后晋	1.天福二年（937），巡检使。 《旧五代史》卷76，《晋书·高祖本纪》，页1004。 《新五代史》卷8，《晋书·高祖本纪》，页81。 《资治通鉴》卷281，页9176。 2.汜水关巡检使。 《册府元龟》卷425，页30上。 《旧五代史新辑会证》卷76，《晋书·高祖本纪》，页2328，引《册府元龟》卷425。	无		
34	宋偓	后周	显德三年（956），于寿州四面巡检。 《宋史》卷255，《宋偓传》，页8906。	无		
35	李廷珪	◎后蜀	广政十七年（954），蜀成都巡检使。后改遂州武信军节度，领本镇及保宁军都巡检使。 《宋史》卷479，《西蜀孟氏世家·李廷珪》，页13890。 《宋史》卷479，《西蜀孟氏世家·孟昶》，页13881。 《十国春秋》卷55，页805。	无	成都巡检使，《十国春秋》卷55。	
36	李承约	后晋	开平元年（907）之前即任山后八军巡检使。 《资治通鉴》卷266，页8672。 《旧五代史》卷90，《晋书·李承约传》，页1188。 《新五代史》卷47，《李承约传》，页527。 《通鉴释文辨误》卷12，页8下。 《册府元龟》卷766，页27上。 《旧五代史新辑会证》卷90，《晋书·李承约传》，页2778。	1.以山后八军巡检使，降晋王河东节度使李克用，任为匡霸指挥使。 2.叛归晋燕（原刘仁恭属），将降李克用，任为匡霸指挥使。山后八军巡检使，为燕备契丹与河东（李克用），故于卢龙节度使下置八军。	开平元年（907），山后八军巡检使。引《资治通鉴》卷266；《旧五代史》，《晋书·李承约传》；《新五代史》，《李承约传》。	
37	李金全	后晋 ◎吴	天福二年（937）七月，晋帝遣右领军上将军李金全，将千骑如安州巡检。 《旧五代史新辑会证》卷76，《晋书·高祖本纪》，页2332，引《资治通鉴》卷281。	1.天福五年，任安州节度使，叛附于吴。（《旧五代史》卷79，《晋书·高祖本纪》，页1040。）		

附表二　五代十国巡检表（续）

编号	姓名	朝代	资料出处	叛降状况	刘琴丽《五代巡检研究》曾引用（引用资料不同加注◎）	附注
				2. 由后晋降南唐李金全至金陵，唐主待之甚薄。（《资治通鉴》卷282，页9216。）		
38	李彦超	后唐	天成元年（926），北都巡检。 《资治通鉴》卷275，页8977。	无	天成元年（926），北都巡检。 引《资治通鉴》卷275。	
39	李彦頵	后周	显德三年至五年（956—958），西京水南巡检使。 《旧五代史》卷129，《周书·李彦頵传》，页1700。 《旧五代史新辑会证》卷129，《周书·李彦頵传》，页3956。	无	后周世宗时，西京水南巡检使。引《旧五代史》，《周书·李彦頵传》。	
40	李途	后唐	巡检诸陵使。 《旧五代史新辑会证》卷32，《唐书·庄宗本纪》，页940，引《册府元龟》卷174。	无		
41	李嗣肱	后唐	天祐五年（908），三城巡检。 《旧五代史》卷50，《唐书·李克修子嗣肱传》，页683—684。 《册府元龟》卷414，页32下。	无	天祐五年（908），三城巡检。引《旧五代史》，《唐书·李嗣肱传》。	
42	李晖	后汉	天福十二年（947），大内巡检。 《旧五代史》卷100，《汉书·高祖本纪》，页1331。 《旧五代史新辑会证》卷100，《汉书·高祖本纪》，页3066。	无	天福十二年（947），大内巡检。引《旧五代史》，《汉书·高祖本纪》。	
43	李筠	后汉 后周	乾祐三年（950）郭威起兵之前，北面缘边巡检。 《宋史》卷484，《李筠传》，页13971。	1. 宋兴（建隆元年），任昭义节度使，以潞州叛命，遣其将刘继冲、判官孙孚奉表称臣。 2. 原为郭威部属（后汉?），郭威叛后，从之。		

附表二　五代十国巡检表（续）

编号	姓名	朝代	资料出处	叛降状况	刘琴丽《五代巡检研究》曾引用（引用资料不同加注◎）	附注
44	李谦溥	后周	1. 显德五年（958），巡检使李谦溥以州兵拒之而退。 《旧五代史》卷118，《周书·世宗本纪》，页1569。 《旧五代史新辑会证》卷118，《周书·世宗本纪》，页3673。 2. 显德六至七年（959—960），澶州巡检使。 《宋史》卷273，《李谦溥传》，页9338。	无	1. 显德六至七年（959—960），澶州巡检使。引《宋史》，《李谦溥传》。（刘琴丽文作"李谦浦"。） 2. 后周世宗时，隰州巡检使。引《旧五代史》，《周书·世宗本纪》。	《旧五代史》仅称隰州阙守，谦溥暂代之，未称即隰州巡检。另《通鉴》称谦溥以都监、闲厩使权州事，未及巡检使。
45	李存进	后唐	部属巡检使。 《旧五代史新辑会证》卷53，《唐书·李存进传》，页1739，引《全唐文》卷840，《后唐招讨使李存进墓碑》。	无		
46	李怀忠	后晋	东京巡检使。 《旧五代史新辑会证》卷82，《晋书·少帝本纪》，页2551，引《册府元龟》卷118。	无		
47	李继忠	后晋	安义军都巡检使。 《旧五代史》卷91，《晋书·李继忠传》，页1205。 《旧五代史新辑会证》卷91，《晋书·李继忠传》，页2820。	无	庄宗（923—926）间，安义军都巡检使。引《旧五代史》，《晋书·李继忠传》。	
48	李继达	后唐	同光元年（923），潞州军城巡检。 《旧五代史》卷52，《唐书·李嗣昭子继韬传》，页708。 《资治通鉴》卷272，页8909。 《旧五代史新辑会证》卷52，《唐书·李嗣昭传》，页1717。	唐庄宗时。李继韬之弟，李嗣昭之子。	后唐庄宗时（923—926），（安义军）军城巡检。引《旧五代史》，《唐书·李继韬传》。	《旧五代史》载昭毅军留后李继远诛死后，弟继俦权知军州事，继达充军城巡检。其地当为潞州。故此处称潞州巡检使。
49	周密	后晋	东京巡检使。 《册府元龟》卷118，页6上。	无		
50	周邺	◎南唐	陈起为黄梅令，有妖人诸佑挟左道诬众，不服县令。陈起告巡检使周邺，出兵捕佑，获之。 陆游：《南唐书》卷14，页10—11。 《十国春秋》卷23，页327—328。	无		

编号	姓名	朝代	资料出处	叛降状况	刘琴丽《五代巡检研究》曾引用（引用资料不同加注◎）	附注
51	孟仁赞	◎后蜀 宋	西京都巡检使。 《十国春秋》卷50，页749。	后蜀高祖孟知祥之子。 入宋后被封为巡检使。	西京都巡检使，《十国春秋》卷50。	
52	侯益	后唐 契丹	应顺初（934），西面行营都巡检使。 《宋史》卷254，《侯益传》，页8880。 《十国春秋》卷53，页788。	1.契丹入汴，益率僚属归京师，诣契丹主，自陈不预北伐之谋，契丹授以凤翔节度。 2.后汉乾祐三年郭威反，时任开封府尹，叛降郭威。 3.《宋史》卷254，《侯益传》："论曰：'侯益在晋、汉时，数为反覆。观其受命契丹，私交伪蜀，赤冈之战，复夜谒周祖。'"	西面行营都巡检使。引《宋史》，《侯益传》。	
53	侯章	后汉 后晋	1.陶副车求荐，见其忌令上马，推赵晖为首，侯章、王晏为都巡检，差陶公与赵晖之子延进同赍表奏，汉祖（刘知远）劝进焉。 《旧五代史》卷99，《汉书·高祖本纪》，页1325作"汉伦"。 《洛阳缙绅旧闻记》卷1，《陶副车求荐见忌》页11。 2.开运末（946），三城巡检使。 《宋史》卷252，《侯章传》，页8858。 3.天福十二年（947），内外巡检使。 《旧五代史》卷99，《汉书·高祖本纪》，页1325。 《旧五代史新辑会证》卷99，《汉书·高祖本纪》，页3053，引《宋史》卷252，《王晏传》。	无	开运末（946），三城巡检使。引《宋史》，《侯章传》。	
54	姚内斌	契丹 后周	1.显德六年（959）之前任，关西巡检。 《宋史》卷273，《姚内斌传》，页9341。	1.显德六年，后周世宗柴荣至瓦桥关，契丹关西巡检、瓦桥关使姚内斌以城降，世宗受汝州刺史。		

附表二　五代十国巡检表（续）

编号	姓名	朝代	资料出处	叛降状况	刘琴丽《五代巡检研究》曾引用（引用资料不同加注◎）	附注
			2. 巡检使。 《旧五代史新辑会证》卷119，《周书·世宗本纪》，页3730，引《册府元龟》卷167。	2. 契丹将降后周。		
55	姚嗣骈	◎南唐	差充上淮巡检都部署，克修边备。 《全唐文补遗》第七辑，《姚嗣骈墓志》，页192。	无		
56	沈行思	◎吴越	吴越钱镠巡湖州，留沈行思为巡检使。 《资治通鉴》卷267，页8726。	无		
57	段凝	后梁 后唐	开平三年（909），左军巡使兼水北巡检使。 《旧五代史》卷73，《唐书·段凝传》，页962。 《旧五代史新辑会证》卷73，《唐书·段凝传》，页2228。	任梁（郑州?）（北面副）招讨使，庄宗自郓趋汴（时梁已亡），段凝率精兵五万降唐。	开平三年（909），水北巡检使。引《旧五代史》，《唐书·段凝传》。	
58	皇甫绍杰	南唐	开宝六年（973）前后，巡检。 《宋史》卷478，《南唐李氏世家·皇甫继勋传》，页13869。	无		
59	耶律合住	契丹	保宁初（969），以宋师屡梗南边，拜涿州刺史西南兵马督监招安巡检等使。 《辽史》卷86，《耶律合住传》，页1321。	无		
60	唐景思	后汉 契丹	乾祐中（948—950），沿淮巡检使。 《旧五代史》卷124，《周书·唐景思传》，页1636。 《新五代史》卷49，《唐景思传》，页557。 《册府元龟》卷871，页19上。 《旧五代史新辑会证》卷124，《周书·唐景思传》，页3822。	1. 后唐庄宗同光三年，以蜀故（固）镇屯驻指挥使降。 2. 开运末，契丹据中原（被俘虏后任官），以唐景思为亳州防御使。	乾祐中（948—950），沿淮巡检使。引《旧五代史》，《周书·唐景思传》。	
61	孙方简	后晋 契丹	定州东西面都巡检。 《旧五代史新辑会证》卷83，《晋书·少帝本纪》，页2605，引《册府元龟》卷118。	晋少帝开运三年，狼山招收指挥使孙方简叛，据狼山（定州）归契丹。		

附表二　五代十国巡检表（续）

编号	姓名	朝代	资料出处	叛降状况	刘琴丽《五代巡检研究》曾引用（引用资料不同加注◎）	附注
62	孙铎	后唐	同光四年（926），邺都巡检使。 《册府元龟》卷452，页28下。 《旧五代史》卷34，《唐书·庄宗本纪》，页470。 《新五代史》卷37，《史彦琼传》，页401。 《资治通鉴》卷274，页8959。 《旧五代史新辑会证》卷34，《唐书·庄宗本纪》，页982。	无	同光四年（926），邺都巡检使。引《新五代史》，《史彦琼传》。	
63	柴克宏	后周	显德三年（956），宣州巡检使。 《资治通鉴》卷293，页9551。 马令:《南唐书》卷11，页6上。 陆游:《南唐书》卷6，页4上。	无		
64	柴贵	后周	显德三年（956），京城右厢巡检使。 《宋史》卷250，《张令铎传》，页8826。	无	显德三年（956），京城右厢巡检使。引《宋史》,《张令铎传》。	
65	柴进	后周	巡检使。 《旧五代史新辑会证》卷113，《周书·太祖本纪》，页3469，引《册府元龟》卷160。 《全唐文》，《唐文拾遗》卷11，《榜谕宋州敕》，页10483–1。	无		
66	荆罕儒	后周	显德三年（956），舒、蕲二州招安巡检使。 《宋史》卷272，《荆罕儒传》，页9309。	无	显德三年（956），（兼）舒、蕲二州招安巡检使。引《宋史》，《荆罕儒传》。	
67	袁建丰	后唐	1.天祐十三年（916），魏州都巡检使。 《旧五代史》卷28，《唐书·庄宗本纪》，页388。 《资治通鉴》卷269，页8802。 2.同光年间（923—926），魏府都巡检使。 《旧五代史》卷61，《唐书·袁建丰传》，页822。 《旧五代史新辑会证》卷61，《唐书·袁建丰传》，页1945。	无	贞明二年（916），魏州都巡检使。引《旧五代史》，《唐书·袁建丰传》;《资治通鉴》卷269。	《旧五代史》称庄宗入邺，以心腹干能，选为魏州都巡检使，庄宗入邺在天祐十二年，建丰当于此时任魏州都巡检使。另《庄宗本纪》仅称“以袁建丰为相州刺史”。

附表二　五代十国巡检表（续）

编号	姓名	朝代	资料出处	叛降状况	刘琴丽《五代巡检研究》曾引用（引用资料不同加注◎）	附注
68	郝光庭	后周	杖死供奉官郝光庭于府门。以其在叶县巡检日，挟私断杀平人故也。 《册府元龟》卷154，页20上。	无		
69	马令琮	后晋	1.天福十二年（947），西京巡检使。 《宋史》卷271，《马令琮传》，页9283。 2.广顺元年（951），京城四门外巡检。 《宋史》卷271，《马令琮传》，页9283。	无	1.天福十二年（947），西京巡检使。引《宋史》,《马令琮传》。 2.天福十二年（947），京城四门外巡检。引《宋史》,《马令琮传》。	按：即马令威，避周祖讳，改名令琮。
70	马彦勍	后周	广顺元年（951），考城县巡检。 《旧五代史》卷111，《周书·太祖本纪》，页1473。 《册府元龟》卷154，页18下。 《旧五代史新辑会证》卷111，《周书·太祖本纪》，页3378。	无		
71	马铎	后汉	乾祐三年（950），许州巡检。 《旧五代史》卷103，《汉书·隐帝本纪》，页1376。 《旧五代史》卷105，《汉书·蔡王信传》，页1387。 《资治通鉴》卷289，页9448。 《旧五代史新辑会证》卷103，《汉书·隐帝本纪》，页3191。	无	乾祐三年（950），许州巡检。引《旧五代史》,《汉书·隐帝本纪》。	
72	高彦俦	◎后蜀	1.广政二十二年（959），夔州宁江军都巡检制置、招讨使。 《宋史》卷479，《西蜀孟氏世家·高彦俦传》，页13887。 《十国春秋》卷54，页800。 2.显德五年（958），峡路巡检制置使。 《资治通鉴》卷294，页9590。	无	显德五年（958），峡路巡检制置使。引《资治通鉴》卷294。	
73	高模翰	契丹	一名松，渤海人。晋叛，契丹出师南伐，模翰为该军副使……入汴，为汴州巡检使。 《辽史》卷76，《高模翰传》，页1249—1250。	无		

编号	姓名	朝代	资料出处	叛降状况	刘琴丽《五代巡检研究》曾引用（引用资料不同加注◎）	附注
74	常思	后晋	天福十二年（947），三城巡检使。 《旧五代史》卷99，《汉书·高祖本纪》，页1327。	无	天福十二年（947），三城巡检使。引《旧五代史》，《汉书·高祖本纪》。	
75	张令彬	后周	广顺二年（952），徐州巡检。 《旧五代史》卷112，《周书·太祖本纪》，页1479。 《资治通鉴》卷290，页9473。 《旧五代史新辑会证》卷112，《周书·太祖本纪》，页3401。	无	1.广顺二年（952），徐州巡检。引《旧五代史》，《周书·太祖本纪》。 2.广顺元年（951），徐州巡检供给官。引《旧五代史》，《周书·太祖本纪》。	
76	张令铎	后周	显德三年（956），京城左厢巡检使。 《宋史》卷250，《张令铎传》，页8826。	无	显德三年（956），京城左厢巡检使。引《宋史》，《张令铎传》。	
77	张廷蕴	后唐	同光（923—926）初，魏博三城巡检使。 《旧五代史》卷94，《晋书·张廷蕴传》，页1246。 《册府元龟》卷401，页24下。 《新五代史》卷47，《张廷蕴传》，页530。 《旧五代史新辑会证》卷94，《晋书·张廷蕴传》，页2896。	《旧五代史》称唐天复中以宣武军伍长，投太原，“武皇收于帐下为小校”，武皇殆指后唐太祖李克用，克用时尚隶唐，廷蕴未可谓叛。	同光（923—926）初，魏博三城巡检使。引《旧五代史》，《晋书·张廷蕴传》。	
78	张延播	后晋	天福二年（937），洛京都巡检使。 《旧五代史》卷76，《晋书·高祖本纪》，页1003。 《旧五代史》卷97，《晋书·张延播传》，页1289。 《资治通鉴》卷281，页9175。 《旧五代史新辑会证》卷76，《晋书·高祖本纪》，页2327。 《旧五代史新辑会证》卷97，《晋书·张延播传》，页2981。	张从宾叛晋，从宾任张延播为知河南府事（叛晋），从宾败，张延播伏诛。	天福元年至二年（936—937），洛京都巡检使。引《旧五代史》，《晋书·张延播传》。	
79	张彦超	后周	显德三年（956），于寿州四面巡检。 《宋史》卷255，《宋偓传》，页8906。	1.本沙陀人，尝为后唐明宗养子。天成中，擢授蔚州刺史。与石敬瑭有隙，（长兴三年？）闻敬瑭为总管，属其		

附表二　五代十国巡检表（续）

编号	姓名	朝代	资料出处	叛降状况	刘琴丽《五代巡检研究》曾引用（引用资料不同加注◎）	附注
				总戎于太原，遂举其城投于契丹，即以为云州节度使。 2.乾祐三年，郭威领军攻封丘，张彦超在守将之列，败后弃汉隐帝而去，“诸军夺气，稍稍奔于北军”，吴虔裕、张彦超等相继而去。《旧五代史·周书》作“相继见帝（郭威）”。		
80	张思钧	后周	广顺初（951—953），南北两关巡检。 《宋史》卷280，《张思钧传》，页9508。	无	代州南北两关巡检，《山西通志》卷75。《山西通志》误植为“思均”。	
81	张美	后周	显德四年（957），大内都巡检。 《旧五代史》卷117，《周书·世宗本纪》，页1556。 《资治通鉴》卷293，页9564。 《旧五代史新辑会证》卷117，《周书·世宗本纪》，页3635。	无	显德四年（957），大内都巡检。引《资治通鉴》卷293;《旧五代史》，《周书·世宗本纪》。	
82	张从宾	后晋	天福二年（937），东都（洛都）巡检使。 《旧五代史》卷76，《晋书·高祖本纪》，页1003。 《新五代史》卷8，《晋高祖本纪》，页81。 《资治通鉴》卷281，页9172。 《旧五代史》卷87，《晋书·寿王重乂传》，页1140。 《旧五代史新辑会证》卷76，《晋书·高祖本纪》，页2309，引《资治通鉴》卷281。 《旧五代史新辑会证》卷76，《晋书·高祖本纪》，页2327。 《旧五代史新辑会证》卷87，《晋书·寿王重乂传》，页2681。 《旧五代史新辑会证》卷97，《晋书·张从宾传》，页2980。	张从宾叛晋。（《旧五代史》卷76，《晋书·高祖本纪》，页1003。）	1.天福二年（937），东都巡检使。引《资治通鉴》卷281;《旧五代史》，《晋书·寿王重乂传》。 2.后晋高祖时，东都巡检使。引《旧五代史》，《晋书·寿王重乂传》。	

编号	姓名	朝代	资料出处	叛降状况	刘琴丽《五代巡检研究》曾引用（引用资料不同加注◎）	附注
83	张晖	后汉 后周	1.乾祐初（948），缘汉都巡检使。 《宋史》卷272，《张晖传》，页9318。 2.建隆二年（961），缘边巡检壕砦桥道使。 《宋史》卷272，《张晖传》，页9319。	汉祖入汴，晖迎于荥阳，授怀州刺史。	乾祐初（948），缘汉都巡检使。引《宋史》，《张晖传》。	北汉刘崇之心腹亦名张晖，据《旧五代史》，已斩于显德元年。
84	张凝	后周	赴郓州巡检。 《旧五代史新辑会证》卷112，《周书·太祖本纪》，页3397，引《资治通鉴》卷290。	无		
85	张勋	后周	显德二年（955），申州缘淮巡检。后监光州军，充内外巡检。 《宋史》卷271，《张勋传》，页9228—9229。	无	后周世宗时，申州缘淮巡检。引《宋史》，《张勋传》。	
86	张藏英	后周 契丹	1.广顺三年（953）之前，关南都巡检使。 《宋史》卷271，《张藏英传》，页9290。 2.显德二年（955），沿边巡检招收都指挥使。 《资治通鉴》卷292，页9523。	广顺三年之前曾任关南都巡检使，后任契丹卢台军使兼榷盐制置使，（知卢台军事）领坊州刺史；广顺三年投周，以本军兵士及职员、户人孳畜七千头口归化（牛马万计，舟数百艘，航海归周）。	1.广顺三年（953）之前，关南都巡检使。引《宋史》，《张藏英传》。 2.显德二年（955），沿边巡检招收都指挥使。引《资治通鉴》卷292。	
87	梁进	后晋	开运元年（944），沿河巡检使。 《新五代史》卷9，《晋出帝本纪》，页93。 《资治通鉴》卷284，页9270。 《旧五代史新辑会证》卷82，《晋书·少帝本纪》，页2563，引《资治通鉴》卷284。	无	开运元年（944），沿河巡检使。引《资治通鉴》卷284。	
88	符彦超	后唐	同光末（925），北京巡检。 《旧五代史》卷56，《唐书·符存审子彦超传》，页759。 《册府元龟》卷423，页22下。 《新五代史》卷25，《符存审子彦超传》，页265。	无	同光末（925），北京巡检。引《新五代史》，《符彦超传》。	

编号	姓名	朝代	资料出处	叛降状况	刘琴丽《五代巡检研究》曾引用（引用资料不同加注◎）	附注
			《新五代史》卷28,《张宪传》，页313。 《旧五代史新辑会证》卷56,《唐书·符存审传》，页1823。 《旧五代史新辑会证》卷56,《唐书·符存审传》，页1824，引《册府元龟》卷423。			
89	许光大	◎南唐	沿海都巡检。 《十国春秋》卷29，页423。	无		
90	郭用	◎吴越	1.巡检。 《十国春秋》卷84，页1225。 2.淮人围姑苏，常熟镇将陆郢、巡检郭用与其党赵郜以其城应寇。 《吴越备史》卷1，页50下。	无		一作郭周。
91	郭廷谓	◎南唐	保大十五年（957），上淮巡检应援兵马都监。 《宋史》卷271,《郭廷谓传》，页9296。 《十国春秋》卷30，页428。	显德四年十二月，任南唐濠州团练使，降后周世宗，授亳州防御使。		
92	郭金海	◎突厥（后晋）	天福二年（937），领部兵巡检东京。 《旧五代史》卷94,《晋书·郭金海传》，页1248。 《旧五代史新辑会证》卷94,《晋书·郭金海传》，页2900。	无		
93	郭崇	后周	1.广顺元年（951），天雄军都巡检使。 《宋史》卷255,《郭崇传》，页8901。 2.广顺二年（952），在京城都巡检。 《资治通鉴》卷290，页9477。 《宋史》卷255,《郭崇传》，页8902（京城都巡检使）。 《旧五代史新辑会证》卷112,《周书·太祖本纪》，页3410，引《册府元龟》卷118。	无	1.广顺二年（952），在京城都巡检。引《资治通鉴》卷290。 2.后汉高祖时（947—948），兼天雄军都巡检使。引《宋史》,《郭崇传》。	
94	陈文显	◎闽	四州都巡检使（宋廷任命为青齐庐寿西京水南北陕州四州都巡检使）。	陈文显原属闽，闽降宋，文显亦归宋。后文为"文显与诸弟		

编号	姓名	朝代	资料出处	叛降状况	刘琴丽《五代巡检研究》曾引用（引用资料不同加注◎）	附注
			《十国春秋》卷93，页1353。	不睦，咸平初为言者所劾，诏戒谕之，以疾改通许镇都监，卒”。显示未必赴任，其父子兄弟皆在闽地任职。		
95	陈思让	后周	1.广顺元年（951），潞州巡检使。 《旧五代史》卷112，《周书·太祖本纪》，页1477。 《资治通鉴》卷290，页9465。 《宋史》卷255，《向拱传》，页8908。 《十国春秋》卷104，页1478。 《旧五代史新辑会证》卷112，《周书·太祖本纪》，页3392。 2.广顺元年（951），北面兵马巡检。 《宋史》卷261，《陈思让传》，页9039。	无	1.广顺元年（951），潞州巡检使。引《资治通鉴》卷290。 2.后周太祖时（951—953），（充）北面兵马巡检。引《宋史》，《陈思让传》。	
96	乔守温	后汉	1.乾祐二年（949），巡检京兆。 《旧五代史》卷102，《汉书·隐帝本纪》，页1359。 《旧五代史新辑会证》卷102，《汉书·隐帝本纪》，页3147。 《旧五代史新辑会证》卷109，《汉书·赵思绾传》，页3304。 2.乾祐二年（949），永兴巡检使。 《旧五代史》卷109，《汉书·赵思绾传》，页1442。 《新五代史》卷10，《汉隐帝本纪》，页105。 《资治通鉴》卷288，页9388。	无	乾祐二年（949），永兴巡检使。引《新五代史》，《汉隐帝本纪》。	
97	乔谨	后唐	（都）副巡检。 《全唐文》卷116，《晋高祖·招安魏府敕》，页1180-1。	无		
98	彭彦晖	◎楚	广顺元年（951），桂州都监、在城外内巡检使。 《资治通鉴》卷290，页9468。 《十国春秋》卷71，页989。	无		

编号	姓名	朝代	资料出处	叛降状况	刘琴丽《五代巡检研究》曾引用（引用资料不同加注◎）	附注
99	浑公儿	后唐	天成三年（928），巡检军使。 《旧五代史》卷39，《唐书·明宗本纪》，页533。 《册府元龟》卷151，页26上。 《容斋随笔》，《容斋三笔》卷7，《五代滥刑》，页499。	无		
100	焦继勋	后晋	天福十二年（947），京城右厢巡检使。 《宋史》卷261，《焦继勋传》，页9042。	乾祐三年（950），郭威领军至封丘，后汉军败，将领“侯益、焦继勋潜奔邺军（郭威军队）”。	天福十二年（947），京城右厢巡检使。引《宋史》，《焦继勋传》。	
101	黄延谦	◎南唐	建隆二年（961）七月，李煜即位。八月，以南郊巡检使黄延谦为武清军节度使留后。 马令:《南唐书》卷5，页2下。	无	南郊巡检使，引《十国春秋》卷17。	
102	杨廷璋	后周	1.广顺二年（952），澶州巡检。 《宋史》卷255，《杨廷璋传》，页8903。 2.河阳巡检。 《宋史》卷255，《杨廷璋传》，页8904。	无	1.广顺二年（952），澶州巡检。引《宋史》，《杨廷璋传》。 2.周太祖时（951—954），河阳巡检。引《宋史》，《杨廷璋传》。	
103	杨璘	后周	巡检使。 《册府元龟》卷435，页19下—20上。	无	后周世宗显德五年（958），西山巡简（检）使，《册府元龟》卷435。	此条资料搜集无。
104	葛知友	契丹	巡检指挥使。 《旧五代史新辑会证》卷113，《周书·太祖本纪》，页3473，引《册府元龟》卷977。	无		契丹降投后周。
105	靳汉晁	北汉	显德六年（959），巡检使。 《宋史》卷255，《杨廷璋传》，页8904。	无		靳汉晁降后周
106	翟守素	后周	显德四年（957）收淮南后，任蕲州兵马监押兼沿江巡检。 《全宋文》册8，卷101，王禹偁《故商州团练使翟公墓志铭（并序）》，页164。	无		《小畜集》卷29（墓志铭）

编号	姓名	朝代	资料出处	叛降状况	刘琴丽《五代巡检研究》曾引用（引用资料不同加注◎）	附注
107	赵廷隐	◎孟蜀	长兴三年（932），东川巡检。 《资治通鉴》卷277，页9072。 《十国春秋》卷48，页696。	无		
108	赵季文	◎后蜀	广政十九年（956），戎泸州獠贼罗驻雍反，左街都巡检使赵季文讨降之。 《锦里耆旧传》卷3，页12上。	无		
109	赵思温	后唐 契丹	北面沿边巡检都指挥使。 《旧五代史新辑会证》卷137，《契丹传》，页4278，引《大事记续编》卷7。	天福元年（947），契丹得幽州，命曰南京，以唐降将赵思温为留守。		
110	赵进	后唐	同光四年（926），三城巡检使。 《旧五代史》卷34，《唐书·庄宗本纪》，页471。 《旧五代史新辑会证》卷34，《唐书·庄宗本纪》，页983，引《九国志》卷7，《赵进传》。		同光四年（926），三城巡检使。引《旧五代史》，《唐书·庄宗本纪》馆臣按语，引《九国志·赵进传》。	叛者
111	赵汉琼	◎后蜀	广政二十一年（958），昌州獠反，杀巡检使赵汉琼。 《十国春秋》卷49，页728。 《锦里耆旧传》卷3，页12上。	无		
112	赵凤	后唐 后梁 契丹 后汉	广顺初（951），宋、亳、宿三州巡检使。 《旧五代史》卷129，《周书·赵凤传》，页1704。 《旧五代史新辑会证》卷129，《周书·赵凤传》，页3964。 《旧五代史新辑会证》卷129，《周书·赵凤传》，页3967，引《千唐志斋藏志》，《赵公墓志铭并序》。	依契丹，又降后汉刘知远。（晋末，契丹入洛，凤从至东京，授宿州防御使。汉祖即位，受代归阙，寻授河阳行军司马。乾祐初，入为龙武将军。）	广顺初（951），宋、亳、宿三州巡检使。引《旧五代史》，《周书·赵凤传》。	
113	刘承训	后晋	天福十二年（947），北京大内巡检。 《旧五代史》卷100，《汉书·高祖本纪》，页1331。 《旧五代史》卷105，《汉书·魏王承训传》，页1385。 《旧五代史新辑会证》卷100，《汉书·高祖本纪》，页3066。 《旧五代史新辑会证》卷105，《汉书·魏王承训传》，页3199。	无	天福十二年（947），大内巡检。引《旧五代史》，《汉书·高祖本纪》。	此人为后汉高祖皇子。

编号	姓名	朝代	资料出处	叛降状况	刘琴丽《五代巡检研究》曾引用（引用资料不同加注◎）	附注
114	刘知远	后晋 后汉	（936年前，后唐时任）河东军城都巡检使。 《旧五代史》卷76，《晋书·高祖本纪》，页991。 《资治通鉴》卷280，页9155。 《旧五代史新辑会证》卷76，《晋书·高祖本纪》，页2282。 《旧五代史新辑会证》卷99，《汉书·高祖本纪》，页3044。	1.《辽史》，大同元年（947），河东节度使北平王刘知远自立为帝，国号汉。 2.天福十二年（947），刘知远即皇帝位。自言未忍改晋，又恶开运之名，乃更称天福十二年。（见《资治通鉴》卷286，页9341。）	天福元年（936），河东军城都巡检使。引《资治通鉴》卷280。	后晋时任，此人为后汉高祖。
115	刘建	后周	显德三年（956），于寿州四面巡检。 《宋史》卷255，《宋偓传》，页8906。	无		
116	刘祚	后晋	天福十二年（947）（北来），充在京巡检。 《旧五代史》卷51，《唐书·许王从益传》，页696。 《资治通鉴》卷287，页9363。 《旧五代史新辑会证》卷51，《唐书·许王从益传》，页1699。	契丹将（指挥使）来归。	天福十二年（947），（充）在京巡检。引《资治通鉴》卷287。	
117	刘崇	后周	长兴中（932—933），三城巡检使。 《旧五代史》卷135，《刘崇传》，页1810。 《旧五代史新辑会证》卷136，《刘崇传》，页4262。	广顺元年，河东刘崇于正月十六日僭号。且求助于契丹（显德二年卒。兵败卒？）	后晋时（936—946），（兼）三城巡检使。引《旧五代史》，《刘崇传》。	
118	刘遂严	后梁	龙德三年（923），郓州巡检使。 《旧五代史》卷10，《梁书·末帝本纪》，页150。 《资治通鉴》卷272，页8884。 《旧五代史新辑会证》卷29，《唐书·庄宗本纪》，页807，引《资治通鉴》卷272。 《旧五代史新辑会证》卷10，《梁书·末帝本纪》，页312。	无		
119	刘宾	◎楚	乾祐三年（950），内外巡检侍卫指挥使。 《资治通鉴》卷289，页9446。 《十国春秋》卷69，页968。	无		

编号	姓名	朝代	资料出处	叛降状况	刘琴丽《五代巡检研究》曾引用（引用资料不同加注◎）	附注
120	潘环	后晋	1.开运三年（946），洛京巡检。 《旧五代史》卷94,《晋书·潘环传》，页1243。 《旧五代史新辑会证》卷94,《晋书·潘环传》，页2891。 2.天福十二年（947）四月，契丹留守刘晞弃城奔许州，方太入（洛阳）府行留守事，与巡检使潘环击群盗，却之，后为契丹将高模翰所杀。 《资治通鉴》卷286，页9354。	无	开运三年（946），洛京巡检。引《旧五代史》,《晋书·潘环传》。	契丹将。
121	郑仁诲	后周	广顺元年（951），大内都巡检。 《旧五代史》卷123,《周书·郑仁诲传》，页1620。 《册府元龟》卷455，页20上。 《旧五代史新辑会证》卷123,《周书·郑仁诲传》，页3789，引《新五代史》卷31。	无	广顺二年（952），大内都巡检。引《资治通鉴》卷290。	
122	卢绛	◎南唐	1.沿江巡检。 《十国春秋》卷30，页431。 2.陆游:《南唐书》卷14，页6下:“（绛）诣枢密使陈乔，口陈所上书，词辩纵横。乔耸然异之，用为本院承旨，授沿江巡检，募亡命习水战，使马雄、王川军等分将之，要吴越兵于海门。”此事《江南野史》卷10，页3作“因表署为本院承旨，使督百卒于任所陈利便，经营制度，颇见干绩。寻就转沿江诸屯兵马监押兼巡检”。 3.沿江诸营兵马监押兼巡检。 《嘉定镇江志》卷3,《攻守形势》，页2342−1。	《宋史》卷296,《查道传》记“卢绛据歙州”。		
123	阎万进	后晋	1.天福十二年（947），缘河巡检使。 《资治通鉴》卷286，页9352。 《旧五代史》卷99,《汉书·高祖本纪》，页1328。 2.河东都巡馆驿沿河巡检使。 《旧五代史新辑会证》卷99,《汉书·高祖本纪》，页3061。	无	天福十二年（947），缘河巡检使。引《旧五代史》,《汉书·高祖本纪》;《资治通鉴》卷286。	

附表二　五代十国巡检表（续）

编号	姓名	朝代	资料出处	叛降状况	刘琴丽《五代巡检研究》曾引用（引用资料不同加注◎）	附注
124	薛霸	后晋	天福三年（938）前任，降晋封他官，天雄军三城都巡检使。 《旧五代史》卷77，《晋书·高祖本纪》，页1019。 《全唐文》卷114，《晋高祖·复范延光等官爵制》，页1163-2。 《全唐文》卷116，《晋高祖·招安魏府敕》，页1181-1。 《旧五代史新辑会证》卷77，《晋书·高祖本纪》，页2380。	无	天福三年（938），天雄军三城都巡检使。引《旧五代史》，《晋书·高祖本纪》。	范延光旧僚。
125	韩通	后周	1.广顺初（951），孟州巡检。后（956）为在京右厢都巡检。 《宋史》卷484，《韩通传》，页13968。 2.显德三年（956）之前，京城都巡检。后为在京内外都巡检。 《宋史》卷484，《韩通传》，页13969。 《资治通鉴》卷292，页9534。 《资治通鉴》卷293，页9564。 《涑水记闻》卷1，《韩通被杀》，页2。 《旧五代史新辑会证》卷116，《周书·世宗本纪》，页3588，引《册府元龟》卷118。 《旧五代史新辑会证》卷117，《周书·世宗本纪》，页3636，引《册府元龟》卷118。	无	1.显德三年（956），在京内外都巡检。引《资治通鉴》卷292。 2.显德四年（957），京城内外都巡检。引《资治通鉴》卷293。	
126	魏岑	◎南唐	乾祐元年（948），沿淮巡检使。 《资治通鉴》卷288，页9404。 《十国春秋》卷16，页214。 陆游:《南唐书》卷10，页3上:“汉隐帝时，李守贞以河中叛来乞师，魏岑、查文徽议，宜为出师……元宗欲借李金全宿将威望，以为北面行营招讨使救河中……岑为沿淮巡检使。”	无	乾祐元年（948），沿淮巡检使。引《资治通鉴》卷288。	南唐将。
127	罗济	◎后蜀	宁江军都巡检判官。 《十国春秋》卷55，页808。	无		年代不明，仅知事后主。
128	曹翰	宋	南面行营招安巡检使。 《十国春秋》卷27，页392。 陆游:《南唐书》卷8，页6下。			

附表三　十国巡检

国名	人名，括号内为巡检表项次
后蜀	赵廷隐（107，孟蜀时期）、申彦瑭（18）、李廷珪（35）、孟仁赞（51）、高彦俦（72）、赵季文（108）、赵汉琼（111）、罗济（127）
南唐	朱匡业（26）、许光大（89）、郭廷谓（91）、黄延谦（101）、卢绛（122）、魏岑（126）、周邺（50）、姚嗣骈（55）、皇甫绍杰（58）
吴	李金全（37）
吴越	沈行思（56）、郭用（90）
闽	陈文显（94）
楚	彭彦晖（98）、刘宾（119）
北汉	靳汉晁（105）

第二章

县邑职役

宋代弓手体系的沿革考察

在宋代之前，弓手多指职业军人的一个军种类别，所谓“控弦之士”，即执弓箭作战的军人[①]，隶属正规军员编制，中国历代王朝有之。然而，最迟自五代起，地方开始出现名为“弓手”的基层武力。“弓手”征集自当地乡户，负责维系在地治安，具有民防意义；必要时，也负担部分防边或抵御外敌的任务。此类弓手在唐末五代出现时，多属镇将统领的私人武力；迨赵宋建国后，由中央指派的县尉管辖，并首次成为基层治安武力的专称。这一转变使基层弓手与国家权力和地方社会的联系更为紧密，对王朝统治力深入民间的程度具有指标性意义。更重要的是，基层弓手的出现显示唐宋之间政治社会形态与运作机制的一大转变。

弓手反映的基层社会演变沿革，以及其与政治社会的互动

---

① 杜佑撰，王文锦点校:《通典》(北京: 中华书局，1988) 卷148,《兵·立军》，引《李靖兵法》，页3792—3793。

关系，以往较少受到学界讨论。此或与朝代交替之际文献资料散佚严重有关，以致部分隐性的历史现象难以追溯渊源。学界习于将唐宋历史区隔讨论，也造成历史现象孤立化，缺乏联系。以唐宋基层武力研究而言，唐代基层机构、组织及运作重要论著为数不少[①]，以弓手为主的宋代基层武力研究也相当丰硕，惟两者之间尚欠缺长时段的观察与联系，以致学界仍无法对基层武力前后相继的历史延续性有更完整的掌握。本章希望能结合前辈与个人的研究成果，以弓手为主，将唐宋基层武力与社会的关系加以联结，并观察其变化，作为了解唐宋社会变革研究基础之一。

一、置县尉诏：宋代镇将、县尉与弓手的三角关系

中国历史上最早具有民政意义的基层武力“弓手”，见宋太祖建隆三年（962）十二月的《置县尉诏》中。这份诏令分别收录在《续资治通鉴长编》（以下简称《长编》）卷三、《宋会要辑稿·职官》（以下简称《宋会要》）48之60，及《宋大诏

---

① 讨论唐宋时期基层社会组织及武力的论文不少，见日野開三郎：「五代鎮将考」，『東洋学報』25卷2号（1938），页216—247；「唐代藩鎮の跋扈と鎮将」（2）（3）（4），『東洋学報』27卷1号（1939），页1—62；27卷2号（1940），页153—212；27卷3号（1940），页311—350。佐竹靖彦：「唐宋期福建の家族と社会—閩王朝の形成から科挙体制の展開まで—」，收入《中国近世家族与社会学术研讨会论文集》（台北：“中央研究院”历史语言研究所，1998），页371—473。柳田節子：「宋代の県尉—土地問題に関連して—」，收入氏著『宋元社会経済史研究』（东京：创文社，1995），页184—197。

令集》卷160《政事·官制》[1]；《长编》所录较为简略，《宋会要》与《宋大诏令集》则较完整，且互有增补。此诏是关乎宋代基层武力建置的重要文献，谨录《宋会要》所收全文，并以《宋大诏令集》相校（括号内为《宋大诏令集》文字）：

> 贼盗斗讼，其狱实狱（《诏令集》少“狱”字）繁，逮捕多在乡闾，听决合行于令佐。顷因兵革，遂委镇员。渐属理平，宜（合）还旧制，其（宜）令诸道州府，今后应乡村（闾）贼盗（盗贼）斗讼公事，仍旧却属县司，委令、尉勾当。其万户以上县（其一万户已上县），差弓手五十人，七千户以上四十人，五千户以上三十人，三千户以上二十五人，二千户以上二十人，千户以上十五人（一千户以上一十五人），不满千户十人（一十人）。合要节级，即以旧镇司节级充，余并停归色役（其余人并仰停废，归县司免役）；其弓手亦以旧弓手充，如有贼盗（盗贼），县尉躬亲部领，收捉送本州（仰县尉躬亲部领，收捉送本县），若有群贼（若是群贼），画时申州及报捉贼使臣（仰尽时申本属州府及捉贼使臣），委节度、防御、团练使、刺史，画（尽）时选差清干人员，将领厅头小底兵

① 宋绶、宋敏求编：《宋大诏令集》（台北：鼎文书局，1972）卷160，《政事·官制》，页604。比对各书所录内容，可知《宋大诏令集》虽偶有错字，却较完整，因此应以《宋大诏令集》的内容为主。

士管押及使臣根寻捕逐，务要断除（务要断除贼寇，肃静乡川，不得接便搅扰），其镇将、都虞候只许依旧勾当镇郭（郭下）。烟火、贼盗（盗贼）、争竞公事，仍委中书门下；每县置尉一员，在主簿之下（《宋大诏令集》少“之”字），俸禄与主簿同。（《宋会要·职官》48之60）

检视《置县尉诏》可知，弓手非始置于宋，五代时已然存在，宋初弓手即是以五代镇将统领的“旧弓手”充任。宋廷一方面复置县尉，由朝廷直接任命，以之领导原由镇将统领的弓手，维护地方治安；另一方面限缩镇将在五代时期原有权责与辖区，镇将只能管理镇郭事务，县内消防、捕盗、提捉等公事则改由中央指派的县尉执行。更重要的是，原由镇将统辖的武装弓手改由县尉接管，纳入基层行政体制中，既使地方军政与民政分离，又同时将地方管辖权重置于皇权掌控之中。

种种措置显示，宋太祖赵匡胤建国后，为了强化中央集权，致力结束五代时期藩镇拥兵割据的局面，继“杯酒释兵权”等一连串收兵权后[①]，大幅调整唐和五代以来基层武力。县尉复置和弓手改隶，正是宋廷强化中央权威的重要手段之一，

① 关于杯酒释兵权与收兵权的讨论有很多。参见聂崇岐:《论宋太祖收兵权》，收入氏著《宋史丛考》（台北：华世出版社，1986）上册，页263—282。柳立言:《“杯酒释兵权”新说质疑》，收入《宋史研究集》第二十二辑（台北:“国立”编译馆，1992），页1—20。

与“杯酒释兵权”等军政措施相互呼应环扣，对帝国统治力深入地方具有重要的政治意义。然而，欲理解宋代弓手的历史发展，不能不先梳理弓手与其先后隶属的镇将、县尉之间的关系。

二、镇将与县尉：权力转移与基层武力改隶

县尉、镇将二职均渊源甚早。县尉为县令佐官，在战国时，秦及三晋之县即置有县尉一职[①]。秦汉以来沿袭不替，一直担任捕缉盗贼、更卒番上与役使卒徒等有关武事的职务[②]；下有属吏，但未见具体编制及统辖人数。其后各代仍置县尉，但隋代废止乡官，州县佐属官员大为精简；唐承隋制，县府设官亦简[③]。晚唐以来，藩镇割据，县尉职务兼及催征课税，较前代广泛，原有功能则逐渐为镇将所取代。

镇将一职，原系北魏拓跋氏开疆辟土时所置[④]。北魏太武帝至孝文帝太和十年（486）的前后六十年间，是军镇最盛的时期，镇将地位远在州刺史之上。北魏广阳王深即说：“先朝都平

① 严耕望:《中国地方行政制度史（甲）秦汉地方行政制度》,《“中央研究院”历史语言研究所专刊》45A（1961），页 6。
② 严耕望:《中国地方行政制度史（甲）秦汉地方行政制度》，页 220。白钢主编，孟祥才著:《中国政治制度通史·第 3 卷·秦汉》，第 5 章，页 234。
③ 白钢主编，俞鹿年著:《中国政治制度通史·第 5 卷·隋唐五代》，第 5 章，页 250。
④ 司马光编著:《资治通鉴》卷 132，页 4149 引胡注说:“魏自北方并有诸夏，亦依魏、晋制置诸州刺史，其西北被边夷、晋杂居之地，则置镇将以镇之。”

城，以北边为重，盛简亲贤，拥麾作镇（即镇将），配以高门子弟，以死防遏，非唯不废仕宦，乃更独得复除，当时人物，忻慕为之。”[①]故当时史臣有镇将“重于刺史”之言，后期镇的地位明显降低，又有“州名差重于镇”之言。东南地区大镇已废，所存者多郡之比，且常有镇将、郡守相互兼代的情况。此时镇统属于州，成为州的统辖机关，镇将的权威下降[②]。隋唐沿袭旧制，置镇将、副将，掌捍防守御，属军事系统[③]。

镇将隶属节度使，并取代县尉行使权力、督领基层军政民政，始于藩镇割据的唐末五代时期。唐代自安史之乱后，藩镇林立，诸藩镇为了掌控所辖地区，竞相将辖下军兵驻屯于领内诸州县治及关津险要处，授所属心腹将校为镇将，统领其地，作为割据资源[④]。宪宗元和十四年（819），横海节度使乌重胤在奏言中指出，“河朔藩镇所以能旅拒朝命六十余年者，由诸州县各置镇将领事，收刺史、县令之权，自作威福”[⑤]，倘如“刺史各得职分，又有镇兵，则节将虽有禄山、思明之奸，岂能据一州为叛哉”[⑥]。僖宗以后，藩镇多分置镇将于诸县，统治

① 司马光编著：《资治通鉴》卷150，页4681。

② 严耕望：《中国地方行政制度史（乙）魏晋南北朝地方行政制度》，《“中央研究院”历史语言研究所专刊》45B（1963），页794—797。

③ 刘昫等：《旧唐书》（台北：鼎文书局，1979）卷44，《职官志》，页1923。欧阳修、宋祁：《新唐书》（台北：鼎文书局，1979）卷49下，《百官志》，页1320。

④ 日野開三郎：「唐代藩鎮の跋扈と鎮将」（2），页1。镇将也被称为镇遏将、镇使、镇遏使、镇遏兵马使、镇遏都知兵马使等；镇也被称为外镇、巡镇等。

⑤ 司马光编著：《资治通鉴》卷241，页7768。

⑥ 刘昫等：《旧唐书》卷161，《乌重胤传》，页4223。

权力直接深入地方，进一步侵夺县令职权[①]。许多重要藩镇都出身镇将，如董昌、钱镠、刘仁恭及其父刘晟[②]，凭恃的就是镇将领导的武装力量，也缘于他们能直接掌控镇兵或弓手等武装力量，作为私人武力的资源，才能建立雄霸一方的局面。此外，镇将职权也不断扩大，到五代时，镇将除了拥有兵权[③]，还手握捕盗、狱讼以及税役催征等权力。所以李焘才会说："五代以来，节度使补署亲随为镇将，与县令抗礼，凡公事专达于州，县吏失职。"[④]可见自唐中叶至五代时期，镇将权力已凌驾州县长官之上，且有愈益扩张的趋势，军政与民政权力地方化与私人化愈形严重。

一般而言，自安史之乱至五代，镇将辖下所领镇兵有"官健"与"团结兵"两种主要力量。唐代初期施行府兵制，玄宗开元、天宝时，府兵制崩坏，改行募兵。安史之乱后，募集兵"官健"成为主要兵力，另辅之以民兵性质的团练兵。团练兵，也称为团结兵、土团兵，这些人平时耕种，在农闲时期，则召集农民中强壮者施行训诫；一旦有乱事，便和正规兵官健一同

---

① 司马光编著:《资治通鉴》卷 255，页 8299。

② 薛居正等:《旧五代史》卷 133，《钱镠传》，页 1766—1767；卷 135，《刘守光传》，页 1799—1800。

③ 日野開三郎:「五代鎮将考」，页 224。征税之例见于唐明宗长兴二年，秦州奏状中即指出:"州界三县之外，别有一十一镇人户，系镇将征科。"(《旧五代史》卷 43，《唐书·明宗本纪》，页 588)。又见邵伯温:《邵氏闻见录》(北京：中华书局，1983) 卷 8，页 78。

④ 李焘:《续资治通鉴长编》(北京：中华书局，1995，中华书局点校本) 卷 3，建隆三年十二月癸巳条，页 76。

防卫乡村[1]。官健与团结兵性质并不相同，团结兵本质上是地方民兵，因关怀热爱乡土才积极捍卫乡里，通常不愿从事境外争战。因此，当藩镇利益与地方利害发生冲突时，团结兵往往会起而反抗藩镇，因此也曾出现镇将以官健制压团结兵的现象[2]。

不过，在多数情况下，镇将与由团结兵组成的镇兵系同一阵线，在唐末扰乱时，许多屯驻护卫地方的镇将本身即是自卫团体的土豪[3]。如此一来，不仅藩镇或镇将与地方势力结合更加密切，武力地方化的现象也越趋明显。以浙江地区而言，临安人董昌曾以土团军破贼有功，被任命为石镜镇将[4]。杨行密以霍丘土豪朱景“骁毅绝人，诸盗莫敢犯”，任其为镇将[5]。福建吴兴地区土豪杨部，在唐末乱局中“募乡民之拳勇者数百人，受署于本郡为义军指挥使，坚壁要害，以备不虞，一邑赖之，终

① 日野開三郎:「唐代藩鎮の跋扈と鎮将」(3)，页204。有关唐代团结兵，可参阅方积六《关于唐代团结兵的探讨》(《文史》25辑，页95—108)与张国刚《唐代团结兵问题辨析》(《历史研究》1996年4期，页37—49)二文。方积六认为，团结兵由各道节度使(都团练使、都防御使)，州刺史(一般兼任团练使、防御使、镇遏使)在当地征发，一部分系平时务农、闲时训练的地方民兵，更多的是因军情紧急而临时征发的地方军队。他们不登入官健军籍，一般不长期脱离生产，服役期间还发予口粮酱菜，有的额外给予偿赐(页95)。张国刚则提出，唐人使用团结或团练有两层含义：一是把不是兵士的民丁编组成军；二是对在役军士进行团伍习(页39)。就第一层意义而言，与日野开三郎、方积六的说法相同。

② 日野開三郎:「唐代藩鎮の跋扈と鎮将」(3)，页211。

③ 日野開三郎:「五代鎮将考」，页232。

④ 范坰、林禹:《吴越备史》(台北：台湾商务印书馆，1966)卷1，页22下。

⑤ 欧阳修、宋祁:《新唐书》卷188,《杨行密传》，页5455。

以无患”[1]。在王审知据闽越时，建安吴兴张从晟以“州里豪右，材兼文武，仕至蒲城制置副使”[2]。这些土豪借着卓越的领导能力，结合宗族与乡里势力，组成地区性防卫体制，战斗力十分坚强。因此，闽越地区的执权者在实际利益驱动下，往往任命地方豪强担任义军指挥使、制置副使等类似镇将的职务[3]。

割据一方的藩镇为扩大权势，委任亲信镇将直接负责盗贼缉捕、斗殴诉讼等地方治安事务，相关公事甚至可专达于州或节度使。镇将的权力足以与亲民的县府长令相抗衡，不仅违背基层行政的原有运作与朝廷政务的布达和推动，更重要的是镇将统有弓手等武力，导致武力私人化。这是藩镇继军队之后，进一步掌控地方民政、扩大统治基业的要务，也是稳定割据势力最重要的基础。当镇将权势逐步扩大的同时，也开始出现若干抑制性的言论或措施。前述乌重胤的奏章就主张刺史应统率镇兵，尽其职权。后梁太祖朱温对镇将地位高涨更为不满，他说：“令长字人也，镇使捕盗耳。且镇将多是邑民，奈何得居民父母上，是无礼也。”诏天下镇使无论官秩如何，“位在邑令下”[4]。在时局变化多端的五代，这样的命令能否有效执行不得

---

① 杨亿：《武夷新集》（台北：台湾商务印书馆，1983）卷 8，《故信州玉山令府君神道表》，页 14 下。
② 杨亿：《武夷新集》卷 9，《故宋陕州芮城令清河张君墓志铭》，页 1 上。
③ 佐竹靖彦：「唐宋期福建の家族と社会—閩王朝の形成から科挙体制の展開まで—」，页 397。
④ 薛居正等：《旧五代史》卷 5，《梁书・太祖本纪》，页 83。

而知，但这些信息揭示了中央政府对地方化、私人化的镇将权势超越行政体系的不满。

宋太祖建国后，为扭转武装力量地方化及私人化的情势，于建隆三年（962）平定荆湖之后，颁布前述《置县尉诏》，复置县尉，将盗贼、斗讼等事务，回归县尉、县令管辖，并规定镇将负责事务仅限镇郭之内，不及乡村；镇将在县级单位中的重要性明显降低。同时，为打破镇将与节级、弓手等武装力量的依附关系，更缩减镇将辖下节级、弓手编制，部分调至县尉司，作为地方防盗武力，部分则转化为县司诸色役。此后，这项政策随着赵宋政权对诸国发动的统一战争，推展到各征服地区。以东南地区为例，太宗时期，钦州如昔镇镇将黄令德权势甚盛，越区包庇交州潮阳镇的杀人犯卜文勇家族一百三十口，并造成沿海海贼盛行。宋廷遣转运使陈尧叟与摄雷州海康县尉李建中前往缉捕，将罪犯全族交付潮阳镇，完成地方治安任务[①]。在四川地区，乾德四年（966）十月平蜀后，宋廷告谕蜀邑令、尉，要求耆长、节级不得因征科及巡警烦扰里民、规求财物，也约束镇将"不得以巡察盐曲为名，辄扰民户"[②]。真宗景德二年（1005）八月庚寅，"益、梓、利、夔诸州营内镇将，

① 脱脱等:《宋史》卷488,《交阯传》, 页14063。
② 李焘:《续资治通鉴长编》卷7, 乾德四年十月己巳条, 页180。

不得捕乡村盗贼、受词讼”[1]，明确限制镇将不得处理赋税、斗讼等业务。此外，镇将补授条件也受到限制。宋太祖感于武力私人化乱局系与藩镇自补亲随为镇将，关系密切，乃于开宝三年（970）五月，诏禁诸州长吏遣仆从及亲属掌厢镇局务[2]；到太平兴国二年（977）正月，又重申禁止“藩镇补亲吏为镇将”的规定[3]。

从基层治安业务由县尉移转至镇将，再回复县尉的过程中，可看到五代以前，县尉虽然负有缉捕盗贼、维护治安的任务，辖有镇兵、弓手，但在组织结构上，其所统辖的武力并无具体编制与规模。镇将所辖武力编制虽然也不清楚，但任务与功能显然较为明确。宋朝建国之后，借《置县尉诏》的颁布实施，将原来隶属藩镇、镇将的弓手，划归县尉统辖，成为国家武力的一部分。为了巩固统治基础，宋廷将弓手由镇将改隶县尉领导后，编制固定，以为控制基层社会秩序的主要武力。此即仁宗时期礼部侍郎兼国史院修撰的范祖禹所言：“祖宗分天下为十八路，置转运使、提点刑狱，收乡长、镇将之权悉归于县，收县之权归于州，州之权归于监司，监司之权归于朝廷。”[4]范祖禹所言宋初立国之制，在于“上下相维，轻重相

① 李焘:《续资治通鉴长编》卷61，景德二年八月庚寅条，页1358。徐松辑:《宋会要辑稿》,《职官》48之92。
② 李焘:《续资治通鉴长编》卷11，开宝三年五月戊申条，页246。
③ 李焘:《续资治通鉴长编》卷18，太平兴国二年正月丙寅条，页393。
④ 脱脱等:《宋史》卷337,《范镇从孙祖禹传》，页10796。

制”。其中，基层权力部分在唐末五代原为地方乡长和镇将所有，如今将其权收归于县衙，而太祖的《置县尉诏》正是此政治设计的有力脚注。然而，先有镇将职责与所辖兵力的确立，后才出现镇将任命权的改革，以及周边地区镇将改革措施成效展现较晚，均显示政权交替后，涉及典章人事的变革需要经历一定的时间才能完成。

三、第三等户：转为民户职役的弓手

宋代的职役是百姓的沉重负担。职役虽承自秦汉以来的徭役，但从职名来看，是以往郡县掾属、胥吏和乡官的变相，与兵役、力役关系不大。唐末五代，兵灾扰攘，为政者竞相争战，役民之举频繁。宋太祖为了改变五代重役人民之弊，于建隆三年（962）下令“诸州不得役道路居民为递夫”，并命“令佐检察差役，有不平者，许民自相纠举”[①]，并遵循后周显德三年（956）的五等户制以区分百姓；此时的等级划分只是作为植树的标准。后来，曾另订定五等户的职役摊派标准[②]，但可能由于基业初立，版籍散乱，标准颇有分歧，缺乏全面实施之

---

① 马端临：《文献通考》（台北：新兴书局，1963）卷12，页127。参见聂崇岐《宋役法述》，收入氏著《宋史丛考》上册，页6—7。

② 王曾瑜：《宋朝阶级结构》（石家庄：河北教育出版社，1996），页15。

条件而难有定制[①]。到太平兴国五年（980），京西转运使程能再提出，“诸道州府民事徭役者未尝分等，虑有不均。欲望下诸路转运司差官定为九等，上四等户令充役，下五等户并与免”[②]。此议经多次讨论，宋廷于淳化五年（994）正式下诏各县，“每岁以人丁物力定差，第一等户充里正，第二等户充户长”[③]，户等与职役的关系至此才大致确定。

弓手自宋初转隶县尉，到成为民户的职役，其间经过相当的酝酿与发展过程。建隆三年的《置县尉诏》显示宋廷对县级弓手编制有所规划，但职役内容似未明确。宋初对弓手的记载，只见“诏以盗贼渐息，减诸县弓手有差，令尉辄占留者，重置其罪”[④]及“命诸州置县尉弓手营舍”[⑤]而已。胡宿曾记载：“国朝旧制，天下县邑所置弓手，本防盗贼，选人才会弓弩者充。初无年限许替之文，盖欲其役年深，习惯武艺，又周知山川道路险易、奸寇窟穴之所，若有盗发，易为擒获。”[⑥]同样是涉及弓手的角色与任职年限，以及县尉和弓手之间的关系，未涉职役负担内涵。可见，马端临的说法“国初循旧制……耆

① 王曾瑜即列举宋初同时出现三等户、五等户与九等户之制，见王曾瑜:《宋朝阶级结构》，页15—16。
② 李焘:《续资治通鉴长编》卷21，太平兴国五年二月丙午条，页472。
③ 李焘:《续资治通鉴长编》卷35，淳化五年三月戊辰条，页775。
④ 李焘:《续资治通鉴长编》卷9，开宝元年十一月辛巳条，页211。
⑤ 李焘:《续资治通鉴长编》卷52，咸平五年八月戊子条，页1149。
⑥ 胡宿:《文恭集》(台北：台湾商务印书馆，1983）卷7，《论弓手替换》，页13上。

长、弓手、壮丁，以逐捕盗贼……各以乡户等第差充”[1]，只泛指北宋初期，没有明确断限。

在宋代大部分时期，弓手都是当地百姓充役，只有短期是募役。百姓经由职役，从被统治者变成公权力的执行者，在捕缉盗贼、维护地方治安上，是王朝统治权力的具体表现。任职者都是五等户中的三等户，算是地方上的小康之家。现有宋代史籍中，首次提及弓手职役负担，是真宗大中祥符三年（1010）四月。当时，太常丞乞伏矩在奏疏中指出：“川界弓手役户多贫乏，困于久役，州县拘常制不替，以至破坏家产。况第一、第二等户充耆长、里正，不曾离业，却有限年；弓手系第三等户，久不许替，深未便安。乞自今满三年与替，情愿在役者亦听，其第三等户不足，即于第二等户差充。”[2]说明最迟至大中祥符三年，四川以第三等户为弓手已有多时，且成为百姓的困扰。

弓手成为百姓职役负担后，人员编制与性质常因时空环境的转变而有所变化。首先，员额编制随地区、户口数，与境内治安因素而异。据建隆三年（962）诏书，每县添差弓手人数视当地户口多寡而定，原则上从十人至五十人不等[3]，然而，实

① 马端临：《文献通考》卷12，页127。

② 李焘：《续资治通鉴长编》卷73，大中祥符三年四月戊寅条，页1669。徐松辑：《宋会要辑稿》，《职官》48之61。

③ 雷家宏：《宋代“弓手”述论》，《晋阳学刊》1993年4期，页65。

际人数常视情况而异。如乾德六年（968）诏书中就指出“贼盗渐息，逐县弓手稍多，宜复差减”[①]。大中祥符七年（1014），又规定“一万户以上七十人，七千户以上六十人，五千户以上五十人，三千户以上四十人，二千户以上三十五人，一千户以上三十人，不满一千户二十人”[②]，人数较之建隆三年规定明显增加。仁宗明道二年（1033）八月，又以密州岁饥多盗，增属县弓手各二十人[③]。

其次，是役期的限制。宋廷规定百姓受差弓手者，每岁齐集县尉司，教阅一月后，归各地执勤[④]。在宋初，弓手服勤时间“无年限许替之文”[⑤]。这是宋廷鉴于地方百姓熟悉当地的地理环境，让他们熟练武艺，便于掌握地方情势，维护治安而定。参与维护地方治安的弓手，除了每年定期教阅、训练活动，当盗贼出现或变乱发生时，县衙需倚之从事缉捕的重任。弓手任务相当繁重，不免疏于家业的经营与维持，若需无限期担任此一职务，自然影响家庭生计。因此，自真宗以来，弓手任期问题成为朝臣的讨论焦点，乞伏矩在大中祥符三年（1010）的奏章中，就指出“川界弓手役户多贫乏，困于久役，州县拘常制不

---

① 徐松辑：《宋会要辑稿》，《职官》48之60。

② 梁克家纂修：《淳熙三山志》（北京：中华书局，1990）卷13，页11上。

③ 李焘：《续资治通鉴长编》卷113，明道二年十一月丙寅条，页2643。

④ 黄繁光：《宋代民户的职役负担》（台北：文化大学史学研究所博士论文，1980），页39。

⑤ 胡宿：《文恭集》卷7，《论弓手替换》，页13上。

替，以至破坏家产”，建议除了自愿者，凡服勤满三年，就可替换[①]。仁宗明道二年（1033），宋廷允范仲淹所请，让弓手服满七年后，可以归农[②]。后来有些地区的官员采取权宜之策，“不问贫富老少勇怯，才及七年，本县便一例差替，多是不申州长吏体量”，甚至不到七年就替换；由于实际差异颇大，产生“新募弓手生疏，不堪捕盗”，及“一为弓手则不能力农”的两难窘境与弊病[③]。宋廷为此又规定，除了广南、益、梓、利、夔路三年一替，余处并不差替[④]。陕西、京东西路新置的弓手则是年二十系籍，六十免，取家人或它户代之[⑤]。关于弓手服役年限的变化与讨论，不仅反映了不同的时空因素对役期执行的影响，也说明弓手常常难以兼顾公私的为难[⑥]。

再者，则是备置武器的问题。弓手既是维护县邑治安的主要角色，除了训练，也需要武器装备，然而宋廷深恐五代的乱象再起，危害政权稳定，遂禁止私人拥有武器。因此，曾发生复州弓手自备弓刀捕寇，州府却引用《私置衣甲器械律》，将

① 李焘：《续资治通鉴长编》卷73，大中祥符三年四月戊寅条，页1669。但恐豪民雇用惰农代役，无法执兵仗，维护治安，仍禁雇人代役（《长编》卷96，天禧四年七月丁卯条，页2207）。此策殆只行于四川境内。梁克家纂修：《淳熙三山志》卷13，页11下称“（弓手）除广南外，不得替”。

② 李焘：《续资治通鉴长编》卷113，明道二年十二月甲寅条，页2648。

③ 胡宿：《文恭集》卷7，《论弓手替换》，页13下。

④ 蔡襄：《端明集》（台北：台湾商务印书馆，1983）卷26，《乞诸州弓手依旧七年一替札子》，页7上。

⑤ 李焘：《续资治通鉴长编》卷128，康定元年九月乙丑条，页3041。

⑥ 役期的变化与地区差别，可参见梁克家纂修：《淳熙三山志》卷13，页11下—12上。

弓手杖脊配隶本城的案例[①]，引发了朝臣的批评。宋廷乃于大中祥符九年（1016）四月下诏，允许弓手自备部分武器，但要造册列管[②]。仁宗康定元年（1040），宋廷为加强西北边防，同意新置弓手“私置弓弩”[③]，然此措施旋即引起朝臣张方平的批评。他指出，朝廷允许弓手在教阅时借用甲弩、器械，教罢由官府收管入库，其余弓箭、刀錋及木枪杆棒之类，允许百姓自置，以备本乡教习；但此情况将造成“人知斗战，家有利兵”的危险，建议让弓手将所购弓箭器械标识清楚后，纳于州县，只在教阅或捕盗时借用[④]。后来虽有弓手自置弓弩的情况，但宋廷仍以其多不如法，规定由官府购置让百姓管理使用[⑤]。弓手使用的兵器，如神臂弓、短桩、弩、袖棍、枪牌、衣甲之类，则由各州作院制造[⑥]。有关弓手备置武器的利弊，显示宋朝统治阶层既想让弓手娴熟武艺以御盗贼，又怕他们借兵器以自重，因此形成政策摇摆、前后矛盾的现象。

---

① 李焘:《续资治通鉴长编》卷 86，大中祥符九年四月条，页 1984。

② 李焘:《续资治通鉴长编》卷 86，大中祥符九年四月条，页 1984，真宗大中祥符九年四月诏令:“三京及诸路转运司，除川峡州军外，并据所管县分弓手，每人借弩一枝，其令箭枪剑令各自置办，以簿拘管，递相交割，委令尉常切教阅。”徐松辑:《宋会要辑稿》,《职官》48 之 62 则作每五人借弩一枝，此从《长编》。

③ 李焘:《续资治通鉴长编》卷 128，康定元年九月乙丑条，页 3041。

④ 张方平:《乐全集》(台北，台湾商务印书馆，1983）卷 21,《论天下州县新添置弓手事宜》，页 24 上。

⑤ 谢深甫:《庆元条法事类》(台北：新文丰出版公司，1976）卷 7，页 95 上，“令诸州据各管人数合用弓弩并箭，于本州有管数目内给散，逐处应副使用，若或阙少，即从州府支拨系省钱置办给散”。

⑥ 徐松辑:《宋会要辑稿》,《兵》3 之 15。

四、本业以外：弓手的职务

宋代基层弓手的首要任务为逐捕盗贼，是巩固基层治安的重要武装警备力量。不过，弓手的役期、员额编制、器械配备，甚至职务内容，都可能因应实际情况而有所差异。

当宋与辽、夏关系告急，维护地方治安的弓手可能被纳入国防军事体系之中。如宋与辽、夏对峙期间，宋廷曾在邻近边境的陕西、河东、河北都大量籍民为弓手（乡弓手），戍守沿边，成为重要边防武力之一[①]。在战事紧急的陕西，甚至将乡弓手刺面，纳为正规军，而在宋与辽、夏关系和缓的河东、河北地区，则将弓手刺手背，改称义勇[②]，显示弓手在西北边区已被编为民兵或正规军，成为宋廷抗敌御侮的武力，超出原来捕盗治安的任务。高宗即位之初，为舒缓南方直接承受金兵的压力，也曾命沦陷区的河北、河东、京东西、京畿等地添置弓手，训习武艺，作为抗拒金兵、保护乡土的武力。当时，为了让弓手专责抗敌，宋廷曾严禁州县长官任意役使他们，否则以私役禁军法论处[③]。建炎三年（1129）二月，金兵南犯，抵达淮南东路招信县时，县尉率所部弓手百人英勇抗金，使高宗君

---

① 李焘：《续资治通鉴长编》卷127，康定元年六月甲辰条，页3020；卷128，康定元年九月乙丑条，页3041。

② 叶梦得撰，侯忠义点校：《石林燕语》（北京：中华书局，1984）卷8，页120。

③ 徐松辑：《宋会要辑稿》，《兵》3之14—15。

臣得以从容南渡，在江南建立政权①。同年三月，苗、刘囚禁高宗，发动兵变，为了壮大声势，也欲招集半数两浙新旧弓手前往杭州，以对抗援救高宗的人马②。可见在特定时期与地区，宋廷为加强边防或发挥抗敌成效，将弓手纳入国防军事体制之中，编为民兵或正规兵，其角色已与民户的职役性质不同。

即使在非战时，弓手也可能有维护基层社会治安之外的任务。由于弓手在指挥体系上隶属地方行政长官之一的县尉，此隶属关系常使弓手须听从地方长官的调遣，担负许多本职以外的工作。南宋晚期，黄震在《申转运司乞免行酒库受诬告害民状》一文中指出，尉司与弓手成为迫害地方百姓的公权力体系，最严重的事有三："其一曰强干理索，就监租户于尉司，而阴杀之，以立威村落。其二曰两词互诉，必属差尉司躬亲追捕，以规破坏其家产。其三曰闾里睚眦细故，必诬告私沽，买嘱酒库，脱申上司，牒尉司寄追以凿空，张大其事。"③县尉、弓手具有权力与武力，在其执掌的斗讼公事中，不免乘机获取利益。这些都显示弓手的职务面向众多，在基层社会中的角色多样，并非单纯的公义执行者。

现存宋代文献显示，晚宋基层社会的实际运作中，弓手在本业以外可能负担三种主要任务：

---

① 王明清:《挥麈录》(北京：中华书局，1961）卷3，页31。
② 王明清:《挥麈录》卷9，页190。
③ 黄震:《黄氏日抄》(台北：大化书局，1984）卷70，页6上。

一是捉赌。马光祖在《县尉受词》一文中指出，黄松开设赌场，受人告发，县尉未报告长官，就自行指挥弓手“追捉拷掠，追令通摊，凡博戏之小儿，求食之娼贱，悉行擒捉，一网无遗，既不解县，又不申州，当此暑途，跨都越郭，累累鱼贯，尽解本司”。弓手祝远，经县尉下状告赌，就倚恃声势，生事害人，结果被判决脊杖十七，编管五百里。此事显然是县尉扩大事权，与弓手借势凌人所致。马光祖判道：“县尉以警逻为职，余与令、丞通行，尉岂得以专行也。傥谓赌博一事与盗窃相关，自合白之长官，照条区处，固无自受状，自追人之理。”[①]可见县尉将职司盗窃的工作扩及赌博，又未依规定照会相关单位，径自指挥弓手任意捉拿百姓，显然违背本身及弓手原有的任务。

二是催税监租。在《庆元条法事类》中，宋廷虽规定“诸路州县不得辄令巡检就寨，自行受纳苗米，县尉差人自催役钱，如有违戾，所若官吏及受差之官，并从杖一百科断”[②]，但实际情况有所不同。如叶提刑在《不许差兵卒下乡及禁狱罗织》一文中指出，“国家宪用保长催税苗，其出违省限，亦自有此比较之法，未闻使巡、尉差兵卒下乡追捕，而佐官辄置枷

① 中国社会科学院历史研究所宋辽金元史研究室点校:《名公书判清明集》(北京: 中华书局, 1987) 卷 2,《县尉受词》, 页 41。
② 谢深甫:《庆元条法事类》卷 47, 页 426 上。

杖、绳索等，以威劫之也”[①]。然而，县尉所备的狱具是本州委之驱催官物，专用以罗织欠户，显然也是差派弓手担任职权以外的工作，于法不合。他觉得催科虽是州县急务，却不得于法外肆虐，因此下令诸州“今后管照条比较，若出违省限，只令委官一员驱催，不许辄委巡、尉，用兵卒下乡，及禁狱罗织”，以为国家爱养根本[②]。

弓手协助上户理索私租一事，更是违反规定。黄震在开庆元年（1259）十一月任吴县尉时，发现当地有由县尉监租，并派弓手追捕情事，甚至有拘留欠租者在弓手家中，以致冻死的现象，当地人因此认为“从来监租在尉司者，即无生还”，将尉司视为“鬼门关”[③]。官租催缴本是耆保职责，与弓手无涉，何况是私人租佃之事；但“奸豪玩法，睚眦征隙，必嘱县吏差县尉捕所怨之家，以快其私”，县尉与弓手等都想借此谋图私利，因此不顾严弓手下乡之禁的规定，反而亲自率领弓手下乡扰民。黄震指出这些弓手是一群无赖小人、乌合之众，他们缺乏训练，没有持弓挟矢捍卫乡土的本事，只是依傍官衙，借机生事，以牟取衣食之资而已，倘若依赖他们执行公务，只会成为扰民之柄[④]。

---

① 中国社会科学院历史研究所宋辽金元史研究室点校:《名公书判清明集》卷3,《不许差兵卒下乡及禁狱罗织》，页67。

② 同上注，页68。

③ 黄震:《黄氏日抄》卷70,《申县乞放寄收人状》，页1。

④ 黄震:《黄氏日抄》卷70,《申转运司乞免行酒库受诬告害民状》，页6。

三是捉捕逃漏税。胡太初在《昼帘绪论·理财篇第九》中指出，州县想在常赋之外扩大收入，只好循增加酒税及捉捕私酒之途；在这种情况下，弓手就成了衙门的爪牙鹰犬。弓手一旦发现民间私酿、私酤，“便辄枷讯，禁系累月，荡其生理，妨其营趁，率至于饥饿、病困之域”[①]，不仅对百姓是极大的威胁，更增加基层社会的对立与不安。百姓间一旦彼此有私隙，经常以私卖酒为名向官府告发，“官司不问虚实，辄差弓手、轿番，数十为群，持杖突入，遍搜房室，绕打墙围，无异于大劫盗”[②]。黄震也曾举例，马氏堂兄弟为了争讼，堂弟诬告堂兄私卖酒，竟至动员弓手捉拿无辜百姓，用以说明私沽不论是否属实，只是违法，应由专责缉私的酒巡来负责，与专任巡警与催督纲运的弓手是不相干的，“正不待弓兵而后可捕也”[③]。官府为防止商人逃税，也会指使弓手巡捕，但他们乘机为非作歹，搜刮民财，骚扰民户，使民不聊生，其行径尤甚于强盗，反成为乡里纷扰不靖的渊薮。

此外，也有弓手协助处理拆毁淫祠。胡颖指出，县尉申说阿李等聚集三十多人，执器杖，赶杀弓手、保正，但据查乃是弓手王韬、保正（副）姜全在当地百姓抗议时，意在求胜乡民，张大声势，反而妄申官府，引惹事端，并因此判王韬、姜

① 胡太初：《昼帘绪论》（合肥：黄山书社，1997），《理财篇第九》，页17。
② 同上注，页17下。
③ 黄震：《黄氏日抄》卷70，《申转运司乞免行酒库受诬告害民状》，页6下—7上。

全各杖六十[①]。

从以上的讨论可知，宋代基层弓手的角色和职能并非完全稳定，除了宋初规定的盗贼、斗讼、争竞等公事，随着宋朝内外情势的变化，其职务也溢出原初规划的本业，而有编入民兵或正规军以抵御外侮的情形，甚至发生鱼肉百姓的现象。

五、从恶与役弊：弓手负面形象形成的因素

弓手是基层行政机构中拥有武装力量的成员，是县府执行任务时的利器。借着县尉与弓手，一方面有助于维持地方治安，甚至维护官府公权力；另一方面也因握有逮捕、追缉等权力与合法的武力，一旦下乡发生违法乱纪，乃至胁迫乡里的情事，自然在官员与士人中间留下恶劣的印象。

不过，弓手在基层社会的形象之所以负面，与其直属长官包括县尉、县令的作为有密切关系。胡颖在《细故不应牒官差人承牒官不应便自亲出》文中明白指出，巡检周氏不仅因催科引惹民间反感，更利用乡民彼此因细故兴讼的机会，亲自差派多人下乡，任意捉拿百姓，惊扰乡里[②]。这些巡检、县尉率领吏

① 中国社会科学院历史研究所宋辽金元史研究室点校:《名公书判清明集》卷14,《计嘱勿毁淫祠以为奸利》, 页543—544。

② 中国社会科学院历史研究所宋辽金元史研究室点校:《名公书判清明集》卷1,《细故不应牒官差人承牒官不应便自亲出》, 页27—28。

卒下乡，食用均取之百姓，形成地方上极大的负担，由于他们的行径与盗贼无异，因此所过之处，鸡犬皆空[①]。吴势卿也在判书中提到，江南东路安仁一带，百姓积欠摊盐之钱及田租，通判乃派专人责成县尉、巡检，差派弓手、兵卒下乡，竟致“数十家被摊盐之扰，离散破荡，如遇巨寇”，“十数人被监租之苦，锁缚拷掠，不啻重辟，恻然为之流涕”；追究原因，正是“弓卒肆行，乃倅厅专人所致，专人妄作，乃倅厅案吏所遣”[②]。胡颖在湖南的书判中也指出，县尉、巡检利用百姓的田产诉讼，借土军、弓手为爪牙，“幸有一人当追，则恨不得率众以往，席卷其家，以为己有”，至于事理是否合于情，则完全不顾，以致连诉讼证人罗闰一家都受牵连，遭受无妄之灾[③]。来自上级的勒索，也常迫使这些有武装力量的弓手，转而压榨无辜百姓。真德秀曾说：“闻县丞、簿、尉等官，亦有不支俸给去处，里巷谚语至有：‘丞、簿食乡司，县尉食弓手’之诮，丧失廉耻，职此之由。”[④]弓手引起百姓反感的原因，一则与其长官作风关系至大，另则恐怕也与有些弓手执行任务的手段过于酷

① 中国社会科学院历史研究所宋辽金元史研究室点校:《名公书判清明集》卷1,《责罪巡尉下乡》，页28。
② 中国社会科学院历史研究所宋辽金元史研究室点校:《名公书判清明集》卷1,《禁戢摊盐监租差专人之扰》，页34—35。
③ 中国社会科学院历史研究所宋辽金元史研究室点校:《名公书判清明集》卷11,《弓手土军非军紧切事不应辄差下乡骚扰》，页438。
④ 真德秀:《西山先生真文忠公文集》（台北：台湾商务印书馆，1965）卷6,《申尚书省乞将本司措置俸给颁行诸路》，页19下—20上。

烈有关。

弓手也常受到地方上有力人士的请托或唆使，从事违法的工作。黄干在《危教授论熊祥停盗》的判文中指出，危教授与熊祥因土地纠纷，状告熊祥窝藏盗贼。危教授打通关节，由县尉指派弓手黄友、徐亮捉拿受牵连的百姓，将他们打得体无完肤，不胜其苦，而被迫招认。此事经黄干查明，不仅还熊祥等人的清白，更将弓手黄友、徐亮勘杖六十[①]。又如寄居官员谢知府向窑户买砖瓦，他欲以小砖瓦低价购买较高价之大砖瓦，窑户不肯，双方发生争执，谢知府乃向官府控诉窑户。县衙差派弓手邹全、保正温彦追出，“挟官司之号令，逼勒而使之贱卖”，强迫窑户签约。窑户受迫于弓手、保正，“抑勒而使之着押”，只有就范[②]。黄干也曾记载知府之子谢八官人以窝藏盗贼为名，向县尉司指控窑户的罪状，县尉未经调查便行受理，进而指使弓手，非理骚扰窑户[③]。蔡杭在《违法害民》的判文中，指出弋阳县有孙、余两名恶吏，为祸于乡里平民，其中余信率弓手、保正等二十多人，“以迎神为名，擒捉词人”。当县府追捕余党时，他们却在娼楼酣饮，拒不出面，终被判脊杖十七，刺配南

① 中国社会科学院历史研究所宋辽金元史研究室点校:《名公书判清明集》附录2,《危教授论熊祥停盗》, 页569—572。

② 中国社会科学院历史研究所宋辽金元史研究室点校:《名公书判清明集》附录2,《窑户杨三十四等论谢知府宅强买砖瓦》, 页586—587。

③ 中国社会科学院历史研究所宋辽金元史研究室点校:《名公书判清明集》附录2,《邹宗逸诉谢八官人违法刑害》, 页589。

康军牢城[①]。从这些例子可以看到，形势之家或地方豪横假借官府的力量，利用具有武装力量的弓手，将其作为欺压百姓或抗拒公权力的工具，同样严重影响弓手在基层社会的形象。

然而，形成弓手负面社会评价的关键因素，则是弓手一职的薪俸结构衍生的贪黩行为。弓手属乡村中等户的职役负担之一，专责捕盗，本不许别有差使。宋廷为使弓手周知当地山川道路险易与奸寇窟穴所在，原无年限替换规定，以致成为部分百姓终身无法摆脱的枷锁。后宋廷鉴于实况，逐渐允许替换[②]，服役者除了免户下其他赋役，并无薪俸；直到神宗实行免役法后，才支付弓手雇钱，为数微薄。当弓手难以支撑家计时，便不免为利所诱，而胁迫乡民，借此获利。一旦官府因役钱难敷，财政拮据，不能按时给予雇钱，甚至拖欠的时候，更会借机生事牟利[③]。陈襄在《州县提纲》曾说："县有弓手、手力，役于公家，悉藉月给以为衣食，县家常赋不办，往往越数月不给，彼之仰事俯育，丧葬嫁娶，迫乎其身。"[④]这种情况，很容易让弓手假借到乡间捕盗的机会，骚扰乡民。另一种情况则是弓手仗恃武力与地方盐户相勾结，以捕私贩为名，图谋钱财。嘉泰四年（1204）十月，担任浙西提举茶盐的史弥远在奏疏中

① 中国社会科学院历史研究所宋辽金元史研究室点校：《名公书判清明集》卷11，《违法害民》，页412。
② 参考黄繁光：《宋代民户的职役负担》，页39—40。
③ 雷家宏：《宋代"弓手"述论》，页71。
④ 陈襄：《州县提纲》（台北：台湾商务印书馆，1983）卷3，《月给雇金》，页24上。

也说“产盐地分，弓手、土军与亭户相为表里，庇其私煎、盗卖，复以巡捕为名，横行村落，反与私贩之徒极力防护，巡、尉玩习，全不举职”[①]，充分显示弓手凭借武力，成为基层社会的祸源。

六、余论

唐末五代的社会处于旧秩序解体、新制度待建的转换时期。待到宋政权建立后，朝廷借由重组政治架构，以制度化的力量介入基层，尝试维护与掌握社会秩序。此架构系形成于北宋初期，到南宋时逐渐定型，成为尔后中国基层社会的固定模式。在宋代形塑的基层行政架构中，弓手是唯一拥有武备、由县尉指挥、代表朝廷执行公权力的武装力量，却又是由当地百姓依资产、户口多寡为标准，担任的维护地方治安的职役；既与一般力役不同，也与唐末五代由镇将统督时所负任务有别。在宋代中央集权的政治设计下，弓手的工作性质常因时空改变而调整，甚至超出其原有职权范围；而其角色的形成，则与基层社会高度仰赖胥吏执行地方事务的行政组织与运作有关。

在宋代的基层行政组织中，由于宋代县府主要官员仅有县令、县丞、县尉、主簿等，多为有科举出身之人，既受避籍、

① 徐松辑:《宋会要辑稿》,《食货》28 之 49。

任期的制度所规范，上任后又有语言的限制，对地方事务无法深入掌握，因此事务性工作须委由长于吏事的幕僚、胥吏执行。弓手长期涉入基层社会多方面的重要事务，遂成为政治力与社会力的交会角色。弓手与其职能、角色的发展，显示了社会形态与结构在不同政治环境下被重新建构、塑造的过程。下一章中，会将本章所讨论的弓手与前章探讨的巡检，合并视为基层社会武力的一环，并将其置于基层社会的权力架构与整体运作中阐释，如此一来，不仅有助于了解县级官员与地方势力之间的互动，更能反映传统中国基层社会各种势力的相互关系及发展面貌。

第三章

近民作县

基层社会的权力结构与运作

学人研究“基层社会”，其指涉内涵常因研究对象的人口、活动空间和资料详略，有所不同。以宋代而言，“县”是行政组织运作中，设官任职、执行政策、维护治安、司法裁判和财税征收的基本单位，县衙则是皇权统治与基层社会最为贴近的政治场域，是官府行使公权力之处，也是各类人群聚集交流之地，更是中央政治力与地方社会力接触的界面。县以下的“乡里”不再有朝廷命官，是虚级的行政单位，若将基层社会的讨论层级降至乡里，宋代地方社会许多富有活力之处将不复存在，也将失去历史研究的意义。

近年来，学界对宋代基层社会的讨论各有侧重[①]，如“乡村共同体”“地域社会”概念均是探讨此议题的重要视角；不过讨论重点也常因过于侧重“社会”与“空间”，而容易低估了国家权力与

① 吴雅婷:《回顾1980年以来宋代的基层社会研究——中文论著的讨论》,《中国史学》12期(2002),页65—93。

政局变化对地方社会的影响[①]。有鉴于此，本章将聚焦宋代政制特点所塑造出的县级基层场域，以县政为核心，由权力结构与实际运作两个层面入手，观察县政管理的演变与牵涉其中的各类群体，从中体现宋代基层社会的动态历史发展轨迹，剖析政治力与社会力间的角力关系。

为避免将基层社会视为无差异的整体，本章对参与基层社会运作的相关群体，采取分项讨论的做法。此做法虽不免将胥吏、弓手、土兵、巡检、士人、乡居官员，乃至亲民官等切割得过于分明、单一，然受限于篇幅与研究主题，为求讨论焦点集中，势必得割舍对个人与群体多元形貌的勾勒与讨论，而着重于基层社会的权力结构与实际运作。同时，本章着重探究宋代县级单位重要性的提升，基层武力与胥吏的发展和变化；至于乡里组织、宗教、文化社群活动、礼俗生活等层面，则仅述及农政运作与地方势力有关的部分，其余暂不讨论。

探讨宋代基层社会，范围理当涵盖中国全境，然中国疆域辽阔，各地区间差异甚大，既有人多事杂、治区较小的剧县，

---

① 关于共同体的研究，谷川道雄教授是先驱，而20世纪80年代起，日本明清社会史研究者提出“地域社会”的视野则影响深远，相关论著颇为丰富。可参见檀上宽著，夏日新译：《明清乡绅论》，收入刘俊文主编：《日本学者研究中国史论著选译》（北京：中华书局，1993）2卷，页453—483。岸本美绪著，何淑宜译：《明清地域社会论的反思》，《近代中国史研究通讯》30期（2000），页164—176。岸本美绪讲述，朱庆薇记录整理：《“秩序问题”与明清江南社会》，《近代中国史研究通讯》32期（2001），页50—58。常建华：《日本80年代以来的明清地域社会研究述评》，《中国社会经济史研究》1998年2期，页72—83。

也有辖区辽阔、人少地瘠的贫县。地理环境、风俗民情的歧异，导致诸多地区治理难易、文化优劣，各自不同。复以一县所涉事务面向繁多，刑名钱谷，情况各异，很难用相同模式一概看待或评价县府所有事务。再者，南宋时代，整个淮河以北地区已非属赵宋政权统辖，史料明显不足，欲全面考察所有县级运作全貌，更是几乎不可能。因此，本章仅就史料中呈现的时代特质，观察有宋一朝中央与地方的互动与官民互动，以及南、北宋地方社会的发展变化；讨论南宋时，限于淮河以南地区，其中江浙一带，资料相对丰富，反映现象也较为具体，是本研究的重点。

一、以县衙为中心的基层事务与人际关系

县作为宋代的基本行政区，是获朝廷指派命官的最基层统治单位。“县官”一词在汉代，除了指地方官府，亦意指天子[①]。到了宋代，县官虽只是地方行政长官职称，但县府涉及业务庞杂繁多，除了不具外交、军事机能，实际上就像一个小朝廷。县辖下有乡、里、管、都等虚级化地理区划单位或财税稽征建置，彼此无隶属关系，也多不具行政实权，所有行政统治权均由县府负责。

---

① 佐竹靖彦:「『作邑自箴』の研究——その基礎的再構成」,『人文学報』238号（1993),页1。

（一）县衙角色的转变

县衙是宋代县政运作的枢纽。在县衙面对基层民众的官员，被称为“亲民官”，是县政最重要的决策者，也是治理成效的关键人物。县级的亲民官包括县令、县尉、县丞、主簿，他们都由朝廷任命，大部分为进士出身。从《嘉定赤城志》和《作邑自箴》对县治的记载，可以了解县衙大致划分为下述几个部分：县令的住处（宅）、县令的办公处（厅）、档案数据室（架阁库）、胥吏办公室（司房），以及米仓、钱库、县狱等衙役的工作场所。除了县令，宋代县府的主要人员县丞、县尉、主簿，在县衙附近各自有办公室（厅）；同样，大部分的弓手等则在县衙各厅任职。概略地说，县衙就像由宫城、皇城构成中央朝廷的缩影[①]。对绝大多数的百姓而言，终其一生最直接面对的朝廷机构，就是县，而由县令等亲民官和所辖僚吏构成的县衙，就是与百姓关系最密切的机关，也是宋代政治力与社会力交织的所在。

在宋代，由于强邻压境，长期内乱外患，国防、外交费用支出增多，需通过县府向百姓征集赋税；军需物资运输、信息传递，以及水利、交通设施等，也需要通过县衙征调人力。这些政策的推动，都有赖于县府的运作来贯彻，使得县的角色较之前代更显重要。除了政治情势使然，县之地位提升，更关键

① 佐竹靖彦:「『作邑自箴』の研究——その基礎的再構成」，页23—24。

的因素来自宋代社会经济形态的迅速转变。商业活动频仍，土地、物资等交易活络，各种法律纠纷、诉讼层出不穷。诉讼案件关系个人利益，在程序上，任何诉讼都须先经县衙初审，由县衙派遣县级官员追查当事人与证人，测量纠纷土地、查验契书真伪，以作为初审判决的依据[1]。由于土地转易频繁，官方对田宅交易、租佃、界至、侵占等诉讼，都制定了相关条令，规范处理，并且需要不断更新法令规章，以因应社会变化。同时，随着社会经济的活跃，民众的日常生活渐趋世俗化和功利化，加上家族结构改变，导致传统道德的约束逐渐减弱，地方上关于邻里争田、族人互诉、父子争产、兄弟析家等罔顾亲情、伦常而走向诉讼的法律案件急遽增加[2]。这些法律、伦理事务，乃至各地遭逢天灾人祸，代朝廷宣慰恩意等众多事务，都要通过直接面对百姓的县衙来处理，县政工作日益吃重。

（二）县官与地方人士的互动

攸关治道的县政业务由朝廷任命的亲民官负责，对初仕士人而言，是一项极具挑战性的任务。宋廷通过科举考试，拔擢大量士大夫成为进士，进入官僚体系。这些为数众多的天子门

① 李如钧：《官民之间：宋元学田争端初探》，收入黄宽重主编：《基调与变奏：七至二十世纪的中国（社会思想）》（台北：政治大学历史学系等，2008），页151—168。

② 王华艳、范立舟：《南宋乡村的非政府势力初探》，《浙江社会科学》2004年1期，页198。

生，有相当大的比例出任州府幕职官，或面对基层民众的亲民官。由于县政对政局的影响甚大，因此县令的任命极受朝廷重视。县令直接代表皇权，其施政成效立竿见影，成为抱持经世济民、有志治道，或欲品尝权力滋味的士大夫的最佳选择。

宋廷为了加强中央集权，防范官员把持地方，澄清吏治，建立了官吏回避本贯的制度，凡担任路、州、县的地方官员，需要回避本贯与寄居地、回避祖产和妻家田产所在地、回避亲属等，并应定期轮调。避籍、避亲制度形成于仁宗朝，到南宋已趋完备，执行也相当确实，只有在父母年老或为优待元老重臣等较特殊的情况下，官员才可以“与近地，守乡邦”。新科进士非但必须到本贯以外的陌生地方任职，且为避免施政困扰或引发争议，通常只有少数仆从或家属随行。此外，为避免随从、亲人介入地方事务，与地方势力勾结或冲突，也有种种预防性做法。在各种记录为官经验谈的官箴书，如《州县提纲》的《防闲子弟》《严内外之禁》《防私觌之欺》《戒亲戚贩鬻》诸条，及《昼帘绪论·廉己篇第一》等篇章，对此均一再强调。

新任官员到任之后，为了宣达朝廷政令，通常利用重要街道或市镇等地，颁布到任榜，公告到任消息与个人声明，旨在宣告新官上任的重要政策取向。榜文的具体形式与内容，基本上会以类似下文的形态呈现：

知县事榜：

勘会今月日到任，并无亲戚并门客、秀才及医术、僧道、人力之类随行，窃虑有妄作上件名目之人，在外作过，须至晓示者。

右出榜某处，如有妄作上件名目之人，起动人户，并寺观、行铺、公人等，仰诸色人收捉赴官，以凭尽理根勘施行，各令知委。

年　月　日[①]

朱熹在其《知南康榜文》中，鼓励地方人士向他呈报有利于地方政务推动的意见，他会仔细“审实相度，多方措置”；也特别留意关于表彰孝子节妇、修缮圣贤遗迹，鼓励百姓择子弟入学等关系地方风教的政策。新官上任的到任榜，充分揭示了州县长官寻求与地方社会沟通、联系的诚意与愿望[②]。

县政工作十分繁杂，涉及治安、司法、赋税职役等面向，如所有民刑案件、缉盗捕寇、完粮纳税、推排差役，在在都与基层社会秩序及民众生活息息相关。这些事务不论多么庞芜琐碎，都是亲民官每天必须面对、处理的职责所在。况且，宋代法令规章不断更新颁布，一县至多五名朝廷命官，他们每日要

① 李元弼：《作邑自箴》（合肥：黄山出版社，1997）卷7，《知县事榜》，页38下—39上。
② 朱熹撰，郭齐、尹波点校：《朱熹集》（成都：四川教育出版社，1996）卷99，《知南康榜文》，页5051—5053。

处理的日常事务多如牛毛，这对初任官员的新科进士而言，责任十分沉重，也因此迫使他们必须与居乡的士人、官员保持密切的良性互动，以利政务运作。

县令在上任前，与县衙官吏、县内居民素未谋面，也没有人事关系，要能有效治理县政，一方面需要与朝廷、监司等上级官员、州郡长官僚属等，建立关系人脉；另一方面则需要与辖区的地方人士，特别是活跃于基层社会、被称为缙绅的地方权贵，保持良性互动。这些缙绅多来自地方权势之家，又是教化兴行的表率、政令畅通的关键，更是中央了解地方官员的治绩与勤惰，访闻消息、采风谣的主要信息来源。由于地方官赴任时，手中未握一兵一卒，欲承担县政，所靠的就是王朝的权威，以及与当地士大夫共同具有的价值标准和共同利益[①]。因此，官员上任后，必须时时征询地方缙绅的意见，借以掌握地方舆情，推动教化，稳定政治。相对地，地方缙绅也会借着谒见官员的机会，反映地方舆情，乃至表达有关自身利益的意见。官民双方基于互利，必须维持良好互动，也因此，在各地耆老组成的诗社、官方推动的乡饮酒礼，以及地方重大祀典等公共活动中，都有县级长官参与的身影。

相对地，在县级官员拓展人脉的过程中，也会产生负面现象。一是县官在官僚体系中，职等仍低，而地方上可能有比县

① 佐竹靖彦:「『作邑自箴』の研究——その基礎的再構成」，页11—12。

官官阶高的居乡官宦，当他们有所请托时，县官很难不妥协。这些缙绅豪右、地方大老，如因牟求私利而干预县政，则成为县政难治的原因之一。若遇地方财政匮乏时，亲民官对地方权势之家的仰赖更为殷切，彼此的关系也更为复杂。黄干任新淦知县时说："江西诸县，惟新淦最为难治，二十年间为知县者，十政而九败。为人吏者，朝补而夕配，推原其端，皆缘财赋窘乏，入少出多，通一年计之，常欠二万余缗。"[①]财务窘乏，造成官吏无以为继，只有恳求上户预借官物，如此一来"县道之柄从此倒持，豪强之家得以控扼，请求关节"[②]，形成官府不得不求助于豪民，受制于人的现象[③]。因此，如何维持适度的关系，又不影响施政成效，是地方长官必须面对，也必须以智慧化解的问题[④]。

由于县政繁重，如何妥善治理，成为地方官员的要务。为了传承经验，宋代出现了多部治理地方经验谈的"官箴书"，它们是反映基层社会政治的重要材料。其中，成书于北宋后期、李元弼所撰《作邑自箴》一书，就是很具代表性的官箴著作。李元弼从实务经验出发，集结乡老先生为政之要一百三十

① 黄干:《勉斋集》(台北：台湾商务印书馆，1983）卷 29,《新淦申临江军及诸司乞申朝廷给下卖过职田钱就人户取田》，页 11 下。
② 同上注。
③ 王华艳、范立舟:《南宋乡村的非政府势力初探》，页 134、193—198。
④ 邓小南:《北宋苏州的士人家族交游圈——以朱长文之交游为核心的考察》,《国学研究》3 卷（1995)，页 451—488。

余说，以及由此衍生的规矩和劝诫一百余事，写成十卷的《作邑自箴》。该书详细阐明县令上任前应做的各种准备，到任后对如何了解辖地事务、拿捏人际关系，如何掌握辖区信息、物流管理、租税征收、审判诉讼，乃至公安、司法业务等“为政之要”，以及处事的各种规矩等，巨细靡遗，是了解宋代基层社会政治的重要文献[①]。

（三）胥吏在地方社会影响力之提升

由职役的民户及胥吏承担县级事务，也是宋朝推动中央集权的一项特色。就行政建置而言，先秦出现了乡里；到隋唐时，乡官制已逐渐遭到破坏。及至宋代，乡里虚级化正式确立，与国计民生关系密切的刑名钱谷，都在县衙办理，县衙成为统揽基层事务的枢纽。

在宋代，朝廷一方面为了因应社会的变化，不断修订、颁布各项法条、规章、命令等文件，作为各级政府执行政令的规范，要求官员们恪遵规程，照章办事，以致官员在处理政务时，除了自主权受到限制，面对大量档案文书，也难以切实掌握。另一方面，宋廷为了扩大财源，不断增加各项赋税名目与税则，加强稽征，加上土地财产转移的活动蓬勃，其中关于程序、公证及法律诉讼等，均涉及人民权益与官民关系。这些复

① 佐竹靖彦:「『作邑自箴』の研究——その基礎的再構成」，页1—36。

杂多变的事务，都须通过县衙转呈、运作、执行，县衙成为朝廷最直接面对民众的行政机构，难怪宋人认为“当今作吏之难，莫若近民之官，于民尤近者，作县是也”[①]。

实际上，宋代县衙面对民众的第一线人员，除了少数具决策性的亲民官，就是大量执行事务的胥吏。宋代从中央到地方各级政府，都有为数庞大的胥吏。根据估算，北宋元祐（1086—1093）年间，胥吏总数在四十四万左右；南宋时期，所辖十六路的胥吏总数当在二三十万人[②]。这些胥吏主要从乡村上户和坊郭户中招募或轮差而来；州县役差募不一，乡役多属差役[③]。他们多无俸禄，也没有出职为官的机会[④]，但人数众多，各有专司，在各地的名称也不相同。

宋初县衙吏额的人数，在编制上不如唐代。据《唐六典》所列，唐代上县吏额为四十人，中县为三十人，下县为二十二人。宋初万户以上的县，吏额为二十五人，较《唐六典》所载数量少，但到南宋则有明显增加的趋势。以台州县役人吏为例，依《嘉定赤城志》天台县“县役人”项所载，天台县四乡十二里，有胥吏三十九人，其中人吏十五人、贴司二十人、乡书手四人；另有衙役五十八人，包括手力三十五人、斗

① 徐松辑:《宋会要辑稿》,《职官》48之49。
② 王曾瑜:《宋朝的吏户》,《新史学》4卷1期（1993），页80—81。
③ 同上注。
④ 同上注。

子八人、库子掐子七人、秤子二人、栏头一人、所由二人、杂职三人；以及隶属县尉的弓手五十七人。全县衙役，合计一百一十五人，加上胥吏一百五十四人（不包括乡役人），统治着四万一千三百七十一户的主客户[①]。如果加上监狱管理人员，如门子、狱子、杖直、押狱、节级，以及替囚犯治病的医人[②]，以及为应付新增业务而增加的私名吏额，则一般县衙实际任职的吏员当在一二百人之数[③]。这些胥吏各有专职，但主要工作是承担国家二税与各项杂税的征收、地方治安及法律文书等业务，在第一线面对民众，是县衙行政事务的实际操持者。一县之内，得力于如此多的胥吏和衙役，参与由四五位亲民官所主持的县衙运作，才能够将县政处理得井井有条。

除了县衙的官员、胥吏，在乡村执役的乡役人，也是县政运作网络的主要组成部分。乡役人包括里正、户长、耆长、壮丁、保正、保长、承帖人、催税甲头等[④]。他们多担任乡村赋役征派和防治盗贼、烟火等治安事务，向县衙负责。乡司则承担了各类版籍、赋税的簿账编制、书算等财税稽核工作，包括编制排伍、两税等版籍，编制、注销税租钞、推割税租、乡役编排点

---

① 陈耆卿：《嘉定赤城志》（北京：中华书局，1990）卷 17，页 1—9。

② 戴建国：《宋代的狱政制度》，收入氏著《宋代法制初探》（哈尔滨：黑龙江人民出版社，2000），页 264—280。

③ 林煌达：《唐宋州县吏员之探讨》，收入黄宽重主编：《基调与变奏：七至二十世纪的中国（政治外交军事）》（台北：政治大学历史学系等，2008），页 125—148。

④ 王曾瑜：《宋朝的吏户》，页 43—106。

差、预买绸绢的编册摊派、灾情蠲免的检视上报等。其职责与运作，不仅关系着宋代财税体制运转，也影响到基层社会的经济发展与政治安定，是赵宋皇权深入基层不可或缺的角色[①]。

到了南宋时期，胥吏更是基层政治运作的要角。县衙的吏职不论是募或役，多长期任职于一个地区或机构，也用各种方式荐引自己的亲戚、子弟入役，承继其业务，有世袭化的趋向[②]。复以社会变迁，人口增加，江南农工商业发达，法令规章繁多，基层事务人员专业化与职业化的需求增强，逐渐使得定期轮差的制度被雇募方式所取代。如乡书手，最迟至北宋末期，就因须经常来往县衙，胥吏的属性大增，至南宋已明显成为专职的胥吏。这些胥吏处在法令规章繁多、业务专业化的南宋，凭借其熟悉公文簿书、精通法令的专业知识，及对基层社会复杂生态的了解，可以处理烦琐的地方事务，而成为宋廷掌控基层社会的关键人物[③]。总之，在环境变迁下，由于专业能力与经验的累积，胥吏已然成为不究细务或缺乏行政经验的官员所倚仗的重要助手[④]。

① 王棣:《宋代乡司在赋税征收体制中的职权与运作》,《中州学刊》1999年2期，页126—131。

② 王曾瑜:《宋朝的吏户》，页43—106。

③ 张谷源:《宋代乡书手的研究》(台北：文化大学史学研究所硕士论文，1998)，页132—134。参见黄繁光:《南宋中晚期的役法实况——以〈名公书判清明集〉为考察中心》，收入漆侠主编:《宋史研究论文集》(保定：河北大学出版社，2002)，页236—261。

④ 白钢主编，朱瑞熙著:《中国政治制度通史·第6卷·宋代》，页721—724。

宋代官员的任用制度也加重了胥吏在基层社会的角色。前文曾论及，宋廷为防范官员与地方关系过密，影响中央政务的贯彻，或造成地方的纷扰，因而有各种避本籍、亲族，以及定期轮调的规定。这些制度的实施虽未必能达到“官无徇私之嫌，士无不平之叹”的目的，不同时期亦有执行宽严之别，但对澄清宋代吏治，仍发挥了不少积极作用[①]。然而，这些避籍及轮调的规定也同时对地方行政产生负面影响。如轮调制度的实施，形成“郡县之臣，率二岁而易，甚者数月，或仅暖席而去”[②]，“或未能尽识吏人之面，知职业之所主，已舍去矣”的现象[③]。避籍制度所造成的语言不通、沟通不易，则使官员对其任职地与担任职务多所隔阂，曾巩就曾对此现象有很深刻的记录[④]。

面对陌生的社会环境，除了少数强敏干练的官员尚能做到“吏不敢欺，民不被害”[⑤]，大多数县官在处理县政事务时，往往要委诸各有专长的胥吏，以致造成如叶适所说：“国家以法为本，以例为要。其官虽贵也，其人虽贤也，然而非法无决也，非例无行也。骤而问之，不若吏之素也；暂而居之，不若吏之

---

① 张邦炜:《宋代避亲籍制度述评》，收入氏著《宋代婚姻家族史论》(北京：人民出版社，2003)，页360—375。

② 陈舜俞:《都官集》(台北：台湾商务印书馆，1983)卷3,《经制五》，页19下—20上。张纲在《乞久任札子》中也提到，有官员到任未满一年，或二三月就离职的情形。参见张纲:《华阳集》(台北：台湾商务印书馆，1986)卷14,《乞久任札子》，页2。

③ 司马光:《传家集》(台北：台湾商务印书馆，1983)卷25,《论财利疏》，页6上。

④ 曾巩:《曾巩集》(北京：中华书局，1984)卷14,《送江任序》，页220—221。

⑤ 刘行简:《刘行简乞令县丞兼治狱事》，收入黄淮、杨士奇编:《历代名臣奏议》(上海：上海古籍出版社，1989)卷217,《慎刑》，页2851。

久也；知其一不知其二，不若吏之悉也；故不得不举而归之吏。官举而归之吏，则朝廷之纲目，其在吏也何疑！”[①]此情况显示，胥吏较官员更为熟悉法条规章及地方民情风俗，官员不得不倚仗胥吏，以求政务顺利执行。

再者，宋廷为贯彻统治，赋予亲民官的职责十分繁重，而工作内容却又相当庞芜琐碎，但在现实情况下，县令实在无法亲自处理类似定时为监狱牢门开锁等烦琐的工作[②]，只能委由胥吏代为办理，或听从其建议处置。胡太初指出：“在法，鞫勘必长官亲临。今也，令多惮烦，率令狱吏自行审问，但视成款佥署，便为一定，甚至有狱囚不得一见知县之面者，不知吏逼求贿赂，视多寡为曲直，非法拷打，何罪不招。”[③]真德秀也指出：“访闻诸县，闻有轻置人于囹圄，而付推鞫于吏手者，往往写成草子，令其依样供写，及勒令立批，出外索钱。”[④]以致舒璘有此评论：“上下势严，内外情隔。非委之吏，事必不集；集事在吏，非贿不行。矧令长迭更，未必皆贤，贤者尚不能尽察，万一非贤，吏辈诛求。”[⑤]由这些意见可以看出，胥吏在南宋文臣的眼中，不仅在政治运作的影响力增强，形象趋于负面，甚

---

① 叶适：《叶适集》（北京：中华书局，1961），《水心别集》卷15，《上殿札子》，页834—835。
② 谢深甫：《庆元条法事类》卷75，页537。
③ 胡太初：《昼帘绪论》，《治狱篇第七》，页11下—12上。
④ 真德秀：《西山政训》（台北：新文丰出版公司，1985），《清狱犴》，页7。
⑤ 舒璘：《舒文靖集》（台北：台湾商务印书馆，1983）卷下，《论保长》，页13下。

至被视为吏治败坏之源。

此局面实肇因于宋政权南渡后，基层事务专业化的属性增强，胥吏对县政运作的涉入加深。靖康之乱，不仅造成政局转易，对基层政治运作的影响更大。当时情况一如叶适所说："渡江之后，文字散逸，旧法往例，尽用省记，轻重予夺，惟意所出（按：指吏）。其最骄横者，三省、枢密院，吏部七司、户、刑；若他曹、外路从而效视，又其常情耳。"[①]如此便给予了胥吏操控基层事务的空间，形成"吏强官弱"或"公人世界"的局面。上述叶适、舒璘、真德秀与胡太初等人对胥吏的负面评价，恰恰充分反映了在官少吏多、官员回避与轮调制及基层业务繁重，加上政局巨变的情况下，胥吏在宋代基层社会所具有实质的影响力也随之大幅提升。

宋代胥吏固然被批评操持县政、伤害基层吏治，但在实际环境中，他们与官员的关系相当复杂，并非只有把持县政的一面，也可能同时是遭官员刻剥资取的受害者。袁采说："惟作县之人不自检己，吃者、著者、日用者般挈往来，送遗结托，置造器用，储蓄囊箧，及其他百色之须，取给于守分、乡司……其弊百端，不可悉举。"[②]说明胥吏身为一地的社会成员，与地方权势之家有着盘根错节、公私兼具的关系，是官员剥削地方

① 叶适：《叶适集》，《水心别集》卷14，《吏胥》，页808。
② 袁采：《袁氏世范》（台北：台湾商务印书馆，1983）卷中，页27下—28上。

资源的主要渠道，既可能是与官员利益均沾的共同体，更可能是不肖官员对地方层层剥削中的受害者。由于胥吏长期涉入基层政治运作，又不具发言权，遂遭批判，成为吏治败坏的源头。

然而，不论胥吏在基层社会的影响与评价如何，他们仍是基层社会运作的主要力量之一，这和他们在地方社会的中介性角色关系密切。佐竹靖彦的研究指出，宋代中国国家系统与地域社会之间有一道鸿沟，填补这个鸿沟或调和差异的人，正是胥吏。宋代官僚并不直接承担军务，也不是公共秩序的直接组织者或执行者，这使国家系统中产生了二元性①。在两个异质系统之间，需要像胥吏这种中介者，来承担具体的基层行政事务，并充当着缓冲人的角色。这也是胥吏在基层社会中具有影响力的真正原因。

二、基层武力的发展及转变

在由唐至宋的政治社会变迁中，基层武力的发展与转变是值得注意的现象。宋朝建立以后，朝廷借着武装力量的改隶，强化了中央对地方的控制力，并征差一定资产以上的民户在各官府专职供役，以加强对基层社会的控制。巡检与土兵、县尉

① 佐竹靖彦:「『作邑自箴』の研究——その基礎的再構成」，页2。

与弓手这两组职权与角色相似的基层武力[1]，和由职役与衙吏构成的胥吏，成为赵宋王朝中央政府深入基层的重要力量，也是观察唐宋的基层社会与政治运作变化的线索。在宋代，强化中央集权的巡检与土兵、县尉与弓手和胥吏一样，都随着时代推移而有所演变，最后反而提供了社会力发展的空间，使中央与地方的关系出现新的变化。在本编前两章中，已分别爬梳巡检与弓手职能角色的历史发展源流，本章则拟将两者置于基层社会的权力结构与整体运作中，观察政治力与社会力如何在其中角力互动。

（一）巡检与土兵

巡检在唐代原是官员的职务之一，是属于官吏临时派遣的任务，到了唐后期，由于地方不靖，巡检逐渐成为专职。后由于专卖制度的实施，出现专司检查、缉私，与财政税收和行政管理职务有关的巡检，主要设置于盐池产地、交通要道等地方[2]。到五代，巡检变成一种使职、差遣，而不是职官，位低职重，其设置不论在地域或结构的层次上，都大大突破唐时规

---

① 曾我部静雄:「宋代の巡検、県尉と招安政策」，收入氏著『宋代政経史の研究』（东京：吉川弘文馆，1974），页145—248。

② 以往学界认为，巡检是五代时期才出现差遣的职务，见黄清连:《圆仁与唐代巡检》，页899—924。但刘琴丽在《五代巡检研究》中及李锦绣在《唐代财政史稿》中均有所修正，详见刘琴丽:《五代巡检研究》，页34—41。李锦绣:《唐代财政史稿　下卷》第一分册，页422、589。另参见本书第一编第一章。

模，职能也比唐代扩大[①]。巡检职能的改变体现了唐末五代中央与地方的权力拉锯：在藩镇分割了中央部分人事任用权的同时，中央政府则通过差遣的办法，将部分用人权力收归中央[②]。

宋代巡检与其所属的土兵是中央集权的重要表征之一，其设置更为普遍与复杂。经过宋太祖、宋太宗二朝的征战、招纳后，藩镇割据的局面消除，中央威权逐步加强，五代时期巡检担负监督地方军镇势力的职能逐渐消失，募兵御边与维护境内治安成为巡检的新职责。宋初为防御辽、西夏进犯，朝廷任命熟识边防事务的将领充任巡检，率兵守边，这些人“位不高则朝廷易制，久不易则边事尽知”[③]，既能发挥御边的作用，又有利于集权中央。同时，为了加强维护境内的社会秩序，镇压反叛，宋廷也在远离城邑的多盗之区，设巡检，置寨兵，以强化治安缺口，稳固政权。

宋神宗以后，宋与辽、夏虽时有争战，但关系相对稳定，戍边巡检数量减少、辖区缩小，地位也有降低的趋势。反之，由于境内经济活动蓬勃，宋廷为了增加财政税收，实施茶盐专卖制度，却导致境内外的茶盐走私活动频繁；走私者甚至采取武装护卫，不仅威胁地方治安，更影响政府的财政收入。如虔、汀两地的走私者，活动区域辽阔，“往往数十百为群，持

---

① 参见本书第一编第一章。
② 刘琴丽:《五代巡检研究》，页34—41。
③ 李焘:《续资治通鉴长编》卷45，咸平二年十二月丙子条，页974。

甲兵、旗鼓，往来虔、汀、漳、潮、循、梅、惠、广八州之地。所至劫人谷帛，掠人妇女，与巡捕吏卒斗格，至杀伤吏卒，则起为盗，依阻险要，捕不能得”[①]。这些走私活动，不仅减损朝廷的财政收入，更威胁地方治安。为镇压私贩武力，宋廷除了保留既有边防型的巡检，于江、河、海沿岸的水路，州县行政区划交界、偏远处所及市镇场务，也设有巡检。此外，各县除了县尉，亦增设巡检，并提升其地位[②]。

在维护境内治安的任务上，巡检的责任更为繁重。仁宗时期的诏书曾有“国家设巡检、县尉，所以佐郡邑，制奸盗也”[③]的文字，这显示了巡检与县尉同为维护基层社会治安的重要武力。基本上，县尉负责县城及草市的治安，属于民防性质；巡检则负责维持乡村治安，对付大股寇盗，驻所也遍设于地形险要之处，军防性质较强。巡检的任用资格虽多，但仍以武职官员为主，任期稍长，其中武学生及武举出身者，是出任巡检的主要人选[④]；而县尉一般则由文官担任，武官兼任的情形较少。

巡检统属的成员性质上属于军人，包括禁军、厢军、乡兵和土兵。巡检早期以监督境内的地方军，以及在边境防御外患

---

① 李焘:《续资治通鉴长编》卷196，嘉祐七年二月辛巳条，页4739。

② 苗书梅:《宋代巡检初探》，页41—54。又见苗书梅:《宋代基层社会管理体制的重要一环：巡检问题再探》，发表于“第三届中国史学会:‘基调与变奏：七至二十世纪的中国’国际学术研讨会”（台北：政治大学历史学系等，2007）。

③ 徐松辑:《宋会要辑稿》,《职官》57之36。

④ 方震华:《文武纠结的困境——宋代的武举与武学》,《台大历史学报》33期（2004），页1—41。

为主，所辖以禁军为主力；随着境内治安任务的加重，禁军的适任性面临考验。禁军多是外地人，在轮戍制度的实施下，对驻扎地区内的山川地理、人情风俗均不熟稔，在对付地区性的变乱时，不容易发挥弭乱之效，有时反而成为地方肇祸之源。因此，轮调式的禁军能否有效维护地方秩序，颇引起争议。苏辙曾说："国家设捕盗之吏，有巡检，有县尉。然较其所获，县尉常密，巡检常疏。非巡检则愚，县尉则智，盖弓手乡户之人，与屯驻客军异耳。"[①]这说明部分朝臣对外来的军队能否维护本地治安，有所疑虑。

为了改善这样的现象，宋廷曾在元丰年间令以土兵替代。到了元祐二年（1087），有朝臣指出，土兵多亲戚乡里之人，容易互相遮庇，建议"以其半复差禁军"。随后，又有朝臣认为，"禁军所至，往往一心惟望替期，又不谙习彼处道理"，建议仍依元丰法，一律招土兵代替。自元丰年间起，禁军、厢军逐渐退出巡检统辖体系，改由当地人充役的土兵担任；而从徽宗之后一直至南宋，除了极少数例，宋廷均以招募本地人为土兵，负责维护地方治安[②]。如南宋初，虔州土豪陈敏因组织家丁讨捕走私、保卫乡土有功，被任命为巡检；后在福建地区成

---

① 苏辙著，曾枣庄、马德富校点:《栾城集》(上海：上海古籍出版社，1987）卷35,《制置三司条例司论事状》，页762。

② 苗书梅:《宋代巡检初探》，页41—54。

立的地方军——左翼军，就是以其家丁及当地土兵为基础[①]。从上述巡检职能及所辖成员的变化，显示北宋末年起，宋廷对巡检的政策，已由以戍边御敌及贯彻中央统治力（禁军）为重，转为以维护境内地方治安（土兵）为主。

（二）县尉与弓手

县尉及其所领的弓手，是另一支宋廷维护基层治安、具有民政意义的基层武力，也是宋太祖建国后，强化中央权威的措施之一。宋太祖赵匡胤在推行一连串收兵权政策后，接受赵普建议，重置县尉，由朝廷直接任命，以其领导弓手，担负逐捕盗贼、维护地方秩序之责。目的是限制原来属于私人武力的镇将权责，并将镇将原来统辖弓手纳入朝廷行政体系之中。

宋廷将弓手改隶县尉之后，依各县户口的多少，编列固定员额来处理地方治安业务，维护基层社会的秩序。每县添差弓手的人数，以各县户口数多寡为据，从十人至五十人不等，但实际情况还需视地区及境内治安状况而异。例如乾德六年（968）和大中祥符七年（1014）规定的弓手人数，即较建隆三年（962）有明显的增加。徽宗大观、政和年间，为强化

---

① 李心传:《建炎以来系年要录》(台北: 台湾商务印书馆, 1983), 卷 154, 页 15 上。黄宽重:《南宋地方武力——地方军与民间自卫武力的探讨》, 页 60—61。佐竹靖彦:《宋代福建地区的土豪型物资流通和庶民型物资流通》, 收入漆侠主编:《宋史研究论文集》, 页 220—235。

境内治安，各县均再增弓手，大县达百余人，小县亦有六十人左右[①]。南宋时期，江淮防卫重镇的江阴，设有两名县尉及弓手二百人，人员编制远远超过初创时的数量[②]。担任弓手之人，依当地百姓资产、户口多寡，作为职役的标准。应役的弓手是属五等户之中的第三等，与一般的力役有别。神宗行免役法后，曾支付弓手雇钱，但县府常无法支给，到后来弓手为了生计，便做出诸多违法事项[③]。

从徽宗朝起，地方武力在基层社会的影响力逐渐增强。徽宗中期以后，宋朝内外多事，朝廷无力顾及地方事务；地方治安的维护不仅由地方人士担任，连维持这批武力的费用也转由地方官府负责筹措[④]，让在地势力在地方社会中的影响力逐渐扩大。其后，宋金由联兵灭辽转而爆发战争，宋廷仓促调兵备战，境内防备力空虚。迨方腊叛乱，乱事扩大，正规军战力不足，无力弭乱，宋廷面对内外交迫的局面，实无力维护江南地区基层社会的秩序。于是，各地弓手、土兵等基层武力与自发

---

① 黄宽重:《唐宋基层武力与基层社会的转变——以弓手为中心的观察》,《历史研究》2004年1期，页10。参见日野开三郎:《五代镇将考》，收入刘俊文主编，索介然译:《日本学者研究中国史论著选译》(北京：中华书局，1993)5卷，页72—104。陈振:《宋史研究中官制引起的几个问题》，收入《宋史论集》(郑州：中州书画社，1983)，页185—187。另参见本书第一编第二章。

② 袁燮:《絜斋集》(台北：台湾商务印书馆，1983)卷9,《江阴尉司新建营记》页16下。

③ 王曾瑜:《宋朝的吏户》，页100—101。

④ 彭龟年:《止堂集》(台北：台湾商务印书馆，1983)卷11,《上漕司论州县应副军粮支除书》，页1。包伟民:《宋代地方财政史研究》(上海：上海古籍出版社，2001)，页82。

性的民间自卫团体结合，负担起维护乡里安全的任务，取代正规军的角色，代表地方的社会力量也因此有了进一步的发展空间[①]。靖康之乱以后，大江南北开始由民间形成各种勤王及抗御女真的武装力量；绍兴以后，宋廷在岭南、湖南、淮南地区组织建立各种地方军与地方武力，如广东摧锋军、福建左翼军、湖南飞虎军、茶商军、两淮山水寨等。在其发展的过程中，都可以看到各地区基层武力与民间自卫武力参与的痕迹[②]。

在两宋三百多年的历史中，弓手随着宋境内治安及宋与辽、夏、金和战形势的转变，在役期、员额编制、器械配备与职务负担上有许多调整，也在维护地方治安与抗敌平乱上贡献力量。如建炎三年（1129）二月，金兵进犯淮南东路的招信军时，县尉率弓手百人英勇抗金，让高宗君臣得以从容渡江，在江南建立政权[③]。淳熙年间，辛弃疾亦在江西、湖南等地，组织训练当地的乡兵、弓手，对付茶商，发挥了因地制宜的战力，最后敉平茶商赖文政之乱[④]。蕲州的弓手和茶商武力，则是在嘉定十四年（1221）二月金兵攻城时，共同担负抗敌守城的任务[⑤]。

从长远政治发展来看，当基层武力与行政事务逐渐转由当

① 黄宽重:《地方武力与国家认同：以两宋之际洛阳地区的地方势力为例》，发表于“十至十三世纪中国文化的碰撞与融合暨赤峰第三届中国古代北方文化国际学术研讨会”（内蒙古赤峰，2004）。另参见本书第一编第一章。

② 参见黄宽重:《南宋地方武力——地方军与民间自卫武力的探讨》一书。

③ 叶梦得撰，侯忠义点校:《石林燕语》卷8，页120。

④ 黄宽重:《南宋地方武力——地方军与民间自卫武力的探讨》，页120—121。

⑤ 赵与褰:《辛巳泣蕲录》（台北：新兴书局，1988），页9下—42下。

地人士担任，便会出现权力转移的可能性。在宋代县级的行政区中，经常性事务的运作由维护治安的弓手和土兵，掌理法令文书、执行行政业务的胥吏，以及担任职役的民户共同推动。这些人在基层社会的角色介于官民之间，具有双重身份，一方面要奉行朝廷命令，听从地方长官指挥，在乡里执行公权力，以伸展中央统治权；另一方面，这些人也是地方社会中具有实质影响力的群体，有时为维护自身或地方利益，会与当地的权势之家相结合，共同对官府施压，影响地方施政，也因此时常被朝廷视为败坏吏治，甚或是阻断中央统治力深入基层社会的力量。

从中央政府统治权力的发展看来，唐末到两宋，中央对基层社会的掌控有相当明显的变化。宋太祖在建国后，为落实强干弱枝政策，加强中央的统治力，将巡检、县尉纳入地方军政体系中，作为朝廷控制地方的重要武力。宋朝的巡检、县尉，及其各自所辖的土兵、弓手，是中央深入基层、削弱原有地方武力的重要建置。巡检、县尉是这个结构的主干，土兵与弓手则是实际执行者，此措施和任命通判、监当官等做法，以及逐渐确立的官员任期、轮调制度一样，均有强化中央统治权的作用，而这些作为与其他政策逐步落实，证明赵宋是一个强化皇权的王朝。在地方政治能维持制度化运作以及逢遇精干亲民官任职的时期，这种中央集权的现象特别明显——在此时，弓手、土兵等基层武力，既是地方州县长官执行公权力的工具，也是中央统治力深入基层的象征。

然而，宋廷拟借由武力深入基层、伸展王朝统治的设计，随着内外局势的演变，在实际执行时，反使得基层武力在地方社会的影响力有日渐增强的趋势。特别是在两宋交替之际，政局混乱，各地的基层武力和自发性的民间自卫团体，主导着护卫乡里安全的主要任务，发挥了稳定社会秩序，乃至稳固政局的作用。以致南宋朝廷在重建政权后，不得不弹性调整宋代强干弱枝的立国政策，甚至必须借重基层武力的力量，建立地方军，以利政权的生存与发展。可见由于政局发展与时空环境转变，宋廷本欲利用基层武力，遂行统治力量于基层社会的设计，转而让代表地方的社会力量有进一步发展的空间。

三、财政结构的变化与地方势力的兴起

赵宋政权长期面临契丹、女真、蒙古、西夏的侵扰，对外有国防战力维系与岁币的支出，在内政上则有冗官、叛乱问题交相逼迫，立国形势远逊于汉唐，不仅国力疲弱，财政负担更形沉重。为了补财源之不足，朝廷不断强化赋税征集、增添税收名目，以应内外亟须，明显呈现财政中央化的现象。县衙负有赋税征收与解送之责，但本身可调度的经费有限，而支用浩繁，如何强化基层建设，成为经营县政的难题。

（一）财政中央化的趋势

财政权是体现王朝权威的重要形式之一。赵宋政权建立后，为了扭转晚唐五代以来藩镇把持财政的局面，改变唐代财赋留州、送使、上供的分配方式，规定“诸州财赋于度支经费外，番送京师，总于三司”。地方所收财赋，除了酌量留用，其余均经由转运使纳入中央政府，而且留在地方的部分，如“财谷悉总于三司，非条例有定数，不敢擅支”[①]，表明财赋虽由地方留用，但所有权仍属于中央[②]，这是宋代中央集权的做法之一。不过，在北宋初期，朝廷执行这项政策比较宽松，有相当数目的财税以系省为名，留在州郡，以备调用或供地方经费之需，即使是应申报上供的财赋，也“务在宽大”而“非必尽取”[③]。对新统一的江南，朝廷在税收政策上尤为宽大，使江南地区的地方财政仍有余裕[④]。

仁宗庆历以来，宋与辽、西夏争战相继，所需军备粮食数量随之增加，中央政府财政开支日渐扩大，向州县征调财赋日益加重[⑤]。到了神宗熙宁年间，王安石推行新法，加强中央集

① 李光:《庄简集》(台北：台湾商务印书馆，1983）卷8,《论制国用札子》，页15上。
② 包伟民:《宋代地方财政史研究》，页49。
③ 梁庚尧:《宋代财政的中央集权趋向》，收入胡建国主编《中华民国史专题论文集（第五届讨论会）》(台北:“国史馆”，2000)，页564—565。
④ 金荣济:《财政集权化的推移与地方财政：从地方财政看唐宋变革》，发表于“第53回东方学会”（东京，2003)。
⑤ 沈辽:《云巢编》(台北：台湾商务印书馆，1983）卷9,《张司勋墓志铭》，页3上—10上。

权，控制社会[1]，进一步改变向来财物仍多留于地方的政策，一方面在地方上增加了不少征敛的名目，另一方面则将这些名目所得的收入都归于朝廷。此后，由于军队和官员日益增加，朝廷财政支出不断扩大，财赋集权的声浪愈高。

徽宗即位以后，由于西部边境累年用兵，耗费极大财力、物力，将元丰年间原库贮甚多的财帛支用殆尽，而宰相蔡京更以“丰亨豫大”为名，大肆建造宫苑，索取花石，夸示升平景象，更使府库空虚。因此，在财政政策上，不仅承袭熙宁、元丰的做法，并且进一步采取弱外实内的措施，以扩大财源。宋廷一方面重修上供格，尽量将各地财赋收归朝廷和御前，甚至曾五次下令，将诸路常平司所积钱币，运到京师，成为中央政府的财源。另一方面，则不时创立特殊征调项目，以增加朝廷的收入，如坑冶金银，尽输内藏，[2]并推动茶盐引法，将专卖收入，尽集中央。宣和四年（1122），又创立经制钱名目，将地方收入征调至中央[3]。这些新制的推行与执行，在在加重了地方财政的窘困。

到南宋，财政中央化的情况越来越明显。南宋长期处于强敌压力下，和战丕变，除了定额的岁币、使臣往来耗费，还有

---

① 包弼德（Peter K. Bol）著，刘宁译：《斯文：唐宋思想的转型》（南京：江苏人民出版社，2001），页260—262。
② 脱脱等：《宋史》卷19，《徽宗本纪》，页369。
③ 包伟民：《宋代地方财政史研究》，页92。

庞大的国防兵备需要朝廷支付。南宋前期，兵额无常，倪思曾指出，乾道二年（1166）全国军队约七八十万人，李心传也说，乾道内外大军不下五六十万[①]。到了宁宗时，根据黄度记载，即使在与金和平时期，为了备战，南宋每年仍须维持五六十万的兵力，兵费占财政支出的十分之六，是南宋国计的重大负担[②]。

为应付庞大开销，宋廷只得进一步将地方财物集于中央，使财政集中化达于极致。绍熙元年（1190），谏议大夫何澹等人上言，指出绍兴、乾道以来相继增置的税目繁多，包括总制、月桩、折帛、降本、七分酒息、三五分税钱、三五分净利、宽剩、折帛钱、僧道免丁钱、州用一半牙契钱、买银收回头子钱、官户不减半役钱、减下水脚钱等，都归于朝廷。这些税目种类繁多，宋廷且多用比较、赏罚的办法，取历年中最多的数目为定额，要求州县达成目标，严重加深州县及百姓的负担[③]。

税目、税基不断增多、扩大，原因众多，最要者莫过支应国防军备所需，"方其军兴之初，则以乏兴为虞，及其事定之后，则又以养兵、馈虏为忧，是以有置而无废，有增而无减"[④]。以两浙东路的处州所辖七县为例，从绍兴年间起，除了

---

① 王德毅:《略论宋代国计上的重大难题》，收入氏著《宋史研究论集》第二辑（台北：鼎文书局，1972），页291—292。

② 袁燮:《絜斋集》卷13,《龙图阁学士通奉大夫尚书黄公行状》，页20下。参见王德毅:《略论宋代国计上的重大难题》，页287—313。

③ 王德毅:《南宋杂税考》，收入氏著《宋史研究论集》第二辑，页315—370。

④ 徐松辑:《宋会要辑稿》,《食货》56之65—66。参见包伟民:《宋代地方财政史研究》，页92—93。

两税，又有和买一项。和买科敷的对象是四等以上民户，其标准有依土地起敷的“实业物力钱”和针对土地、房屋等不动产征收的“浮财物力钱”两种，成为百姓的巨大负担。民间为了避税，诡寄逃税等种种不法现象滋生，造成税收不足，地方政府只好采取提高税率等困扰地方的手段，以为因应[①]。

大量财赋集中到中央，地方负担越来越重。宋廷通过财政征收的手段独占全国资源的现象，从北宋到南宋越演越烈，而且在集权体制下，从中央到地方，都形成了上级对下级资源独占的阶层性集权现象[②]。如此一来，北宋时原归地方财政的税款，到南宋时多归入中央所有，而由地方政府征收的赋税，如商税、酒课等，则由中央与地方按比例分配。即使归于地方的收入，也要负责厢军、禁军和归明人、归正人的薪俸，以及地方官员的馈送[③]。在地方财政受到挤压的情况下，居于行政最底层的县府不但出现地区性负担差异，更开始有地方财政恶化的情况[④]。

赋税名目增加和税额加重，使征税成为地方官的艰难任务。州县长官上任之后，既要在短暂的任内筹措上级政府所需

① 叶武子：《宋丽水县奏免浮财物力札付碑》，收入国家图书馆善本金石组编：《宋代石刻文献全编》（北京：北京图书馆出版社，2003）第二册，页 814—815。

② 包伟民：《宋代地方财政史研究》，页 322。

③ 高聪明：《论南宋财政岁入及其与北宋岁入之差异》，收入漆侠主编：《宋史研究论丛》第三辑（保定：河北大学出版社，1999），页 214—225。

④ 包伟民：《宋代地方财政史研究》，页 266—267。如福建地区科派僧院的税目，有助军钱，有圣节、大礼二税，有免丁、醋息、坑冶、米面、船甲、翎毛、知通仪从等，又增加修造司需求、僧司借脚试案等诸邑泛敷的杂税。见刘克庄：《后村先生大全集》（台北：台湾商务印书馆，1967）卷 93，《荐福院方氏祠堂记》，页 9。

的财税，又必须充实地方经建费用，为开支寻找财源[1]。光宗时，彭龟年指出："今日县令之所以难者，盖以财谷之出入不相补尔，岂特不相补，直有铢两之入而钧石之出，甚相绝者。"[2]这说明县库收支差距过大的情形甚为常见。理宗时，袁甫在知徽州任上，曾指出所属婺源县"介乎万山五岭之间，邑最壮，民最犷，而财计最耗……吏部出阙，畏却莫前，县佐摄官，苟求免过，指正税以解别色，那新钱以掩旧逋，措置既无他策，豫借是为良谋，才一二年，不知几万。豪家富室，凭气势而不输官租；下户贫民，畏追呼而重纳产税"。县官为朝廷征收财税是县政要务，都难以达成，更遑论开辟新的财源，寻找多余的经费去推动建设，因此地方上时常出现"学舍库务，几无孑遗，井里市廛，莽为瓦砾"的窘境[3]。

地方财政的困难，为地方势力提供了发展空间。从北宋晚期起，朝廷不断加强财政中央化的种种措施，一定程度影响了地方政务与建设的推动。不过，若检视相关史籍，特别是南宋的文集、地方志等资料，会发现从北宋到南宋，江南地区各州县诸多有形的硬件设施如城墙、官衙、学校、书院、贡院、寺庙，乃至桥梁、渠堰水利等，不断兴修或重建，规模越来越

① 梁庚尧:《宋代财政的中央集权趋向》，页563—581。

② 彭龟年:《乞蠲积欠以安县令疏》，收入黄淮、杨士奇编:《历代名臣奏议》卷259，《赋役》，页3385。

③ 袁甫:《蒙斋集》（台北：台湾商务印书馆，1983）卷2，《知徽州奏便民五事状》，页12上—13上。

大。同时，诗社、乡饮酒礼、法会等社会文化宗教活动，及乡曲义庄、社仓、义庄、赈灾、施药、施粥、育婴等养老慈善公益活动，也不断出现，而且越来越多。这些事实充分显示，宋代江南地区的经济实力与文化建设，并不因财政中央化而萎缩衰退，反而呈现出相当蓬勃、极具活力的景象。

因此，当我们看到宋代官员批评宋朝财税制度不合理，强调财政中央化导致地方出现许多政治、社会难题时，可能只反映了事实的某些侧面。亦即，士人官员批判朝廷财政结构及官员执行能力偏差，乃至权势团体逃避税役，影响财税征收，造成社会发展失衡，企图通过士大夫的舆论，对朝廷施压，以减低百姓负担，是表达对民生福祉的关怀之情。实际上，南宋时期由于商业活动蓬勃发展，经济重心南移，专业生产勃兴，带动都市繁荣及海上贸易，民间总体经济能量提升蓄积了丰厚的社会力，适时地弥补地方官府财力之不足。士人的批判言论并不能反映宋代社会经济的整体发展面貌，也不能据此认为宋代，尤其是南宋，地方经济凋敝，地方毫无建设。

（二）以士人为中心的地方势力兴起

宋代各地的公共建设与文化发展的动力，主要来自当地的士人与富豪，其中富人是主要赞助者。宋代都市化日益发展，金融组织的发达、地方产品的特产化与国内海外贸易的连环衔接，促使商业活动活络，贸易勃兴，加上农业生产力与新品种、农业技术的进步，这一切使宋代商业的性质和规模超越前代，经济稳定成长[①]。江南地区经历了北宋初期较宽大的财政政策后，经济迅速发展，产生了相当多因经商而致富的人。这些富人通过制度或非制度的途径，逃避或减轻赋役负担，以其积聚的大量财富在乡里置产，成为地主。他们多期望商而优则仕，提升家声门望，因而采取购书、延聘教师等方式，积极鼓励子弟读书应举，或成立义庄，厚植经济实力，这些做法无非希望下一代在仕途上有所发展。无论这个愿望是否达成，财产的累积使他们成为财雄一方的富豪。

这些富人家族借由人际网络或参与社会活动等方式，在乡里社会贡献人力、物力。富人经营产业有成之后，除了栽培下一代，提高家族声望，也借由婚姻、交游等方式，与当地其他家族、社群建立起密切的社会关系，以厚植社会影响力。通过参与社会活动，或为乡里建设提供人力物力的支持，或协助地方官推动政务，富人提高了自己的社会地位[②]。他们一方面致力于慈善救济的公益活动，缓和基层社会的矛盾与冲突[③]，另一方面也参与各项公共设施的建设，有效化解了财政中央化

① 斯波义信著，方健、何忠礼译：《宋代江南经济史研究》（南京：江苏人民出版社，2001）。斯波义信著，庄景辉译：《宋代商业史研究》（台北：稻禾出版社，1997）。郭正忠：《两宋城乡商品货币经济考》（北京：经济管理出版社，1997）。

② 包伟民：《宋代地方财政史研究》，页278。

③ 梁庚尧：《南宋的农村经济》（台北：联经出版事业公司，1984）。梁庚尧：《南宋的社仓》，收入氏著《宋代社会经济史论集》（台北：允晨文化出版公司，1997）下册，页427—473。

后，地方官府无力从事建设及推动文化活动的窘境。如在明州州学，奉化、鄞县、慈溪、定海县学的兴修与重建过程中，当地富室与士族都扮演着参与或捐助的角色，其中奉化县富民汪伋、汪份兄弟最具代表性。汪氏兄弟都是陆学门人，在县府经费窘困、无力修建县学时，出资创建大成殿，更新县学，重建广济桥，建造船舶，便利奉化与鄞县的交通[①]，对宋代四明地区教育文化的发展有相当的贡献。当地方财政窘困时，富民借着在地方建设的奉献与付出，自然也展现了他们在基层社会的影响力。

商业发达造就了一批可以在基层社会贡献财力、发挥影响的富人，此外，为数众多致力举业、谋求跻身仕宦的士人，更是基层社会最具影响力与代表性的群体。在文治政策下，宋廷通过开放式的科举制度，使有志仕途的士人进入官僚体系，并建立文官体制，尊崇文臣，获取功名利禄成为社会主流价值。接受教育是仕进的重要途径，而官学或私人兴建的书塾、书院成为传递知识、学习举业的场所，朝廷则以优惠学子税役的方式，促进教育发展，加上雕版印刷发达，书籍的出版和流传更为容易。这些因素都吸引着创业有成、谋求改变社会地位的小康之家，他们积极致力于创造有利的教育条件，让子弟从事举

---

① 袁燮:《絜斋集》卷 19,《从仕郎汪君墓志铭》，页 5 下—8 下。参见黄宽重:《宋代四明士族人际网络与社会文化活动——以楼氏家族为中心的观察》,《“中央研究院”历史语言研究所集刊》70 本 3 分（1999），页 657—658。

业，成为朝廷命官，以期进身为仕宦之家。

在这种社会主流价值的驱使下，读书识字的人数急速增加，士人成为基层社会的优势群体。从北宋到南宋，士人数量的增速甚至可以用膨胀来形容①。以福州为例，乾道元年（1165），福州解发额当为六十二人，参加解试的人为一万七千余人，次年录取进士五十二人；淳熙元年（1174），参加解试者增为两万人，录取进士者为四十二人，录取率均在百分之一以下。结合这份资料与其他相关的研究成果来看，大约百分之九十九以上的士人，仍被排挤在仕宦大门之外②。由于定期的科举考试不断吸引新成员加入，南宋读书业儒的士人不断增加，成为庞大的群体，已是不争的事实。

士人的发展途径多样，即使考不上竞争激烈的科举，仍可凭知识谋生。在士人群体中，只有少数中举的人能为官任职，绝大多数落第者为谋生计，需要暂时或永久放弃举业。一如袁采所说："其才质之美，能习进士业者，上可以取科第，致富

---

① 参见陈雯怡:《由官学到书院——从制度与理念的互动看宋代教育的演变》(台北:联经出版事业公司，2004)，页306。包弼德:《地方传统的重建——以明代的金华府为例（1480—1758）》，收入李伯重、周生春主编:《江南的城市工业与地方文化（960—1850）》(北京:清华大学出版社，2004)，页247—286。梁庚尧:《南宋的贫士与贫宦》,《台湾大学历史学系学报》16期（1991），页91—137;《南宋的贡院》,《中国史学》1卷（1992），页35—61。李弘祺:《宋代教育散论》(台北:东升出版事业公司，1980)。

② 参见佐竹靖彦:「唐宋期福建の家族と社会―閩王朝の形成から科挙体制の展開まで―」，页419—466。梁庚尧:《宋代福州士人与举业》,《东吴历史学报》11期（2004），页189—192。李弘祺:《宋代官学教育与科举》(台北:联经出版事业公司，1994)。贾志扬（John W.Chaffee）:《宋代科举》(台北:东大图书公司，1995)。

贵，次可以开门教授，以受束脩之奉。其不能习进士业者，上可以事笔札，代笺简之役，次可以习点读，为童蒙之师。”[①]他们进入职场的途径很多，有的在商业活动中担任牙人，经营法律公证事物的书铺，甚至从医等，也有被延聘在书塾、书院教授生徒，或任童蒙及教学工作的乡先生等，多数人仍以知识谋生。例如苏州人龚明之以授徒为业，同时致力举业三十余年，到八十多岁才得以特恩授官[②]。四明袁氏中的袁章、袁方、袁槱，也是在大半辈子中一面教书，一面准备考试，袁章五十岁才中进士，袁槱则五十六岁才举特奏名进士[③]。在社会经济多元发展的环境中，知识成为士人谋生或谋求出路的利器，显见士人从事的是进可攻、退可守的“儒业”。这样的身份使他们可以突破职业藩篱与官民的界线，出入县衙。他们凭借求学背景相同的同乡同学关系，或以教育背景一致的官民身份，在各种仪式或场域中往来交游，形成在基层社会具有影响力的优势群体。

中举入仕的官员往往成为基层社会的代言人。在众多举子竞争中，只有少数资质优异、努力不懈且幸运者才能中举入仕，成为官员。在宋代重视文官的政治传统中，进士出身除了有望

---

① 袁采:《袁氏世范》卷中，页22下。

② 邓小南:《龚明之与宋代苏州的龚氏家族：兼谈南宋昆山士人家族的交游与沉浮》，收入《中国近世家族与社会学术研讨会论文集》，页81—109。

③ 黄宽重:《宋代四明袁氏家族研究》，收入《宋史研究集》第二十三辑（台北:“国立”编译馆，1995），页485—490。

晋升高位，也会获得社会尊崇。不过，由于官多职少，要谋求高位，也要面临许多竞争与挑战。大多数官员在宦海中浮沉，有的在地方担任基层的亲民官、州学教授等职，有的官员则选择急流勇退，回到乡里从事教学及启迪后学的工作。例如，开启四明学风的楼郁，中进士后不求仕进，选择在家乡培育乡里子弟[①]。苏州士人朱长文中进士后，以疾不仕，也在家乡从事教学工作，并与同时退居苏州的士人，如崇大年、卢革、徐积等，一齐推动地方文化活动[②]。两宋之际江西吉州士人王庭珪和南宋中期金坛人刘宰也都短暂出任地方官，即因与当道不合，在乡里从事教化与社会救济活动[③]。

即使是出任朝廷高官的士人，晚年也多选择归老桑梓，耕耘基层。在官场的激烈竞争中，只有极少数的人或才能卓越，或因缘际会，才得以平步青云，获致高位。此外，这些官员也会遇上待阙、丁忧、贬斥，甚至自愿辞官或年老致仕的情况，需要回归乡里。从元祐年间起，士人因政见不同，相互攻讦，掀起激烈党争，官员或斥或用，变易无常，士大夫难以久居高位，被贬或居乡，成为常例。南宋以来，先是和战形势丕变，

① 黄宽重：《宋代四明士族人际网络与社会文化活动：以楼氏家族为中心的观察》，页630。
② 邓小南：《北宋苏州的士人家族交游圈——以朱长文之交游为核心的考察》，页452。
③ 王庭珪事迹，见周必大撰《行状》及胡诠撰《墓志铭》。王庭珪：《卢溪文集》（台北：台湾商务印书馆，1983），《附录》，页2上—12下。刘宰事迹，见刘子健：《刘宰和赈饥》，收入氏著《两宋史研究汇编》，页307—359。

主政者更迭不已，等到秦桧主和专权，大肆排斥异己，异议者相继被贬斥或罢职回乡，如张浚、赵鼎被贬时，受到牵连而贬谪归乡的官员为数颇多[①]。孝宗即位后，独断朝政，宰职难得久任，旋即外放或罢归。可以说从北宋晚期到南宋中叶这段相当长的时期，政局变动频率相当高，官员异动频仍，绝大多数人难以长期秉政。

再者，南宋以来，官多阙少的问题愈益严重，官员待阙人数越来越多，待阙年限也越来越长，高官或名宦赋闲在家的现象相当普遍[②]。史浩说："贤大夫从官者，居官之日少，退闲之日多。"[③]例如史浩、汪大猷、楼钥、朱熹、吕祖谦、袁燮等名臣，都曾长期乡居。退出朝政，虽不免难伸壮志，但他们拥有高官名士的威望，在家乡仍是领袖一方的耆老，可以主导或推动地方事务。在当时，乡贤是朝廷了解吏治、掌握舆情的重要渠道，也是地方官征询政务的重要对象，退闲乡居的官员因而仍然能在地方社会拥有一言九鼎的影响力。

乡居的官员或在乡谋生的士人，都是地方的精英群体。他

---

① 柳立言举出，因赵鼎受牵连的南宋士人与官员达 34 人，见柳立言：《从赵鼎〈家训笔录〉看南宋浙东的一个士大夫家族》，收入第二届国际华学研究会议秘书处主编：《第二届国际华学研究会议论文集》（台北：文化大学出版社，1991），页 544—545。张浚因郦琼兵变被罢，受牵连的党人也不少，见黄宽重：《郦琼兵变与南宋初期的政局》，收入氏著《南宋军政与文献探索》（台北：新文丰出版社，1990），页 78—79。

② 竺沙雅章：「宋代官僚の寄居について」，『東洋史研究』41 巻 1 期（1982），页 28—57。

③ 马泽修，袁桷纂：《延祐四明志》（北京：中华书局，1990）卷 14，《学校考·本路乡曲义田庄》，页 42 上。

们有着相同的成长环境，以举业为共同的追求目标。士人因乡谊、同学等关系，交流互动频繁，在他们受教过程中，除了获取有利于举业竞争的知识与文化，求学的共同经验也使他们彼此对“士人”身份有所认同，这种认同更成为士人社会的主流价值。士人虽然在科举上际遇不同，在仕途上荣枯有别，但对乡里的共同关怀，让他们彼此联系，互相援引，而且习于以桑梓事务为共同话题。因此，在朝为官者一旦辞官，乡里便成为他们生活的中心，以彼此认同的身份、共同的文化基础结成一个不论爵序的群体，以诗文结社，相互游赏酬唱。更重要的是，他们是地方的表率，在推动文艺活动之外，还负有教化的责任[①]。于是，他们或以个人或借群体的力量，从事慈善救济、公共建设，推动公益活动或排纷解难，以乡里长者的形象在地方立足。如史浩、汪大猷、楼钥等人，先后在家乡组织诗社，修建学校、乡曲义庄，弘扬乡饮酒礼等，投身公共建设和社会公益文化活动，为四明做出重要贡献[②]。这种经由乡里士人的合作发挥的群体力量，正是南宋基层社会的一大特色。

从书院、祠庙争取赐额的过程，便可看到地方精英在基层社会的影响力。书院获得朝廷赐额，表示官方承认其地位，是

---

① 邓小南:《北宋苏州的士人家族交游圈——以朱长文之交游为核心的考察》，页479—480。

② 梁庚尧:《豪横与长者：南宋官户与士人居乡的两种形象》，《新史学》4卷4期(1993)，页45—95。黄宽重:《宋代四明士族人际网络与社会文化活动——以楼氏家族为中心的观察》，页627—669。

地方的一项荣誉。因此，地方人士除了关注书院的兴建与课程的规划，更与地方长官一齐向朝廷争取赐额。宋代书院虽盛，但除了北宋初年嵩阳、岳麓、石鼓等书院获朝廷赐额，鲜见赐额之事，直到朱熹兴建的白鹿洞书院获得朝廷赐额、赐书之后，书院申请赐额逐渐成为地方要事。不过，在宁宗之前，宋廷赐额仍不多，如清湘书院经过地方官民数十年的努力，到宝庆元年（1225）才能获得赐额[①]。理宗一朝，书院趋于普遍，赐额数量也增多，其后更将赐额变成荣宠大臣的一种方式[②]。

祠庙制度则是由朝廷经过严密的审查程序，检核庙神的灵验度，给予赐额、赐号，列入祀典，除了有收揽人心的功用，也是朝廷将中央的权威延伸到基层，控制地方社会的一项政策。唐、五代时期，民间祠庙尚得不到朝廷的正式认同。宋神宗以后，祠庙制度才有进一步发展。徽宗时期，宋廷困于女真的攻击，境内也因花石纲引发江浙地区变乱。在官府无力平定乱事的情况下，地方大族起而组织自卫武力，借着神力凝聚人心，抗拒入侵者，稳定地方秩序。这些豪强以神灵庇佑地方有功为由，通过州县向朝廷请求赐封，借以保持或提高家族在地

---

① 程珌：《洺水集》（台北：台湾商务印书馆，1983）卷7，《赐名清湘书院记》，页12下—15上。

② 如理宗淳祐年间，赐参知政事应繇为宗族子弟修建翁洲书院，即是一例。见冯福京修，郭荐纂：《大德昌国州图经》（北京：中华书局，1990）卷2，页12下。参见陈雯怡：《由官学到书院——从制度与理念的互动看宋代教育的演变》，页166—167。

方的影响力。于是，徽宗一朝祠庙赐额的数量激增[①]。到南宋，地方官和地方人士则共同推动庙宇兴建与祠庙赐额，其中豪民巨族不仅扮演重要角色，且具有高度的延续性。以福建莆田方氏家族为例，自神宗元丰六年（1083）以来，特别到南宋时期，在祥应庙的赐额和庙宇重修上，一直居于主导者的角色[②]。

除了民间神祠，地方豪族也为自己祖先立庙，并向朝廷争取庙额。嘉定二年（1209），鄞县汤建中等人，向宋廷请赐政和年间推动废湖为田的知明州楼异的祠堂为丰惠庙，此事显然与其孙楼钥在四明社会的领袖地位有关[③]。理宗绍定年间，程珌辞官休宁后，在家族中倡议买地立庙，祭祀程氏先祖程灵洗，并以保障乡里有功向朝廷申请赐额，获得“忠壮”的庙额[④]。从地方大族为民间神祠或家族祖先立庙，争取赐额、赐号的过程中，可以看到地方大族在筹措经费、组织信众、兴建庙宇、举办庙会、申请赐额等活动中，扮演主导性的角色，而且活动频

① 須江隆:「地域社会へのまなざし一祠廟制の新局面一」，发表于“第53回东方学会”(2003)。

② 方略:《有宋兴化军祥应庙记》，收入国家图书馆善本金石组编:《宋代石刻文献全编》第四册，页646—649。另可参见須江隆:「地域社会へのまなざし一祠廟制の新局面一」。有关南宋地方大族在推动建庙与申请赐额上的贡献，参见韩森（Valerie Hansen）著，包伟民译:《变迁之神：南宋时期的民间信仰》(杭州：浙江人民出版社，1999)。皮庆生在民间信仰与地方社会方面也有深入的探讨，如《宋人的正祀、淫祀观》，《东岳论丛》26卷4期(2005)，页25—35。

③ 王元恭修，王厚孙、徐亮纂:《至正四明续志》(北京：中华书局。1990)卷9，《祠祀・神庙》，页7下—8上。

④ 朱开宇:《科举社会、地域秩序与宗族发展——宋明间的徽州，1100—1644》(台北：台湾大学出版中心，2004)，页60—61。

繁；反之，与地方社会关系较淡的官方祀典，由于地方人士参与度不足而呈现衰微之势。这种现象说明，地方权势之家借着争取本地祠神信仰合法性的同时，也力图深植自身家族在乡里社会的影响力①。

不过，乡居官员或士人在乡里的作为与角色，并不纯然是正面的。一部分人虽在基层社会积极参与建设、教化活动，但也有不少人凭借威望与权势，勾结官员，唆使胥吏，侵夺官府或民众财物，为祸乡里。这种例子在宋代典籍中颇多。孝宗朝曾任次相的大臣洪适，在告老返乡后也侵占墓地，辟作园圃，以致遭人控诉；他甚至谋图将城旁的州学旧址作为园圃，后来遭到知州王十朋的拒绝②。淳熙二年（1175），观文殿学士钱端礼也被检举“居台州，挟持威势，骚扰一郡，营治私第，凡竹木皆白取于民”③。朱熹记录他在南康军任满前，处罚违法士人及胥吏包庇的案件时，有人告诉他，犯者是“人家子弟，何苦辱之?”④袁采也记载了地方豪强违法乱纪的事例：“居乡曲间，或有贵显之家，以州县观望而凌人者；又有高资之家，以贿赂公行而凌人者。方其得势之时，州县不能谁何。”这些人在乡

① 皮庆生:《宋人的正祀、淫祀观》，页25—35。
② 何晋勋:《宋代地方士大夫家族势力的构成——以鄱阳湖地区为例》（新竹：台湾清华大学历史研究所硕士论文，1995），页57—59。洪适:《盘洲文集》（台北：台湾商务印书馆，1965）卷7，页6。脱脱等:《宋史》卷387，《王十朋传》，页11886。
③ 徐松辑:《宋会要辑稿》，《职官》72之12。
④ 朱熹:《朱文公政训》（台北：新文丰出版公司，1985），页16。

里把持短长，妄有论讼，或结集凶恶，强夺财物，侵占田产，州县不敢治罪；袁采对这种情况深恶痛绝，却束手无策，既不能穷治，只好期待报应[①]。到宁宗时期，平江府昆山县所辖的地区，仍见豪民怙资凭强，轻死犯法，或慢令县政，致使“役次难差”，形成治安死角。直到嘉定十年（1217），宋廷分创嘉定县以后，在官府努力下，情况才获得改善[②]。此外，从《名公书判清明集》一书所载诸多法律诉讼案例中，也反映了地方豪右武断乡曲，成为基层吏治纷扰之所在[③]。这些地方大族甚至也干预地方政务。苏州地区聚居了许多衣冠侨寓的士人官员，他们习于干请，被认为是地方难治的根源。因此，乡居高官“不入州县”或“不造官府”，还会特别受到表扬[④]。

在传统社会中，乡居官员、士人或富豪，由于扮演角色的差异，形象有别。有的被乡里或官府视为排难解纷的长者，有的则被当作武断乡曲的豪横。这种看似对立的类型与评价，其实都显示了他们在基层社会拥有较丰厚的政治权力、人际网络、经济资本和教育文化资源。他们既协助官府，也代表地

---

① 袁采:《袁氏世范》卷中，页14下—15上。

② 范成大撰，陆振岳点校:《吴郡志》（南京：江苏古籍出版社，1999）卷38，页552。另参见方诚峰:《统会之地——县学与宋末元初嘉定地方社会的秩序》,《新史学》16卷3期（2005），页1—22。

③ 陈智超:《南宋二十户豪横的分析》，收入邓广铭、徐规等主编:《宋史研究论文集》（杭州：浙江人民出版社，1987），页248—266。梁庚尧:《豪横与长者：南宋官户与士人居乡的两种形象》，页45—95。

④ 邓小南:《北宋苏州的士人家族交游圈——以朱长文之交游为核心的考察》，页479—480。

方，更要维护自身的利益。因此，既可以在不同的场域看到他们的身影，也可以从不同立场对他们有不同的评价。他们领导或参与地方事务，成为基层社会的意见领袖，是势所必然的。

总之，宋代财政中央化反映了国家集权的现象，这种现象过度发展，造成了地方财力不足、地方官难以推动地方建设的窘境。复以宋廷实施地方官员回避本贯与轮调制度，不仅使胥吏在基层政治运作中的影响力扩大，也让代表地方势力的社会精英得以借由推动公益活动、公共建设，乃至争取寺庙学校赐额等机会，介入地方事务，发挥影响力。特别是南宋以后，以地方精英为代表的社会力量，已然成为基层社会的主力。

四、结语

唐宋时期是中国历史上的重要转型时期。从政治局势与社会发展之间的互动情况可以观察到，赵宋君臣鉴于五代政权递嬗教训，竭尽所能运用各种方式来稳定政局。一方面，宋廷将乡里虚级化，使县成为行政基层单位，由中央直接委派官员出任亲民官，负责催税劝率、民讼刑禁等政务，贯彻中央政令。另一方面，为加强中央统治力，宋廷在县一级设置巡检、土兵、县尉、弓手等基层武力，使县成为宋廷深入基层社会的基点。

宋朝财税制度配合集权体制，明显呈现中央化的趋势。徽宗时期，朝廷由于推动各项耗费巨大的事务，需财孔急，急切地向地方征收财税，不仅财政中央化的情况十分明显，还因过度役使民力而引发方腊等规模大小不一的民乱。在变乱中，地方豪族借助神力，凝聚人心，稳定基层社会秩序，借机向朝廷争取寺庙赐额、赐号。同时，以当地百姓担任土兵、弓手等基层武力的体制确定，人数也增多。这些现象说明，宋初为强化中央权威而设计的种种政治制度，随环境变化而逐步增强。然而到了徽宗朝，中央化看似到达巅峰，实则也是基层社会转变之时。

武力及财赋的过度中央化，导致地方财政困窘。于是，以士人为代表的地方精英与财富雄厚的富豪、熟悉业务的胥吏，乃至本土性深厚的基层武力等各种势力，经过长期的酝酿蓄积，形成一股社会力，在此时出钱又出力，协助官府敉平乱事，推动地方建设与教化工作。这些地方势力适时地提供财力与人力资源，出面协调与配合，使基层政治得以顺利运作，填补了州县政府的不足，在基层社会中，自然也成为具有举足轻重作用的群体。

南宋时代，地方势力在基层社会的影响力更为明显。宋廷南迁以后，凭借东南半壁江山，长期与强敌相抗，加上地方乱事增多，社会治安及法律经济等问题层出不穷，政府负担加重。由于财政支出不断膨胀，宋廷只得利用各种名目加强征收，造成地方政府征税的压力与财政的窘困。这些现象都使地方官员对当地势力的依赖加深。地方治安由当地人组成的弓手、土兵来维护，地方事务也要借重担任职役的吏员来执行，而且业务日趋专精，胥吏取代职役，成为在基层社会介于官民之间实际操持县政业务的群体。地方建设与教化更需要仰赖乡居官员、士人和富人的协助。于是，地方上出现了个人或家族组成的不同形式的群体，投身书院、贡院等地方公共建设和乡曲义庄、社会救济等公益活动，配合官府贡献心力，乃至主导具有地方色彩的诗社及乡饮酒礼等文化活动，并共同争取书院、寺庙的赐额及举办宗教活动。地方权势之家与朝廷命官的州县长官共同合作，相互交流，一齐推动地方政务，共同构成基层社会政治运作与人际网络的基础。

因此可以说，宋朝建立之后，中央通过政治的变革向基层伸展了统治力。但是自徽宗朝以后，政局的骤变与社会环境的变迁，反而在社会秩序的维护上为地方精英与豪右组成的基层力量创造了发展空间。南宋时期，由于长期面临和战的困局，在军政、财政和政治各方面更需要仰赖地方，于是一方面朝廷修正强干弱枝政策，对地方释放部分权力；另一方面，县级的基层官员也必须借助地方力量，以利辖区政务与建设的执行。因此，地方豪强与精英、地方官员、基层武力与胥吏三股势力，大体构成了基层社会的三大支柱。他们彼此合作，互相依存，同时也在地方社会的运作中，形成某种程度的竞争与紧张关系。这种现象为后来的朝代所继承，成为中国基层政治社会的主要图像。因此，从基层政治运作及社会关系发展的角度看来，中国社会在唐宋之交与两宋之际都有转变，而这样的转变到南宋更进一步发展，成为明清以来中国基层社会的雏形。

地方社会是中国社会发展的基础。宋代以前的中国历史，同样存在着代表国家政治力的中央王朝与代表地方社会力的地方势力，两者的关系，随着政治社会的变化而有不同的发展与互动。在历史发展的长河中，地方势力一直以不同的面貌存在着。如唐代藩镇割据时，镇将把持地方，被视为与中央相抗衡的地方势力；宋代由朝廷设置弓手、土兵，隶属县尉、巡检，县这一级就被当成中央推动集权的行政机构。其实，基层社会仍有许多延续性事务。宋廷通过制度设计和实际政治运作，伸展政治力于基层行政区域；而因社会经济发展而出现以知识谋生的士人群体与凭借财力豪勇的地方豪强交织形成社会力。两股力量在县这一行政地区碰撞交流，形成新的互动关系。到了南宋时，士人群体成为基层社会的主轴，出现了政治力与社会力共治的形态。当我们从不同的角度与问题观察时，可以看到由北宋到南宋，以县为主的基层社会出现了政治力与社会力之间多样性的动态发展，但仍旧呈现相互依存、共同合作的景象。这一态势不仅是观察宋代中央与地方关系互动的重要视角，也可以由此线索，进一步探索中国近世以降基层社会发展的状况。

第二编

地方势力与政治适应

前编的讨论重点集中在宋代政制与基层武力、权力结构的互动，架构宋代政治力与社会力交会的轮廓和背景，本编则关注地方豪强和精英士族的兴替起落，呈现政治立场与抉择对社会资源分配与秩序重组的影响。

宋金由和转战之后，金人迅即进围开封，宋室南迁，华北的社会秩序崩解。在政治势力重整之际，华北地区出现的新旧政权对峙局面使原本服膺旧政权的地方社会力量重新化为各种势力群体，以捍卫自身利益，维护在地秩序。然而，当不同政治力量纷纷伸手地方时，地方应如何面对新旧政权交替，如何在彼此敌对的政权中选择归附臣服的对象，值得思考。第四章观察了洛阳地区的豪强武力集团如何因应宋、金、齐对峙下的变乱之局，同时借诸武力集团对宋皇陵的保护或破坏，讨论地方势力在生存压力下产生的政治认同，诠释“忠诚”在平时与乱时的理念与现实差异。

政治取向的抉择问题并非战乱时期独有，承平时期也存在不见血的政治角力战场。第五章结合家族、地域社会与晚宋政局的发展，探讨了南宋中期到元入主建政期间的四明士族的兴落。该章说明，四明士族之所以能在南宋中期取得政治优势，主要归功于族际合作，而其政治影响力消退，则不单肇因于蒙元政权入主江南，更是族际分化所致。在南宋晚期的内外冲击下，四明士族间对国家政策的走向，乃至政治地位的追求，逐渐意见分歧，致使部分家族成员选择淡出政坛，经营艺文与物质生活。四明士族间不同的政治抉择，显示个人因应政坛时局的用行舍藏，不仅影响其一时的仕途进退，也可能连带左右了家族的荣枯与地区的整体发展。

本编虽然分别分析了两个看似截然不同的社会阶层与时间地域——豪强领导的武力集团在政局动荡下的崛起过程及其政治抉择，以及承平时期地方士人家族从合作到冲突及政局变化后的衰败情形——但相信对比性个案研究，观察地方武力集团与士族群体在承平与乱世的兴替过程，将有助于理解基层社会力量发展与政治抉择之间的连锁关系。

第四章

洛阳豪雄

两宋之际洛阳地方武力的国家认同

一、前言

新旧政权交替之际往往是中央权力真空之时。政治局势紊乱，社会秩序解体，地方豪强遂趁势兴起，恃险聚众，组成自卫武力，捍卫乡里。他们不仅是稳定地方社会的力量，也是新旧政权竞相拉拢的对象。这些各自为谋、缺乏领导中心的民间自卫武力，为了在生存和发展上获得更大的利益与机会，时常依违于各政权之间，观势而变，叛服无常。这种情况虽然难以为强调忠诚观念的士大夫接受，却是历史上客观存在的事实。

本章讨论北宋覆亡到绍兴四年（1134）的前后八年间，在洛阳地区活动的多股地方势力，并借对宋皇陵的维护与破坏，探讨拥护南宋的翟氏势力与依附金、齐政权的孟邦雄势力的消长互动，从中观察政权递嬗之际地方势力的应变之道与政治抉择。此时期政治、社会动荡不靖，留存资料相当有限，有关刘豫齐政权者更为罕见，现存孟邦雄墓志是少数有助于理解当时政局变动、个人立场变化与政权认同问题的重要史料[①]。

二、忠义乎？盗贼乎？金兵南下时的华北自卫武力

宋金联袂灭辽后，双方经历了短暂的和平，随后再度因一连串冲突而由和转战。宣和七年（1125）十月，金人分兵直逼汴京；宋虽乞和，却又违约与金兵戎相见。当宋臣为和战问题争议不决时，两路金兵再渡黄河，包围汴京。汴京无勤王之师驰援，有如瓮中之鳖，苦守四十一日后，终于靖康元年（1126）闰十一月二十五日为金攻克[②]，钦宗率文武百官向金帅献上降表。金帅废钦宗后，另立楚政权，并以张邦昌为帝，旋即掳走徽、钦二帝与宗室三千多人，挟无数宝物北上，史称"靖康之变"。

靖康之变后，中原局势非常混乱。表面上，金人占据黄河以北，其所立楚政权则领有黄河以南；但实际上，辽阔的黄河南北在无数民间自卫武力的控制之下，或金或楚都无法有效统治[③]。东京留守宗泽曾在奏中描述："今河东河西，不随顺番贼，

---

① 墓志完整篇名为《大齐故赠通侍大夫徐州观察使知河南军府事兼西京留守河南府路安抚使马步军总管兼管内劝农使孟公墓志铭》，台北"中央研究院"历史语言研究所傅斯年图书馆藏原拓。

② 徐梦莘:《三朝北盟会编》（上海：上海古籍出版社，1987）卷69，页1—11。

③ 见李纲在建炎元年六月上奏文。李心传:《建炎以来系年要录》卷6，页1。

虽强为剃头辫发而自保山寨者，不知几千万人。”[①]其中包括盗贼、溃散士卒、各地的勤王之师、官吏、土豪与农民等自发抟聚的武装团体。这些人中，尤以河东、河北、京西等地的百姓保乡卫国情操最为强烈。他们亲身经历女真焚杀掳掠之痛，潜藏的民族意识化为行动，积极抗金。他们在抗金过程中体认到，只要心协力齐，女真兵实不足畏，因此纷纷集结，各据一方，恃险护卫乡里，并开始向金人发动攻击。如翟兴兄弟、马扩和邵兴等人，就在这时期结纳豪杰，奠下抗金事业的基础[②]，甚至受掳至燕京的汉人也纷纷布置抗金活动。不过，义军在北方并无共同领袖，形成了群龙无首、各据一方的局面。

汴京被围时，钦宗胞弟康王赵构组织大元帅府，一面传檄天下，号召勤王，一面抚循溃散士卒和当地盗贼[③]，重整军旅，力挽狂澜；后在臣僚、百姓与土豪拥戴下，于南京即位，是为高宗。

---

① 徐梦莘:《三朝北盟会编》，卷115，页12上。

② 翟兴在靖康二年三月与族弟翟进率步卒数百，潜入洛阳，擒杀金人所立的高世由，以洛阳为抗金据点。见徐梦莘:《三朝北盟会编》卷86上，页4下。马扩出狱后，到西山和尚洞山寨抗金，四月战败被执。见徐梦莘:《三朝北盟会编》卷90，页10下—12上。邵兴则据解州神稷山，大破金兵。见徐梦莘:《三朝北盟会编》卷104，页8。另外，薛广在五月初奉命率兵过河，会合河北山寨义兵万人，收复磁、相等州。张琼则会合水寨义兵万人，与广相声援。见徐梦莘:《三朝北盟会编》卷103，页4下。

③ 靖康元年十二月四日，大元帅府曾传檄诸郡勤王：“金人猖獗，再犯京城，攻围未退，君父忧辱。臣子之心，义当效死卫上，矧凡在职世受国恩，当此艰危，岂应坐视，宜勉忠义，戮力勤王。”同时招安杨青、常景所率贼一万二千余人。见徐梦莘:《三朝北盟会编》卷71，页10。

高宗建政之初，虽因军力薄弱[1]，无法积极抗金或恢复故土[2]，但为了建立足以与金人气势相抗的政权，以号召忠义，稳定人心，乃以一向主战且素着清望的李纲为宋室重建后的首任宰相[3]。李纲认为重整河东、河北的忠义势力是巩固政权、匡复故土的首要急务，于是成立招抚司于河北、经制司于河东，由张所、傅亮分任河北招抚使和河东经制副使，以宗泽为东京留守，组织控驭两地忠义师[4]。得力于李纲、宗泽、张所、傅亮等人的努力招抚、联系，加以金人大量征发汉人从军，中原义军纷纷加入抗金行列[5]，数十万群盗也在短期内接受招安。宋廷二次下诏，号召两河义军，起而抗金[6]，将组织民间自卫性武力办法颁行全国。

然而，当义军招募有了初步基础，组训工作犹待开展之际，李纲却因黄潜善等人阻挠，无法落实恢复计划，愤而辞职，主和派再度得势。义军抗金活动被指为“假勤王之名，公为聚寇之患”[7]，“诸路招募溃兵忠义等人，及寄居官擅集勤王兵

---

① 石文济:《南宋初期军力的建立》,《史学汇刊》9期（1978），页75—81。

② 高宗受黄潜善、汪伯彦影响，曾一度决定遵照以黄河为宋金国界的和约，命令所有军队不准渡河。见徐梦莘:《三朝北盟会编》卷102，页2—3。李心传:《建炎以来系年要录》卷5，页12上。他不把即位的赦书发至河东、河北，准备派使臣向金求和，甚至不敢在即位的赦书中诋斥张邦昌等人，以免得罪金人。见徐梦莘:《三朝北盟会编》卷102，页7；卷108，页3—4。

③ 邓广铭:《南宋对金斗争中的几个问题》,《历史研究》1963年2期，页21。

④ 邓广铭:《南宋对金斗争中的几个问题》，页22。

⑤ 建炎元年七月，“剧贼如湖北阎仅、党忠、薛广、祝靖等皆入宿卫。河北丁顺、杨进等赴招抚司自效，余皆赴东京留守宗泽纳款，盗益衰止”。见徐松辑:《宋会要辑稿》,《兵》13之1。

⑥ 徐梦莘:《三朝北盟会编》卷108，页4—5。

⑦ 李心传:《建炎以来系年要录》卷14，页1下。

者”[1]纷纷被罢[2]，宋廷也迁都扬州，置河北、河东义军求援于不顾，仅靠东京留守宗泽苦心筹划、招抚和指挥，方得维系朝廷与义军的关系。

尽管形势不利，但宗泽留守汴京期间，义军招募与抗金行动仍然成就显著。这一方面与宗泽的行事为人关系密切。宗泽为元老重臣，公忠体国，素着威望，早在高宗任大元帅时，即出任副元帅，为朝野钦服。他又能以诚待人，赏罚分明，使各地武装力量乐于顺服。如王善聚众数万，号称河东巨寇，宗泽竟单骑赴善营，泪劝王善：“朝廷当危难之时，使有如公一二辈，岂复有敌患乎。今日乃汝立功之秋，不可失也。”[3]王善为其至诚所动，立即归附。其他如丁进、杨进、王贵及王再兴等群盗也都相继受抚，“陕西、京东西诸路人马咸愿听泽节制”[4]。宗泽先后集结大军，号称百万，实系其“威惠兼著，民心悦服”所致[5]。另一方面，宗泽维系义军有成，也是拜时势所赐。汴京是南宋对金作战的最前哨，这时主战派既已失势，主和君臣亟谋南幸，无暇顾及北方，更无人敢于接替宗泽职务，使其得以独任其事，少受朝廷牵制[6]。

---

① 脱脱等:《宋史》卷 24,《高宗本纪》, 页 449。
② 徐松辑:《宋会要辑稿》,《兵》2 之 58。
③ 脱脱等:《宋史》卷 360,《宗泽传》, 页 11279。
④ 同上注, 页 11280—11281。
⑤ 见徐梦莘:《三朝北盟会编》卷 117, 页 8 上—9 上, 引《林泉野记》。
⑥ 邓广铭:《南宋对金斗争中的几个问题》, 页 23。

宗泽以保乡御敌激励民心，使各地百姓一致对外。譬如杨进与王善，两人虽受招安，仍相斗不已，甚至各率千余人相战，经宗泽晓谕“为国之心固如是耶！当战阵立功时，胜负自见”[①]，两人乃惭愧而退。义军既有对金作战经验，对金兵较无畏惧之心，因此在宗泽经营期间，能对金兵形成心理威胁，屡传捷讯。如翟兴、翟进兄弟一再挫败金兵，终于收复洛阳。王彦的八字军以太行山为据点，横行河北。马扩在五马山奉信王榛为首，结集了数十万两河忠义。李彦仙复陕州，邵兴败金兵于解州。这一连串的军事胜利迫使金帅宗翰初攻洛阳后，即屯兵该地，“恐泽邀其后，故自据西京与泽相持，使汉上之寇无后顾之忧也”[②]。

宗泽苦心经营，以地方武力牵制金兵，使金无法达成覆宋之志。史称宗泽：

> 一呼，而河北义旅数十万众，若响之赴声，实由泽之忠忱义气有以风动之，抑斯民目睹君父之陷于涂淖，孰无愤激之心哉。使当其时，泽得勇往直前，无或龃龉牵制之，则反二帝，复旧都，特一指顾间耳。[③]

① 不著撰人:《宋史全文》(台北：台湾商务印书馆，1983) 卷16下，页14上。
② 徐梦莘:《三朝北盟会编》卷114，页5，引张汇《金虏节要》。脱脱等:《金史》卷74,《宗翰传》，页1697也记载“是时河东寇盗尚多”。
③ 脱脱等:《宋史》卷360,《论赞》，页11295。

可惜宗泽死后，由“喜功名、性残忍好杀，而短于谋略”的杜充继任东京留守，两河民心士气为之一挫。宋廷指示杜充“镇抚军民，尽瘁国事，以继前官之美；遵禀朝廷，深戒妄作，以正前官之失”①，他却视义军如盗贼。如张用已受招安，杜充却恐其难制，竟令部众围攻，引起王善等人不满，一齐叛离②。杜充的做法令义士寒心，《要录》指其“酷而无谋，士心不附，诸将多不安之，马扩、王彦既还朝，余稍稍引去”③，以致“泽在则盗可为兵，充守则兵皆为盗”④。

在杜充的打击下，宗泽辛苦团结的两河豪雄消失殆尽。一方面，义军内部开始产生结构性变化，原有的大团体也分化为许多独立的小群。如韩世忠在沭阳溃败后，其部众分化为由李彦先、辅逵、李在等人领导的小团体⑤。另一方面，义军形态也趋于繁复。部分意志坚定者如邵兴、翟兴兄弟及李彦仙等人，仍固守孤城或山水寨，在北方从事游击，牵制金兵。部分受杜充打击、就食困难的义军，如张用、马友、王善、李宏、郭仲威等人，沦为盗贼，骚扰江淮。还有一部分溃散的义军则被朝廷纳入正规军，如丁进余部分隶韩世忠及刘正彦军中，靳赛降

---

① 李心传:《建炎以来系年要录》卷16，页20下—21上。
② 李心传:《建炎以来系年要录》卷19，页4。又见徐梦莘:《三朝北盟会编》卷120，页3下—4下。
③ 李心传:《建炎以来系年要录》卷18，页7。
④ 不著撰人:《宋史全文》卷17，页8上，引《吕中大事记》。李心传:《建炎以来系年要录》卷16亦引《吕中大事记》，唯词句稍异。
⑤ 李心传:《建炎以来系年要录》卷19，页11下—12上。

于刘光世等。

义军分化也日益明显，昔日维系众团体一致对外的群体意识随之崩解，义军与官军、义军与义军之间关系渐趋疏远，常因些许小事争斗不已。如赵立与张荣、翟兴兄弟与杨进、刘位与赵琼、王惟忠与史康民、韩世忠与丁进，便经常发生冲突。诸多勃豀既降低了义军间安危相仗的力量，削弱了抗金实力，更影响了义军对南宋政府的向心力。然而，宋廷非但不思补益，反而多方打击。金人遂趁宋人自我削弱之机，各个击破，瓦解了北方义军。建炎二年（1128）七月，金兵乘马扩南下，攻破五马山诸寨，摧毁了北方义军拥戴信王、恢复故土的希望[①]。次年（1129）正月，金兵再克陕州，铲除了李彦仙等反金势力[②]，邵兴也被迫退军庐氏县。

虽然如此，建炎三年金兵南下后，义军的活动依然十分频繁，也立下不少战功。如邵兴连败金兵于陕州夏县、绛州曲沃县、潼关等地，进克虢州；牛皋曾败金人于宋村，擒其大将，李彦仙也曾一再击败进袭的金兵。这些牵制金兵的行动，配合义军之各自为战，分散了金的兵力，使金人无法达到亡宋的目标，反而遭遇不少挫败。建炎四年（1130）秋，金改变政策，

---

① 徐梦莘:《三朝北盟会编》卷117，页5。

② 李彦仙在陕州抗金的事迹及对金所造成的威胁，见洪迈:《容斋随笔》,《容斋五笔》卷6,《李彦仙守陕》，页5下—9下。又见脱脱等:《宋史》卷448,《李彦仙传》，页13209—13222。参见杨效曾:《艰苦抗金的民族英雄李彦仙》,《文史杂志》2卷1期（1942），页57—63。

“以和议佐攻战，以僭逆诱叛党”[①]，一方面扶持刘豫齐政权，以之对付南宋，进而专心稳定黄河南北；另一方面，秦桧逃归南宋则为宋金和议开了路。

三、皇陵之争：华北地方武力的政治认同

皇陵是中国帝制时代统治政权的核心象征，也是帝国威权及礼仪典章制度的主要体现。太祖赵匡胤肇建赵宋后，即追封其父赵弘殷为宣祖，并于乾德元年（963）将其陵墓由开封迁葬于巩县[②]，名为永安陵[③]，此后各代帝后均葬于此。真宗景德四年（1007），割巩县、偃师、缑氏、登封等地，建永安县专奉皇陵；徽宗政和三年（1113），升永安县为永安军。此地共安葬北宋七帝八陵，祔葬皇后二十二人，加上近千座皇室陪葬墓，形成庞大的陵墓群[④]。南宋赵彦卫在《云麓漫钞》一书中描述：“永安诸陵，皆东南地穹，西北地垂，东南有山，西北无山……七陵皆在嵩少之北，洛水之南，虽有冈阜，不甚高，互为形势。自永安县西坡上观，安、昌、熙三陵在平川，柏林如

① 宇文懋昭撰，崔文印校证:《大金国志校证》（北京：中华书局，1986）卷 7,《太宗本纪》，页 113。华山:《南宋初年的宋金陕西之战》,《历史教学》1955 年 6 月号，页 21。
② 脱脱等:《宋史》卷 1,《太祖本纪》，页 16；卷 122,《礼志》，页 2847。
③ 徐松辑:《宋会要辑稿》,《帝系》1 之 2。河南省文物考古研究所编:《北宋皇陵》（郑州：中州古籍出版社，1997），页 4。
④ 河南省文物考古研究所编:《北宋皇陵》，页 6。

织，万安山来朝，遥揖嵩少三陵，柏林相接，地平如掌。计一百一十三顷，方二十里云。”①

靖康元年（1126）十一月十八日，金军统帅粘罕（即宗翰）攻陷洛阳后，曾引导女真人窥看永安诸陵，并派人谒真宗、仁宗陵，却不谒太宗与神宗皇陵，并有焚毁之意，同时又禁止诸兵劫掠陵庙的器物②。靖康二年（1127）四月十三日，高宗赵构即位前也曾差遣御史一员，前往西京洛阳，探视祖宗陵寝③。皇陵为赵宋皇权承袭的重要象征，北宋沦亡后，南宋王朝等于舍弃祖宗陵墓，避居南方。与此同时，作为侵略者的金朝却敬谒宋室皇陵，其尊宋陵而收华北人心之意不言而喻。此后，南宋王朝、金朝与其附庸政权对宋皇陵的守护或破坏，在在象征了各政权统治能力的消长，同时也与洛阳各地方势力发展息息相关。

（一）平贼守陵：翟氏家族势力的兴起

两宋之际，洛阳一带武装集团纷起。金廷虽占领此区，但无法有效控制，高宗所代表的赵宋政权乃积极争取先后主宰河南地区的各地方武力，委之为守护皇陵的主要力量。这些武装

---

① 赵彦卫撰，杨家骆主编，刘雅震点校：《新校云麓漫钞》（台北：世界书局，1959）卷9，页123。

② 徐梦莘：《三朝北盟会编》卷63，页15下—16上。

③ 徐梦莘：《三朝北盟会编》卷93，页6下。

势力为数众多，但多属流动性部众，包括王再兴、闾勍、杨进等人；在地集团中，则以翟兴和翟进兄弟所领军者为要。

翟氏家族世居河南伊阳，祖父翟宗和父亲翟荣都是平民①。翟兴字公祥，少有勇名，熟知地形。当地盗贼王伸兴乱，兴、进应募击贼，翟进后因功补下班殿侍，累功充京西第一将，改河北第四将，曾随刘延庆与契丹战于幽州卢清河等地。靖康元年（1126）九月，金兵二次攻围汴京前，宋廷置四道都总管，召天下兵马勤王。诏中任命南阳人王襄为西道总管，据守河南②，并授予能拒金守陵者官职，翟兴遂以保护陵寝之功，补承信郎③。王襄虽奉诏率兵援京，但他只派遣翟进统领在城军马西进，自己弃河南遁走襄汉，导致洛阳陷落④。

当时陕西五路宣抚使范致虚以勤王兵次潼关，辟翟兴为京西北路兵马副钤辖、陕西宣抚司前军统制，由翟氏兄弟负起执行收复洛阳的任务⑤。十一月一日，宋臣高世由以泽州降金⑥，被

①《松滋簿尉翟高墓志铭》，见陈柏泉编著：《江西出土墓志选编》（南昌：江西教育出版社，1991），页171。
② 李心传：《建炎以来系年要录》卷1，页35。脱脱等：《宋史》卷23，《钦宗本纪》，页431。
③ 张道超等修，马九功等纂：《伊阳县志》（台北：成文出版社，1976）卷4，《人物》，页355。
④ 李心传：《建炎以来系年要录》卷1，页35下。脱脱等：《宋史》卷23，《钦宗本纪》，页432。
⑤ 脱脱等：《宋史》卷452，《翟兴传》，页13300—13301。李心传：《建炎以来系年要录》卷3，页20下。
⑥ 徐梦莘：《三朝北盟会编》卷61，页4上。

金廷任命为西京留守[①]，翟氏兄弟乃召集乡兵七百人，兼程至洛阳，于靖康二年（1127）三月十九日，擒世由等斩之[②]，再捷于伊阳。孙昭远由京城至洛阳，宋廷任之为西京留守及西道都总管，以翟进戍渑池界，便宜授武功大夫、合门宣赞舍人[③]。

建炎元年（1127）五月丁酉，宋廷诏令京西统制官翟兴团结义兵，保护祖宗陵寝[④]。建炎元年十二月癸亥，金帅宗翰自河阳攻河南，西京留守孙昭远知城危，命其亲信王仔奉启运宫神御，间道赴行在，翟进率军民上山保险[⑤]。翟进扼守清河白磊，金兵不能渡，后转由九鼎渡河，背攻南城，洛阳陷落，西京留守孙昭远无力调动兵员，引余兵南去。翟进率军民千人保守伊阳山寨[⑥]，相继擒杀盗贼，击退金兵。

建炎二年（1128）三月，宋廷命韩世忠率所部万人赴西京。金将闻报，焚西京而去，翟进率众自山寨复攻入洛阳，其子亮战死。东京留守宗泽呈报，宋廷命进为合门宣赞舍人、知河南

① 徐梦莘:《三朝北盟会编》卷 63，页 15 下。
② 李心传:《建炎以来系年要录》卷 3，页 21 上。脱脱等:《宋史》卷 452,《忠义列传》，页 13301—13303。确庵、耐庵编，崔文印笺证:《靖康稗史笺证》（北京：中华书局，1988），《靖康稗史》之四，《南征录汇笺证》页 168 作“高世则”，误。
③ 脱脱等:《宋史》卷 452,《翟进传》，页 13303。
④ 李心传:《建炎以来系年要录》卷 5，页 14 下—15 上。徐梦莘:《三朝北盟会编》卷 103，页 4 下—5 下。
⑤ 李心传:《建炎以来系年要录》卷 11，页 4。
⑥ 李心传:《建炎以来系年要录》卷 11，页 4。此山寨在伊阳城南三里瑞云山腰，见张道超等修，马九功等纂:《伊阳县志》卷 1,《地理》，页 131。

府、充京西北路安抚制置使[①]。四月，翟进袭击洛阳失利，东京留守宗泽奏以保宁军承宣使、主管侍卫步军司公事閭勍为保护陵寝使[②]。五月，金人分道渡河，宋廷诏韩世忠、閭勍率众迎敌，宗泽命东京留守司统制官杨进赴援[③]。宗泽建议派遣归附朝廷的王再兴率兵，由郑州直接到洛阳护西京陵寝[④]。次月，韩世忠至洛阳，与翟进及孟世宁会师；进等与金战失利，退出洛阳。

同年七月一日，宗泽病死，宋廷命杜充接任东京留守，然杜充尽反宗泽做法，以致地方势力离心，纷乱再起。由于事势丕变，閭勍、王再兴未能顺利赴洛阳维护陵寝安全。原归附宗泽的荣州防御使知河南府杨进[⑤]，号“没角牛”，因不满杜充领导，率数万人叛变，残害汝洛间，杀翟进，据守鸣皋山[⑥]。翟兴收余兵保守伊阳山寨，宋廷赠进为左武大夫、忠州刺史，官其后五人[⑦]。此后，杨进成为洛阳民间武装团体的统领者。宋廷为制衡杨进势力，命翟兴为京西北路安抚制置使兼京西北路招讨使，兼知河南府，协调洛阳地区各地方武力，成为河南地区护宋的最高长官。

---

① 李心传:《建炎以来系年要录》卷14，页13下—14上。脱脱等:《宋史》卷452，《翟进传》，页13303。

② 李心传:《建炎以来系年要录》卷15，页8上

③ 同上注，页22上。

④ 同上注，页22下

⑤ 李心传:《建炎以来系年要录》卷16，页18上。

⑥ 李心传:《建炎以来系年要录》卷18，页7。

⑦ 李心传:《建炎以来系年要录》卷18，页7下。脱脱等:《宋史》卷452，《翟兴传》，页13303。

建炎三年（1129）三月，明受之变事发，苗傅、刘正彦二将为笼络边将，稳定政局，乃将京西北路安抚使知河南府兼控扼河阳的杨进升为汝州观察使，专一保护陵寝[①]。兴与其子琮遂率乡兵出扰杨进[②]，五月杀之，收复洛阳，并亲率将吏至永安军朝谒陵寝，"军士皆掩泣"[③]。这是两年来翟兴再次祭扫皇陵，宋廷为此特派遣枢密院准备差遣程宝"赍御封香，间道往京西诸陵祭告"[④]。翟氏父子后又招抚义军领袖李兴、王俊等人，当地盗贼相继平息，京畿一带再获安宁，且重新遥奉赵宋王命。对在江南地区屡战屡退的宋文武官员而言，翟兴等人在敌后拒险守御的情形是一大激励。宋臣周望对高宗说："臣观翟兴、李彦仙辈，以溃卒群盗，犹能与金兵对垒，拒守陕洛。臣等备位宰执，若不能死战以守，异日何颜见彦仙辈。"[⑤]不过到了建炎四年（1103）二月丁亥，金人陷开封，任命王夔为留守，四京又相继沦陷，翟兴避守伊阳山寨，处境艰辛，但仍奋力苦守[⑥]。

同年五月，宋相范宗尹建言，"今日救弊之道，当稍复藩镇之法……且裂河南江北数十州为之，少与之地，而专付以

---

① 李心传:《建炎以来系年要录》卷 21，页 21 下。
② 李心传:《建炎以来系年要录》卷 19，页 1。
③ 李心传:《建炎以来系年要录》卷 23，页 14 上。
④ 李心传:《建炎以来系年要录》卷 35，页 10。
⑤ 李心传:《建炎以来系年要录》卷 27，页 6。
⑥ 李心传:《建炎以来系年要录》卷 31，页 22 上—23 上。脱脱等:《宋史》卷 452，《翟兴传》，页 13301。

权，择人久任，以屏王室”[1]，获得高宗认可。于是，宋廷仿唐藩镇之制，在京畿、淮南、湖北、京东西等地设置镇抚使，“有民有社，得专制于境中，足食足兵，听专征于阃外，若转移其财用，与废置其属僚，理或应闻，事无待报，惟龙光之所被，既并享于终身，苟功烈之克彰，当永传于后裔”[2]。宋廷从此承认地方武力的合法地位，任命他们为号令一方的官员，作为救亡图存之策。翟兴被任命为河南孟、汝、唐州镇抚使，兼知河南府[3]，是宋廷任命的第一批镇抚使，也成为宋廷在洛阳地区任命的最高军政大员。

这时河东、河北虽为金所陷，但金人并不能有效统治，当地土豪仍聚众保险，拥有主导力量。翟兴遣蜡密结约之，于是向密、王简、王英等数十寨都愿听从翟兴的节制。八月，宋廷乃命兴为节制应援河东北军马使，与节制河东路的王择仁共同策动恢复事宜，河东忠义领袖卢师迪、韩进也都渡河与兴计事[4]，于是汾、泽、潞、怀、卫的山寨首领纷纷应命[5]。当时，金人派兵侵犯陵寝，翟兴父子及统领官赵林率兵自河阳南城，至巩县永安军邀击之，屡战皆胜[6]；不过，金兵进犯仍为洛阳地区

① 李心传:《建炎以来系年要录》卷 33，页 2 下。
② 同上注，页 18。
③ 同上注，页 20 上。
④ 李心传:《建炎以来系年要录》卷 36，页 14、16 下—17 上。
⑤ 脱脱等:《宋史》卷 452,《翟兴传》，页 13301。
⑥ 李心传:《建炎以来系年要录》卷 36，页 23 上。

附宋势力带来极大压力。

十月，其子翟琮率部将李兴渡河败金人，复阳城县，乘胜取绛州之曲垣，降附横山义士史准，进至米粮川①。翟兴父子领导的武装力量在河东、河北地区势力不断扩大，效忠宋廷的声势高涨，成了金廷，尤其是新成立的刘齐政权的一个威胁。翟兴在洛阳地区组织民间武力艰辛抗金，引起江南文臣的注意。宋臣汪藻在上"驭将三说"时，呼吁宋廷效法翟兴的做法，提出"日者翟兴在西洛，什伍其民，为农为兵，不数年，雄视一方。彼起于卒徒，犹能屹然自立于敌巢之中，而不可犯，矧吾以东南二百郡，欲强兵御敌，而不能为兴所为乎？"②

此时的翟兴俨然成为洛阳地区效忠宋廷的典范。他除了祭扫皇陵，更维护以高宗为首的赵宋政权，对当时不时出现的僭越称制之人予以制裁。如绍兴元年（1131）四月，邓州人杨某率千余人在河北伪称信王，兴即命将领延致之，并厚其供馈。九月，杨某自称钦宗，翟兴即遣都统制董先追杀之③，并派遣干办公事任直清率领契丹降人到临安面见高宗。高宗听了西京洛阳与陵寝情况，"欷歔久之"，由此亦可知在伊阳山寨饷道断绝、粮食不继的情况下，翟兴护卫陵寝的任务实在难以为继。了解

① 李心传:《建炎以来系年要录》卷38，页20下—21上。脱脱等:《宋史》卷452，《翟兴传》，页13301。
② 李心传:《建炎以来系年要录》卷42，页16上。
③ 李心传:《建炎以来系年要录》卷43，页24下—25上。脱脱等:《宋史》卷452，《翟兴传》，页13302。

翟兴杀伪王、祭扫皇陵的效忠之忱，以及守寨抗金的艰危情况，高宗除了进封翟兴三官，为武功大夫、忠州团练使，更赐他所率部队为“忠护军”，以嘉许他对宋廷的忠勤[①]，并命翟兴兼营田使，让他直接号命军民在河南营田，以减轻战乱的破坏[②]。

刘豫建立政权后，金廷为了齐的政局稳定，一方面以各种方式招降各地武装力量，一方面以万骑犯河南，对地方武力造成威胁。此时，宋廷并无法有效统领京西、淮北地区，各地民间自卫武力为了自存，彼此不免为争夺生存资源而争斗。金与刘豫一面攻击各方自卫武力，一面招降纳叛，董先等人相继迎降，伪齐政权势力渐盛[③]。绍兴元年（1131）冬，刘豫谋迁都开封，当时金也将陕西之地归其管辖，但以翟兴屯守伊阳山寨，阻断刘豫与陕西之联络，还劳金兵设官屯众，防他成为心腹大患，并派人以王爵之位相招，兴不从。豫无计可施，乃于绍兴二年（1132）三月暗中派人以厚利诱使翟兴部将杨伟，计杀翟兴，携其首级投奔刘豫。翟兴死时年六十，宋廷赠兴为保信军节度使[④]。

翟琮收拾翟兴余众，虽退保伊阳山寨，仍想重振父亲声势，宋廷任之为河南孟、汝、唐州镇抚使兼知河南府[⑤]。他分兵收复西京、潼关等地，击杀降附刘豫的孟邦雄，并派遣干办

---

① 李心传:《建炎以来系年要录》卷47，页5、19下。

② 李心传:《建炎以来系年要录》卷48，页14下。

③ 李心传:《建炎以来系年要录》卷51，页30下。

④ 李心传:《建炎以来系年要录》卷52，页11下—12上。

⑤ 李心传:《建炎以来系年要录》卷56，页6下。

公事雷震至临安奏事。宋廷派遣枢密院计议官任直清至襄阳、商、虢、河南诸地抚谕，赐河南镇抚司黄金百两，作为祭告诸陵之费[①]。不过，翟琮收复洛阳是与李横北伐一齐发动的，由于部众涣散，战斗力不足，很快就败退下来，梁卫之地再度沦陷。翟琮屯守伊阳的凤牛山，无法立足。琮感于道路堵塞，缓急救援不易，乃请求隶兵于宣抚处置使张浚[②]。

在孤立乏援的情况下，势难再守，翟琮最后率部突围赴襄阳，转到江西南昌，依附赵鼎。翟琮南归时，也奉诸陵帝后的牌位同行，宋廷命将诸帝后神牌送到临安。翟琮与所部百余奉诏到临安，高宗闻其贫，赐以银百两、帛百匹，并任命他为江南东路兵马钤辖、宣州驻扎[③]。翟琮南归时显然是举族南迁的，包括他的亲弟翟琳和堂兄弟翟襄、翟高等，同到江南，后代定居江西[④]。

（二）降齐盗陵：孟邦雄势力的崛起与转变

孟邦雄字彦国，洛阳永安县人，是宋金战乱中在洛阳地区崛起另一地方豪强。孟氏世代以农为业，曾祖孟顺，祖孟晏，父亲孟恩，均不仕。邦雄出身平民之家，自幼刚介不群，为人强鸷，善骑射，以气闻于乡里，喜兵略，知晓兵法大义，是

---

① 李心传:《建炎以来系年要录》卷65，页4。
② 李心传:《建炎以来系年要录》卷52，页11下—12下。脱脱等:《宋史》卷452，《翟兴传》，页13302。
③ 李心传:《建炎以来系年要录》卷75，页17上。
④《松滋簿尉翟高墓志铭》，见陈柏泉编著:《江西出土墓志选编》，页171—174。

性格豪迈、知兵能武的人物。在宋代以读书入仕为主的承平时期，如孟邦雄者顶多只是地方豪横之士，难以在仕途上有所发展。然而，金兵南侵，酿成靖康之乱，社会秩序解体，黄淮地区相继出现了保乡卫土的民间自卫武力，各据一方，相互争雄的局面。邦雄就在这个乱局中，招集亡命，得众万人，号称义师，保全一方，成为社会的稳定力量。

初，西京城留守孙昭远[①]嘉许孟邦雄忠义，希望他能维护皇陵安全，便宜借补进义校尉兼差权永安县尉，其后相继任命其为权知永安军事，京西、河北、河东路招捉使，河南府西六县都巡检等职。邦雄为永安豪杰，当翟进兄弟被任命守护宋皇陵，邦雄成为直接肩负守陵寝的将领。因此，当明受之变，杨进被任命为京西北路安抚使以保护陵寝时，便图谋改派邦雄知汝州宝丰县，以远离守陵之责。及翟兴杀杨进，收复洛阳，率将士朝谒皇陵，乃于四年正月迁邦雄为武功大夫、荣州刺史，仍差权知河阳南城兼管内安抚使，旋差充京城留守司同签书判官厅公事，兼主管侍卫步军司；相继迁翊卫大夫、中亮大夫、改忠州防御使。

孟邦雄所获的官职，显然都是翟兴任河南孟、汝、唐州镇抚使之后便宜授任的。邦雄仕途发展顺利，与他拥有的武装实力关系密切。由于这时赵宋政权避守江南，退避求和犹不可得，并无实力稳定长江以北任何地区的安全。洛阳地区的情势

① 墓志作京城留守使司，当指西京留守孙昭远，而非东京留守宗泽。

更为危急，全靠效忠宋廷的各个地方势力凝聚苦撑。翟兴虽然是当地最有实力的地方领袖，而且被宋廷任命为当地最高长官，负责稳住洛阳一带的防卫力量及皇陵的安全，但翟兴能真正统辖的地区相当有限，因此借着一连串的任命与升迁，拉拢负责维护赵宋皇陵的第一线人物孟邦雄。

建炎四年（1130）七月丁卯，金正式册封刘豫为大齐皇帝[①]，在大名建立政权，孟邦雄一生的事业也开始出现极大转折。为了稳固政局，刘豫积极招纳各方豪杰势力。孟邦雄观察时势，决定弃翟兴和宋廷而改投刘豫。墓志说他以“中亮大夫、忠州防御使权知河南府兼西京留守管内安抚、马步军总管司公事，兼管内劝农使”的身份，归顺刘豫，而被封为中侍大夫。此说当非事实，孟邦雄是归顺后才获该职，用意是在名义上完全取代翟兴在洛阳地区的地位。邦雄归顺后，极力展现对齐政权的忠诚，墓志作者引述他的话“大丈夫事主，当一心建功立名期不朽，岂可乍服乍叛，以速夷灭哉”。

孟邦雄效忠新王朝的积极表现之一，是协助刘豫铲除阻碍齐统治的地方势力。《墓志》记其“厉志竭忠，乘机奋发，劝督将士，协力赴功，竟致渠魁，破荡巢穴，厥绩显著”，铲除的对象正是效忠宋廷的翟兴；惟此记载明显夸大邦雄的功绩，与事实不符。《墓志》又言此后“西至关中，南至汉上，凡兵

① 李心传:《建炎以来系年要录》卷35，页13。

火隔绝旷日，人迹不通之地，一旦水陆舟车，田野耒耜，贾游于市，商通于路，朝廷得以车书陇右，开拓巴蜀，皆公之力也”。以当时金、齐的情势及翟兴的活动看来，翟兴势力对刘豫政权的威胁和影响是相当巨大的，这也是刘豫要收买翟兴的部下杨伟杀害翟兴的重要原因。不过，从后来刘豫能稳定河南地区社会秩序的情况看来，邦雄显然也有功劳，因此不仅升为徐州观察使，并获刘豫赐予金带，以示光宠。绍兴二年（1132）六月，刘豫更宣邦雄到开封，特授“依前中侍大夫、徐州观察使知河南军府事兼西京留守、河南府路安抚使、马步军总管兼管内劝农使”，赋予正使封号，以增重其统帅权，这是邦雄权势最盛的时候。

孟邦雄效忠刘豫的另一表现，也是他一生中的大事，是盗掘永安陵。刘豫建立政权并掌控洛阳地区之后，宋皇陵相继遭到开掘。当宋室南迁之后，汴京、洛阳一带墓坟被盗相当严重，当时已有洛阳士兵卖玉注碗给刘齐三路都统之事。刘豫疑非民间之物，勘鞫之，知得于山陵中，遂以刘从善为河南淘沙官，发山陵及金人发不尽棺中水银等物，以谷俊为汴京淘沙官，发民间埋窖及无主坟墓中物①。刘豫齐政权建立后，更对北宋皇陵进行大规模盗掘②。实际为刘豫执行挖掘宋皇陵任务的，则是降

① 宇文懋昭撰，崔文印校证：《大金国志校正》卷31，《齐国刘豫录》，页436。
② 河南省文物考古研究所编：《北宋皇陵》，页20。

归刘豫的永安豪强孟邦雄。

盗掘宋皇陵却也为孟邦雄招来杀身之祸。孟邦雄为向齐政权输诚，盗掘宋陵，对效忠宋廷且长期守陵寝的翟氏势力而言，自是一大刺激，翟琮“愤不能平，思出奇以擒之”[①]。由于乏粮，当时宋襄阳镇抚使李横以恢复为名，引兵北上，败齐军于扬石店，收复汝州。原先降齐的董先亦与知虢州董震及翟琮相互呼应，声势颇壮。与此同时，据守洛阳的孟邦雄与总管樊彦直派兵攻长水，为宋将张玘所败。翟琮与董震遂发动山寨部众，入潼关，抵洛阳，攻围城邑，拟擒杀孟邦雄[②]。事出突然，援兵未集，邦雄方醉卧就被张玘所擒[③]，而为董先所杀，享年四十六岁。其父孟恩及其子孟安世等一千多人同日遇害，战马二百多匹亦被夺，后归葬于永安军芝田苏村之阳[④]。刘豫为褒奖他的忠心，赠为通侍大夫，赐钱千缗等，并差诸县夫役百人以助葬，允许其弟孟邦杰不妨本职，以领葬事。邦雄的墓志后来被当地人掘井时发现，才得重见[⑤]。后来邦杰又降宋，约在绍兴八年（1138）曾执杀金知永安军双虔[⑥]。

不过，宋诸陵被掘并未因为孟邦雄被杀、刘豫被废而终

① 李心传:《建炎以来系年要录》卷61，页18下。
② 徐松辑:《宋会要辑稿》,《兵》14之24。
③ 脱脱等:《宋史》卷453,《张玘传》，页13328。
④ 刘莲青、张仲友等纂修:《巩县志》(台北：成文出版社，1968）卷20,《丛载》，页21上。
⑤ 刘莲青、张仲友等纂修:《巩县志》卷17,《金石》，页42下。
⑥ 脱脱等:《金史》卷90,《张九思传》，页2004。

止，反而越演越烈。绍兴九年（1139），郑刚中赴西安途中经巩县，目睹仁宗与英宗陵园的景况，“昭陵（仁宗陵）因平冈、种柏成道，道旁不坦，而周以枳橘。陵四面阙角，楼观虽存，颠毁亦半……又号下宫者，乃酌献之地，今无屋，而遗基历历可问。余陵规模皆如此。永厚陵（英宗陵）下宫为火焚，林木枯立”[①]。韩淲亦曾记绍兴十八年（1148）哲宗永泰陵被掘惨状，“绍兴戊辰，太常少卿方庭硕使金，展陵寝，先是诸陵皆遭发，哲宗至暴骨，庭硕解衣裹之，惟昭陵如故”[②]。从这些记录可以看到，翟氏家族守护宋皇陵的艰苦及皇陵在金朝统治下的遭遇。

孟邦雄助刘齐盗宋陵之事，《建炎以来系年要录》《中兴小纪》《大金国志》等南宋重要史籍均有记载[③]，但不见于孟邦雄墓志之中，当然是撰志者为墓主隐晦之举。孟邦雄遵循刘豫命令，发掘西京冢墓，是效忠新政权的具体表现，但同时也是对旧王朝的不忠不义之举，难谓之为光明磊落，不便载入表彰个人事迹的墓志之中。不过，孟邦雄既选择归附新政权，效忠新对象，对待新旧政权乃至同僚，认同自然有所转变。

撰写孟邦雄墓志铭的李杲卿曾任刘豫政权的朝奉大夫，他

---

① 郑刚中撰，郑良嗣编：《北山集》（台北：台湾商务印书馆，1983）卷13，《西征道里记》，页13下—14上。

② 韩淲：《涧泉日记》（台北：台湾商务印书馆，1983）卷上，页6下。

③ 李心传：《建炎以来系年要录》卷61，页18下。熊克：《中兴小纪》（福州：福建人民出版社，1985）卷13，页172。宇文懋昭撰，崔文印校证：《大金国志校证》卷8，《太宗本纪》，页125。

从特定立场去描述墓主戏剧性的遭遇及面对政权转移的方式，有别于同时期其他墓志的记载与评述。墓志批评孟邦雄的昔日长官翟兴，“阻兵负险，隔绝道路，跳梁不轨，残忍尤甚”，说宋官李横等人是“西贼叛逆，顺、商、虢三州相继变乱”，用词充满贬抑，但对邦雄在宋朝的仕历简略带过，对赵宋旧王朝无只字批评，甚至由守陵者变成盗掘者一事也只字未及，为死者讳并与旧政权划清界限的企图相当明显。

反之，由于孟邦雄是由宋投齐又为新政权牺牲的少数大将，因此墓志极力称颂他为齐政权缔造的战功，褒扬他的忠诚与死节，强调孟氏父子家族被杀是“三世忠孝，萃于一门，舍生取义，不失全节，方之古人，殆无愧也”，并认为与一般将领“心挟二三，幸胜则要功，力屈则降敌……安能死节王事，愿死马革中以报国家哉”相比，邦雄则是“卒死忠义，并驱古人，非天赋英烈，未易如是也”[①]。从这块墓志铭和孟邦雄从宋投齐、由守陵至盗掘陵、戏剧又多变的一生，看到政局变动不仅影响个人政治抉择，也涉及对政权认同与忠诚问题的诠释，这是一个值得探讨的课题。

四、结语

洛阳是宋王朝的西京，也是皇陵所在，对赵宋政权而言，

---

① 黄宽重:《南宋时代抗金的义军》。

具有统治上的重要意义。靖康之乱以后，这个具有政治象征的地区，既非宋廷所能掌控，也不尽属新兴金政权统辖，而是在战乱局势中由几个各自的地方势力把持。这些地方武力的领导者，都是在乱世中以武力保护乡里而崛起的豪杰之士，像翟兴、翟进兄弟与孟邦雄等人，原是大宋子民，在世局混乱中，以护卫乡土，拥护宋王朝而被任命为官员。他们虽因实力大小担任不同等级的官员，彼此之间其实没有上下级隶属关系，而是在宋金政治版图的真空地区，各自以实力填补版图的空缺，树起拥宋的旗帜，成为宋王朝遥远的领土，彼此的联系是松散的。由于翟氏家族和孟氏家族同时是宋皇陵的守护者，对宋政权更具政治意义，因而受到宋廷的优宠更多。

但是，这些沦陷地区随时会受到内外因素的冲击。这些因素包括：南迁宋廷中主和派的掣肘，义军领导中心的自我削弱，义军内部的分化，以及金、齐政权压缩生存空间和招纳策略，这一切使得义军的生存处境变得分外艰难。当宋室南迁且自顾不暇时，孤悬在外的地方武力，面对新旧王朝的更替，生存与发展的挑战就更为直接与敏感，对旧王朝与新政权的顾念和忠诚问题就变得更为现实。当金王朝倚靠刘豫建立的齐政权来稳固华北政局时，刘齐政权便以更大的名位和利益招纳、吸引各方豪杰，直接与宋廷争取地方势力的支持，这也会让地方势力面临效忠遥不可及的宋王朝还是对新政权输诚的新抉择。这既是地方势力生存的迫切问题，也是理想和现实的冲突。在这种权力争衡之际，洛阳地区出现了仍效忠宋朝的翟氏势力与效命刘豫的孟邦雄势力的对峙与厮杀。伴随着皇陵的守护与掘毁，两股势力带着恩怨情仇交互攻伐，最后两败俱伤。

从两宋之际翟氏与孟氏势力在洛阳地区的发展与变化看来，地方势力固然崛起于新旧政权交替的变局之中，他们所处的环境和面对生存发展的现实情况以及为维护自身的利益所做的抉择，和一般人熟知或宋人强调的春秋大义、民族意识或忠君观念的道德价值观，存在着很大的差距，而且并非孤立存在或个案。在当时，不乏游移于宋金乃至宋金齐之间的个人或地方势力，像许多被宋人尊为“义军”“归正人”的依违叛附，都是活生生的例子。事实上，身处沦陷区的当地人士对生存的关切胜于一切，所谓国家认同和忠君观念，都是他们在面临生存竞争的现实压力下，为生存而坚持的理由。由此，地方势力对政权的选择，对国家认同的诠释，反映其对自身存在的考虑。从撰写孟邦雄墓志的作者对“忠”的解释和回避记载盗掘皇陵，可以看到“认同”“生存”的意义。

第五章

四明风骚

宋元时期四明士族的衰替

唐代以降，科举成为国家拔擢人才的重要途径。此制不仅加强了皇帝权威，改变了中古门第社会的传统，更是个人与家族荣衰的关键指标；与之相关的教育、经济、婚姻、人际网络等因素也连带影响着个人与家族的兴替。到宋代，科举擢才更为公开而竞争激烈，不论个人或家族，均难如中古时代常保繁盛。已崛起的家族为维持原有优势，除了积极经营产业、教育子弟，更借由参与地方公益、慈善活动，以维系地方声望；即便如此，面对科举社会的现实环境，家道仍受经济环境、人际关系等变化所左右。谚语“富不过三代”反映的家道陵夷之易与各家族为维系家业荣景极力塑造有利发展条件的努力，相互交织在自唐迄今的历史中，成为一千多年来中国社会的写照[①]。

士人家族兴衰与地方社会发展息息相关，然其发展是地

① 拙著对此议题已有阐述，此处不再赘论。见黄宽重:《宋代的家族与社会》(台北:东大图书公司，2006)，页251—270。

方家族间彼此互动的结果，而非单一家族的表现。士人家族内部的流动情况不仅是理解社会流动的关键，也是探讨地方社会权力组成及其如何影响地方发展的重要线索。本章立基于既有的家族研究基础，尝试从"衰替"的角度，探讨长时期地区士族之间的关系与变化，掌握四明地区士人家族间的互动及其对个别家族和地域的影响。以此观点切入，既可由反面凸显维持家族荣景的关键因素，同时也显示家族的实际发展结果。实际检视士人家族衰替过程，更有助厘清以统计数字呈现"社会流动"所无法说明的精英阶层内部流动情况及个案与整体描述间的差异与断裂[①]。

除了家族成员的仕途表现与对地方事务的参与，士族荣枯尚取决于成员兴趣、家风、家族内外人际关系，以及国内外政治情势等因素的变化。四明士族长期在南宋政局中扮演举足轻重的角色，与朝政关系特别紧密。如果将这些家族与地域社会放在历史发展脉络中去理解，更能将家族兴衰、精英阶层内部流动与地方社会结构三者间的变化密切结合，同时也有助理解

① 过去讨论宋代家族发展，或着眼于科举所带动的社会流动，或讨论各家族如何通过发展策略，巩固其社会力量，延续精英地位。然而，以统计数字呈现的社会流动，因学界对何谓精英阶层莫衷一是，连带对宋代的社会流动也难有定论。即使如 Robert Hymes 在其著作中，以宽泛定义讨论精英阶层的延续性，也仅能说明相对于科举"朝为田舍郎，暮登天子堂"式的剧烈提升，通过精英阶层的上升过程则是较为曲折、缓慢的流动，修正过去认为科举造成社会阶层快速流动的印象。见 Thomas Hong-Chi Lee, "Book Review: *Statesmen and Gentlemen: The Elite of Fu-chou, Chiang-hsi in Northern and Southern Sung* by Robert Hymes," *Journal of the American Oriental Society*, Vol. 109, No. 3 (1989), pp. 494-497.

国家政治局势与家族荣枯、地域社会发展之间的联动关系，更能借以呈现南宋中晚期的整体历史面貌。

一、四明士族的兴起与文化形塑

宋代四明家族中，名望甚盛的大家族包括史家、楼家、两袁家、汪家、高家和舒家等六七个家族，这方面的研究，包括本人、戴仁柱（Richard L. Davis）、石田肇、包伟民、伊原弘、万安玲（Linda A. Walton）等人的论文，都有探讨。综合这些研究，可以对南宋四明家族的崛起，归纳出几个较具一致性的看法，而这些看法和宋代其他地区士人家族崛兴的现象相当一致：科举考试，不仅是改变个人命运的起点，也是一个家族崛起的关键，它磁石般地吸引着有意改变命运的家族迈向科举。

教育是通往科举考试的必要途径，但需要庞大经费及长期投入。因此，从家族的发展策略而言，一个家族经过几代人的努力经营，达到小康之境以后，多经由安排，让家中一两名聪慧子弟到家塾、私塾、书院，乃至州县官学接受教育。从地域社会的角度而言，这些教育的场域，让乡里或族中年龄相近的幼童，因学习而建立了深厚的乡党同学情谊，一旦成为进士，这些曾经共学的士人很容易因同窗兼乡谊关系形成集体力量，在仕途上互为奥援。而这种个人之间的结合，不仅有助于个别家族的发展，也促进了地方集体的兴盛。就四明而言，家族兴起的同时，也是地方兴起的过程。例如北宋中期，楼郁在四明所教的学生舒亶、袁毂、罗适、丰稷等人，共同为四明士人打开了迈向政治发展的途径。南宋四明士子之间的关系更为明显，如汪大猷与史浩是同乡、同学，又是同科进士，关系十分密切。楼钥说："(汪大猷)其在朝行，史文惠公(史浩)有同年之好，钱公(钱端礼)知奖最深，魏成公(魏杞)少小相处如兄弟，蒋丞相(蒋芾)同为宫僚，王侍御伯庠实为姻家，前后同时。"[①]这种同乡之谊，表现出来的是提携后进，或在政坛上互相扶持、支持。史浩辞官时，向孝宗推荐了袁燮、杨简等四明士人。全祖望称赞史浩"吾乡史氏，一门五宰执，忠定虽以阻恢复事，为梅溪所纠，然其立朝能力荐贤者。乾淳而后，朱、陆、陈、吕、杨、舒诸公，皆为所罗，而使诸子与杨、舒诸公游，尤可敬"[②]。此外，汪大猷推荐过钱象祖、史弥大、潘畤、沈铢、郑锷等五位四明同乡[③]，楼钥也向宁宗荐举杨简、高似孙、冯端方、楼昉[④]，这是四明士人在宁宗朝形成群体力量，影响朝政，而被视为当时最具实力之地域的主要因素。

① 楼钥:《攻媿集》(台北：台湾商务印书馆，1979)卷88,《敷文阁学士宣奉大夫致仕赠特进汪公行状》，页18下。
② 全祖望:《鲒埼亭集》(台北：华世出版社，1977),《鲒埼亭集外编》卷28,《跋宋史史浩传后》，页1054。
③ 楼钥:《攻媿集》卷88,《敷文阁学士宣奉大夫致仕赠特进汪公行状》，页22上。
④ 楼钥:《攻媿集》卷31,《举杨简刘仲光状》《除给事中举高似孙自代状》《除显谟阁直学士举冯端方自代状》《举冯端方江畴楼昉状》，页2、3下—4下。

为了稳固家族基业，成为进士的士人一边以自己经历举业的经验培育子弟，一边经营产业，厚植经济实力，甚至成立家族义庄，以维持竞争优势，经由任职、历官，建立多元的人际关系，并借由婚姻的缔结，铺展更坚实的人际网络。经过一两代人的努力，幸运者便能开创个人的政治高峰，同时让家族成为地方名门。此后，由于荫补的保障和婚姻、人际关系的扩展，家族发展趋于稳定，如此一来则能对新兴的挑战者保持一定的竞争优势。这些家族在地方上既已累积了丰沛的人脉与社会资源，自然成为当地实至名归的名门望族[①]。而从地域社会的角度，这些名门望族正是影响地方社会发展的主要骨架。

个别士人或家族的崛起，固然需要靠个人的努力与际遇，但要维持竞争优势，更需要与各方合作，援引各种资源，才能成功。因此，参与乡里的文化与公益活动，乃至慈善救济事务，都是培养个人及家族声望的重要手段，而乡里公共活动的推动，则让各个家族的经营策略由重视自身发展走向与邻里共谋发展，也因此形成了具有在地特色的地域文化。

在追求个人事业发展的同时，宋代士人也活跃于乡里社会。这一点从邓小南教授讨论宋代苏州士人家族交游圈的论文，及本人研究有关四明、江西的家族个案中，都可以看

---

① 黄宽重:《宋代的家族与社会》，页251—256。

出[①]。在南宋，由于对金和战及政治路线经常变动，进士录取人数多而官僚员额有限，使得官员留在乡里待阙或辞官归乡者增多，高官也多因政见不同而难以久任高位，提早告老返乡。四明人中，高闶、史浩、汪思温、汪大猷、楼钥等人都是长期居乡。他们乡居期间，不免有因私而干预地方事务的情况。如史弥正奉祠就养后，仍介入明州事务，以致宋廷在制书中谴责史弥正“尔奉祠就养，宜无预于公府。知笃葭莩之好，而忘瓜李之嫌”，罢其祠宫之官[②]，以及钱端礼与民争产事。不过，更多的乡居者通过个人乃至家族间的合作，推动了具有特色的文化与社会活动。如史浩在淳熙八年（1181）告老返乡之后，曾延致沈焕居竹洲，杨简讲学于碧沚，袁燮、舒璘和吕祖俭等人也一齐带动讲学辩论之风，让四明成为南宋教育学术活动中心之一。史浩、汪大猷则先后推动以怡情游赏、赋诗唱和为主的诗社，如五老会、八老会，乃至真率之集等。他们通过联谊，关怀推动乡里文化活动，复兴以尊老序齿、团结士人及建立集体意识为目的的乡饮酒礼。元人程端礼说：“乡饮酒礼……废坠之久，在宋淳化间，四明独能行之，朝廷取布之天下。绍兴以后，贤守济相继，订礼益精，且立恒产，以供经费。风俗

① 邓小南:《北宋苏州的士人家族交游圈——以朱长文之交游为核心的考察》，页463—466。黄宽重:《宋代的家族与社会》。

② 楼钥:《攻媿集》卷34,《直敷文阁史弥正为高夔奏厉雄公事落职罢宫观》，页20下。

之美、文献之盛，遂甲他郡。”[①]这些活动能行之长远，固然需要地方长官的支持，但要形成文化传统，则王伯庠、汪大猷、何炳、陈卓等四明重要家族成员的长期推动及乡人的积极参与，更为关键。

四明士族除了个别家族参与修建州县学校、造桥铺路、救济慈善活动等地方公共建设，更进一步组成超越家族义庄、具有地域色彩的“乡曲义庄”。四明士族之间，得益于因同学、同事、婚姻关系而逐步建立的绵密人际网络，只要有人从中鼓吹发起，就极易从个别士人家族的行动，形成集体力量。四明的乡曲义庄即是此类具有集体意义的社会福利措施。这个构想由史浩在绍兴府先推行，他的同乡好友沈焕赞同这个理念，建议在家乡实行，以砥砺四明士人，建立廉能政治。经由集体力量，建立超越个别家族的地方经济互助体系，并通过制度化的组织，常态持久地运作，长期帮助四明地区穷困的知识分子和官僚子弟，以达到知廉耻、培养廉能官僚的目的。乡曲义庄将关怀照顾的范围，从个别家族延伸到整个乡里的士人阶层。

史浩的意见得到同辈好友汪大猷、沈焕的积极支持，他们共同完成劝募、制定规章以及实际执行的工作。乡曲义庄由四明士人如汪大猷、史浩、楼钥、沈焕、袁槱、高文善结合当地

① 程端礼:《畏斋集》(台北: 新文丰出版公司, 1988)卷3,《庆元乡饮小录序》, 页4下—5上。参见山口智哉:「宋代鄉飲酒礼考——儀礼空間としてみた人的結合の〈場〉」,『史学研究』241号(2003), 页66—96。

富人如边氏等共同筹划推动。民间为主、官府为辅的运作模式是四明士人及其家族走出各自的藩篱，合作创造的重要举措。在乡曲义庄的推动过程中，除了史浩的领导，其他参与者都恰如其分地扮演了应有的角色，显然是成功的要因。然而，从理念的提出到规划运作、付诸执行，前后历时十余年，说明在当时的社会环境下，要创造突破个别家族的集体成果，是需要费时沟通、捐弃成见的，并非一蹴可及[①]。从这里可以看到南宋中期以前，四明家族的兴起与四明地区的发展相为表里，相辅相成，这和地区家族之间的合作及四明政治文化的集体表现是一致的。

因此，我们认为，四明士人家族在南宋崛起后，士人官僚经由教育、婚姻、乡里情谊等方式，相互合作援引，形成集体力量。这种力量不仅在政坛上互相扶持，即便辞官返乡，仍一齐携手，共同关怀乡里。他们从个别人物或家族出发，在慈善救济、乡里建设，或诗社、乡饮酒礼，甚至乡曲义庄等地域性的公共事务方面，都展现了群体合作的成果。这样的成绩，大约在庆元党禁之前，使四明成为全国最富特色的地方。这些名门望族，在政治与学术、文化思想的表现上，都达于巅峰，形成四明士族群体表现的最佳时期。

---

① 梁庚尧：《家族合作、社会声望与地方公益：宋元四明乡曲义田的源起与演变》，收入《中国近世家族与社会学术研讨会论文集》，页213—237。黄宽重：《宋代的家族与社会》，页124—131。

嘉定以后，在四明士族中，个别士人或家族的政治和学术表现都有再创高峰之势。特别是史家，在史浩之后，有史弥远、史嵩之叔侄，分别在宁、理宗两朝任相，垄断朝政，其政治影响力更胜于史浩之于孝宗。袁燮、袁甫父子在宁、理宗二代的政治与学术的表现也远超过其父祖辈。同样地，在高氏家族中，高文虎、高似孙的政治影响力也较高闶、高开为重。不过，从整个地域社会的角度来看，四明士族开始走向分化对立，家族内部出现个人兴趣、家风的转变，整体凝聚力和向心力有式微的趋势，这些因素也不同程度地导致家族的没落。以下，分别从不同的面向，讨论南宋四明家族内外面临的挑战、家道转变的因素及其与地域社会的关系。

二、政见歧异衍生对立

前文已经阐述，南宋四明地区家族得以崛起并形成地方社会的集体繁兴，与意见领袖及各家族之间的通力合作，有密切关系。其中史浩扮演了重要角色。史浩是孝宗的老师，两次任相。在孝宗朝，他虽因在和战问题上与其他朝臣及孝宗意见不同而不能久任，但他能荐贤，能用人，能任事。除了推荐四明同乡人，也广荐贤能之人，如他于淳熙五年（1178）三月再相后，急于荐用朱熹、吕祖谦、张栻等人。他有理念又有执行力，虽罢官归乡，其意见仍受到朝野的尊重，有一言九鼎之势；他热心参与乡里事务，而其同乡好友汪大猷、楼钥、沈焕、袁燮等人，也都能和衷共济，协力办事。从乡曲义庄的动议到执行的过程中，我们看到在四明领袖人物推动下，家族之间合作无间的气象，这是四明地区文化蓬勃发展的重要因素。

在人际复杂的社会中，要成就众人的事业，除了可推动合作的议题与人才，能化解疑虑、减少彼此的摩擦也很重要。孝宗淳熙年间，执政的王淮与道学家的关系相当紧张，幸赖王淮的女婿姚颖从中调和，才能化解成见。袁燮记其事："时士大夫各从其类，有党同伐异之风，君深病之，调和其间，不立畛域。既与叶公定交，又并叶公之友为鲁公（王淮）言之，所以消融植党之私，恢张吾道之公也。"姚颖是四明人，他的祖母是史浩的姑姑，这样的身份有助于消弭王淮与史浩之间的歧见，延迟党争的发生。袁燮认为姚颖若长寿，则"天下异同之论，将泯然不见其迹，岂复有后来若是之纷纷哉！"[①]但随着史浩、姚颖这样正面领导或在背后化解疑虑的人物逝世，当不同政治风浪来袭时，四明地区领袖人物由于政见的歧异，极易由亲转疏，甚而转为对立，遂使个人乃至家族之间的乡党情谊面临挑战。

第一个浪潮，来自韩侂胄推动的庆元党禁。在庆元党禁的风暴中，四明人居于不同立场，形成对立之势，有被列为党人

① 袁燮：《絜斋集》卷15，《通判平江府校书姚君行状》，页9下—10上。

而遭打击的袁燮、袁韶、楼钥等人，也有为韩侂胄张目的高文虎、高似孙父子。高氏族人一向在政治立场上与当政者关系较近，如高闶曾被赵鼎提拔，也被评附秦桧。高闶得罪秦桧罢官回乡后，仍有仕进之心，曾致书秦桧述其穷困之状，意图“觊复耻名，庶几禄及后人”，以致被朱熹评为“一向苟合取媚”。高文虎、高似孙父子攀附权贵的心态更为明显，他们迎合韩侂胄，是推动庆元党禁的要角。文虎于庆元四年（1198）奉命草诏禁伪学，与胡纮合党，攻击道学，贬逐正人，“学校诸生语言小异，辄坐伪罪”[①]。高似孙则于庆元元年（1195）六月著《道学之图》，罗织道学之人，亦曾献九锡诗为韩侂胄祝寿，被评为谄佞者，因而不见容于道学家。明人何乔新即批评文虎“不过欲阿时宰，以速富贵耳，岂复顾名义，而知人间有羞耻事哉”[②]。虽然韩侂胄对庆元党禁执行不严，但高氏父子与四明道学人士一同卷入这场政治冲突之中，彼此针锋相对，他们的关系日益疏远[③]，也压缩了四明家族之间协同合作的空间。

与此同时，楼钥和叶适门人王大受的冲突，也将四明楼昉和史弥远卷入争端。楼钥和楼昉是四明两个不同房系的宗亲，楼钥曾举楼昉自代，显示两人或两家关系的密切，但后来楼钥

① 黄宽重:《宋代的家族与社会》，页180。
② 何乔新:《椒邱文集》（台北：台湾商务印书馆，1983）卷6，《削前秘阁修撰朱熹官窜处士蔡元定于道州》，页30下。
③ 石田肇:「南宋明州の高氏一族について——高閌・高文虎・高似孫のこと」，收入宋代史研究会编:『宋代の社会と宗教』（东京：汲古书院，1985），页246—250。

兄长楼镛和王大受发生冲突，楼昉似乎支持王大受，彼此的关系有了微妙的变化。而在楼、王互相攻击的背后，也牵扯了前后两任宰相韩侂胄和史弥远。楼钥曾期望史弥远“窜大受”，但因王大受与韩侂胄的女婿顾熹相善而不能如愿，以致楼氏兄弟愤恨难平，最后韩侂胄为争取楼钥的归心，以逐大受，返楼镛所削之秩，才结束了这场争纷。事情虽小，但多少牵涉四明几个士族之间的关系，影响彼此的和谐。

随着韩侂胄被杀，史弥远继相，南宋政局趋向平稳，四明士族也有了更大的发展空间。执政初期，史弥远积极招揽人才，重振士气，《吹剑四录》即说：“学党五十九人，无非端人正士，尽入刘珏一网。侂胄既诛，史卫王当国，一切擢用，悉至显官，无一人遗者。天地闭塞之气，至此一舒，四方忿郁之情，至此一快。其于国脉，岂小补哉。”[①]四明士人也在弥远的牵引下大量进入朝中，形成一股新的政治势力。当时相府宴客，唱杂剧的艺人将“满朝朱紫贵，尽是读书人”改作“满朝朱紫贵，尽是四明人”[②]，清楚地凸显了嘉定初期四明人在政坛上独居优势的现象。

嘉定十年（1217）之后，不论南宋的外在局势，或四明士族之间的关系，都有极大的转变。蒙古迅速崛起，发动南侵，

---

① 俞文豹撰，张宗祥辑补并校:《吹剑四录》，收入杨家骆主编:《宋人札记八种》（台北：世界书局，1963），页 97。

② 张端义:《贵耳集》（台北：木铎出版社，1982）卷下，页 77。

不仅敲响金亡的丧钟，也让宋廷陷于纷扰之中。宋与金、蒙之间形成鼎峙之状，如何联盟、抗拒，成为南宋朝廷必须面对的新情势，对金的和战也成为朝臣关注争议的焦点。史弥远杀主战的韩侂胄而秉政，主和持重成为他执政的主轴，但主和之说招来主张恢复的清议分子的批评，其中理学家如真德秀、魏了翁，以及袁燮，都属慷慨激昂之辈，相继就当时的对金政策提出批判[①]。嘉定十年起，宋金战火再启，两淮、荆襄、四川先后遭到金兵攻击。双方虽互有胜负，但倡议主和的工部尚书胡榘批评这些军事行动的背后是“内因廷臣横议，外而边臣邀功”，致使“边境久未安”[②]。这样的言论引起袁燮的反击，也使四明家族因政见不同而对立。袁燮提出不同意见，他认为“今日边陲不靖，非朝廷有意用兵，缘被其扰，不得不应”[③]。两人针锋相对。袁燮在侍讲时，针对四川的紧张情势向宁宗建言备边，并指斥和议之非，此举引起史弥远的不悦。其后，太学生、宗学生及武学生三百余人相继伏阙上疏，斥主和误国，要求杀胡榘以谢罪。袁燮自恃一代老儒，好持论，不满胡榘所言，当廷欲以笏击榘，为众所夺。台谏劾袁燮与胡榘各执偏见，求胜报怨，两人均被罢。太学生三百余人不满宋廷的处理方式，设宴

① 黄宽重:《晚宋朝臣对国是的争议——理宗时代的和战、边防与流民》。
② 刘克庄:《后村先生大全集》卷 82,《玉牒初草·宁宗皇帝》, 页 6 下。脱脱等:《宋史》卷 40,《宁宗本纪》, 页 773。黄宽重:《贾涉事功述评——以南宋中期淮东防务为中心》,《汉学研究》20 卷 2 期(台北, 2002), 页 174。
③ 刘克庄:《后村先生大全集》卷 82,《玉牒初草·宁宗皇帝》, 页 1 下。

于都门外，向袁燮赋诗饯别，更引起史弥远不满[①]，此即袁氏与史家关系转变的开始。

袁燮之后，攻击当政史家最强力者，是他的儿子袁甫。袁甫自嘉定七年（1214）以进士第一入仕，即成为四明地区受瞩目的名人。他承袭其父衣钵，发扬陆学，个性耿直，在朝秉持所见，评议朝政。端平二年（1235），袁甫任起居舍人，兼崇政殿说书，兼中书舍人，他在奏论中对蒙古兵犯四川、百姓受兵祸之苦有很深刻的批评。他指出四川的处境是“和战不决，举措不审，召衅纳侮”，将肇祸责任归咎于史弥远，认为“故相当国，以言为讳，词臣揣摩意见，多所避忌”，人民感受不到朝廷德意。因此，建议在推动“端平更化”政策时，更应该彻底矫正史弥远的作风，“庶几远民明知上心，亦使军士生其气势”[②]。理宗为感念史弥远拥立之恩，在史弥远死后，对史家多所回护，如要求中外臣僚的奏章“毋得捃摭，务存大体，以副朕终始元臣之意”，袁甫也对此提出严厉的批评。他认为史弥远在理宗一朝秉政十年，使“太祖大宗之纲理天下者，几至大坏而不可收拾”，“今保全元勋、禁绝人言之札一颁，天下必又潜疑窃议曰：‘是将更端平元年以来之化矣。’”因而要求理宗“欲全史氏一门，则当使之常有忌惮公议之心，如一撤其

① 徐松辑:《宋会要辑稿》,《职官》73之52。俞文豹撰，张宗祥辑补并校:《吹剑四录》,页109。

② 袁甫:《蒙斋集》卷6,《乞降招抚论西蜀札子》,页20上。

闲，将以爱之，适所以祸之也。况宅之兄弟，久处富贵，涉历未深，正当左右诗书，遵蹈绳检，不致贻讥清议，乃可植立门户。故御札未必能福史氏，而公议乃可以全史氏也”[1]。

此时秉政的丞相郑清之以国用不足，下令“人户有田一亩，输会子一贯，分为六限，三月而足”。袁甫反对郑清之的做法，他指出州县不体朝廷之意，使中下户先受督促之苦，而豪家巨族与胥吏相为表里，不按时缴纳，造成极大的流弊。他也将造成这一景象的责任归于“故相当轴，士大夫不义而取之者多矣”。为扭转时弊，他建议“乞睿断行下诸监司，专主先督势家之说，过期不纳者必罚无赦。如州县奉行不虔，纵胥吏与势家为地，抵拒拖延慢上之令，则监司定将守令按劾。如监司曲为庇护，不即发觉，许台谏纠察以闻”[2]。

袁甫对史嵩之的攻击，更甚于史弥远。端平元年（1234）赵葵兄弟兴兵入洛，谋收复三京时，史弥远的侄儿、担任江西安抚使的史嵩之，力主与蒙古议和，袁甫极力反对[3]，更不书嵩之刑部尚书之诰命，因而出知江州，改知婺州。嘉熙元年（1237），袁甫迁中书舍人，指议和误事，并反对史嵩之出任京湖沿江制置使，说他“轻脱难信”[4]。可以说，袁甫至死都反对

---

① 袁甫：《蒙斋集》卷5，《论史宅之奏》，页11上—14上。
② 袁甫：《蒙斋集》卷6，《再论履亩札子》，页3下—6下。
③ 脱脱等：《宋史》卷405，《袁甫传》，页12240—12241。
④ 脱脱等：《宋史》卷405，《袁甫传》，页12241。黄宽重：《宋代的家族与社会》，页81。

史嵩之或是史家的当权派。理宗虽未完全接纳他的意见，却尊重他的想法。全祖望说："广微（袁甫）最荷理宗之眷，而所值时相皆乡人，前后无一语阿私者。其于史弥远，言其老当还政；于郑清之，言其履亩害民；于史嵩之，言其不可为相。尝因边遽，条指时务，无不切当。李宗勉荐其可以大用，理宗方欲相之，会以病终。"[①]袁甫向理宗说："臣与嵩之居同里，未尝相知，而嵩之父弥忠，则与臣有故。嵩之易于主和，弥忠每戒其轻易。"[②]这句话道出了史家内部与史袁两家之间的矛盾，贴切地反映了理宗以来四明家族关系的疏远。

牵动更大的，则是郑清之、赵葵兄弟与史嵩之三家由友好而交恶，这不仅影响四明士族之间的关系，更是理宗朝政极大纷扰的开始。郑清之与史弥远同为四明人，因史弥远的拔擢，以理宗老师的身份，在仕途一路扶摇直上。端平元年（1234），理宗亲政，郑清之继史弥远为相。为了化解史弥远执政时期朝野关系的紧张，扭转理宗的形象，郑清之一方面高举"端平更化"的旗帜，招纳真德秀、魏了翁等理学名家，推动政治改革；另一方面，在其弟子赵葵、赵范兄弟的鼓动下，欲趁蒙古军北退，执行恢复汴京、归德、洛阳三京的军事行动。此举与一向主张蒙古和议，而且刚联蒙灭金的史嵩之想法完全相反，

① 全祖望:《鲒埼亭集》卷 24,《宁波府儒学进士题名碑》, 页 306。
② 脱脱等:《宋史》卷 405,《袁甫传》, 页 12240—12241。

也与朝臣期待相违，不仅引起激烈的攻击，也改变了三姓四人的关系。史家与湖南衡山赵方早年关系融洽，史嵩之的父亲史弥忠任咸宁县尉时，与任蒲圻县尉的赵方交好，两家先后生嵩之和赵葵，乃持羊酒相贺。赵方任青阳知县时，其直属长官为史弥远，两人曾对论为治之道。由于这样的关系，赵方在史弥远当权后，得以一展长才[①]。其后，史嵩之与赵葵先后在襄汉立功，均为理宗早期负有盛名的边将。不过，二赵与史嵩之对北方的政策有分歧。如在对付金朝与蒙古两股势力的问题上，二赵兄弟倾向与金联合，史嵩之则主张与蒙古接触。二赵反对史嵩之联蒙灭金，他们想利用蒙军北退、中原空虚的机会，收复三京，据守关河以抗蒙古，而嵩之对端平入洛之举不仅反对，更观望不助，遂致入洛之师败退而回，从此三家交恶，也牵动了理宗亲政以后一连串的政治斗争[②]。

当然，在史氏当权时，四明士人也有因政见不同而与之疏远甚至对立的情况，但也有部分乡人仍依附权势尚盛的史家。这种现象在史弥远死后仍然存在，显然与郑清之回护史弥远的后人有关，史宅之主持的“田事所”即是一例。理宗为感念史弥远拥立之功，亲政后除了不准朝臣批评史宅之等故相家属，

① 方震华:《军务与儒业的矛盾——衡山赵氏与晚宋统兵文官家族》,《新史学》17卷2期(2006), 页5。

② 周密撰, 吴企明点校:《癸辛杂识》(北京: 中华书局, 1988) 别集下,《史嵩之始末》, 页288—289。马泽修, 袁桷纂:《延祐四明志》卷5,《人物考·先贤史嵩之》, 页1212。方震华:《军务与儒业的矛盾——衡山赵氏与晚宋统兵文官家族》, 页10—22。

也积极地为史氏后人创造维系名望的政绩，好让朝臣信服。当时殿步司所辖有芦荡地，臣僚认为可以辟为良田，增加国库收入。史宅之时为都司，遂创括田之议。宰相郑清之当国，也想增加收入，于是成立“田事所”，将天下沙田、围田、圩田、没官田等拨隶该所，由宅之任提领官，分派官员到江浙诸地打量围田。四明人汪之埜任检阅，赵与膺为参详官，各郡也都差朝臣任其责。然而，由于实施时刻剥太过，以致怨嗟满道，刑罚残酷，死于非命者甚多，执行甫一年，有扰无补，高衡孙就对史宅之尽括浙西公田的做法，深表不满[①]。朝廷也知不可行，但不敢遽停，批评者相继被罢罪，一直到宅之逝世，才并归安边所[②]。

四明士人之间的不和，自然影响了人际互动与社会和谐。早期的事迹，如楼钥与王大受的纷争，就牵扯了当朝几个重要人物。史嵩之的内弟陈埙任处州教授时，与知处州高似孙不合，后来也因批评史弥远的政策而辞官，并为袁燮议谥[③]。另一个例子是晚宋余晦与王惟忠两位四明人，同样由于私人恩怨而反目。余晦以王惟忠弃战逃遁为名，命其党人陈大方、丁大全攻惟忠，兴大狱。最后，以惟忠任知阆州利西安抚府时，丧

① 马泽修，袁桷纂：《延祐四明志》卷4，《人物考·先贤高闵》，页43上—44上。
② 周密撰，吴企明点校：《癸辛杂识》别集下，《史宅之》，页292—293。
③ 脱脱等：《宋史》卷423，《陈埙传》，页12639—12640。

师、庇叛、遣援迟缓等罪，将其处斩[①]。这说明到了晚宋，所谓乡里情谊，早已在政治纷扰与个人人事斗争中消磨殆尽。

早期四明社会的凝聚力，也表现在乡里士族组成的社群活动上。四明社会发展的主要因素，是当地家族在无私合作之外，也能接纳外来的寓居者，营造共容发展的局面。楼钥在《祭赵侍郎》所说的"四明尚齿，犹存古风，虽有乡老，亦赖寓公"[②]，正显示了和谐是四明社会发展的主因。一旦这种族际凝聚力消退，甚至转为对抗，就会发生许多对立的情势，明显地表现在诗社上。全祖望对宋元四明诗社的变化，有很详细的描述。他认为北宋元祐、绍圣年间是四明诗社兴起之时，建炎以来则有五老会，以孝友倡乡里敦厚之俗，而唱酬亦日出。及乾道、淳熙年间，史浩、魏杞相继告老归乡，不论乡居或寓居士人均与盛会，篇什极盛。人际关系甚为和谐，乡里凝聚力极强，因之能共同经营、组织地方公益活动。但庆元、嘉定以来，有道学家在史家碧沚馆的诗社，及另树一格的楼钥诗坛，高似孙、史友林别有诗坛，另外史宅之兄弟与赵汝楳等人，在湖上又为一社。从全祖望的描述与五老会、八老会、真率之集的诗社相较，可见嘉定以后诗的内容趋于多元，诗社也多了，其中固然有学术品位与文风多元发展的影响，但诗社分立与人

---

① 周密撰，吴企明点校:《癸辛杂识》别集下，《王惟忠》，页297—298。
② 楼钥:《攻媿集》卷83，《祭赵侍郎》，页7下。

事关系的复杂化、人际关系的淡薄化相结合，则可看出四明家族之间的竞合与家族的发展与地域社会的关系。虽然咸淳年间被贾似道废罢的六十多位四明士人在高衡孙等人组织下，凝聚成一个每月一集的诗社，但这是在当权者的压力下形成的，且只能消极地以咏诗排遣时光，无法也无力再发挥集体的影响力。况且，这已是赵宋政权步上败亡的最后阶段，随之而来，则是另一场浩劫。

虽然自庆元以来，四明士人被相继卷入一波波的政治活动中，影响着彼此的关系与地区的和谐。不过，这段时期的不和谐现象尚局限在个人或个别家族之间，而且仍不断有人攀登高位，影响的层面尚小。况且，史弥远执政的嘉定初期，积极招揽党人，使四明人在朝廷的影响力与日俱增。所谓“满朝朱紫贵，尽是四明人”，固然是唱戏者的恭维，其实也有讽刺的意味，这对史家而言，自然是一种示警。史弥远因为这句话，在此后二十年宴客时不再用杂剧[①]。史弥远此举可能是有感于先例而有所顾忌，如饶州人士短暂形成地域性优势政治集团而招来“得饶人处且饶人”的讥评[②]；也可能鉴于绍熙三年（1192），他的兄弟史弥正奉祠家居时，以望族高官的身份干预地方事务，与知州高夔有瓜田李下之嫌，而被罢职，因此谨慎地处理

---

① 张端义:《贵耳集》卷下，页77。

② 陆游:《老学庵笔记》（北京：中华书局，1979）卷1，页8。

各项人事[①]。此后的政治发展，四明士族之间虽因政见不同，形成对立，但在外人眼中，自嘉定以来史弥远长期任相，专擅朝政，用人有地域考虑，益使四明等地形成优势政治集团，成为其他地区政治群体发展的障碍。如刘克庄在给事中丁柏桂的神道碑中记载："宝（庆）绍（定）间，一相擅国，所拔之士，非鄞则婺。其言曰：'闽人难保，尤恶莆士。'如陈宓、郑寅之流，皆扫影灭迹，于是朝无莆人。"[②]这句话显示了四明士族的优越地位，但同时也预示四明士族在表象优势之中已潜藏危机。

到理宗淳祐年间，郑清之再相，他年岁已高，政事多由其侄孙赞可否。当时贾似道任京湖制置使，统军对抗蒙古军，为壮大声势，"数张军旅"，向朝廷要挟费用。郑清之不支持。贾似道忌恨郑清之及其侄孙，同时迁怒四明人，因此在他任相后，即提出"浙东唯温、处士可任事，四明士不宜用"的说法，并以强力手段迫使当时在朝任官的四明人，如高衡孙、赵汝梅以户部侍郎，汪之林以知汀州，陆合以军器少监，章士元以太常少卿，赵孟传以赣州，从执政官至州县官等凡六十余人，皆遭罢黜家居[③]。这些乡居的四明士人，为避免惹祸上身，虽每月定期聚会，但只讨论先哲言行，不敢议论敏感的时事，

① 史弥正与高夔，见楼钥:《攻媿集》卷34,《直敷文阁史弥正为高夔奏历雄公事落职罢官观》，页20下。

② 刘克庄:《后村先生大全集》卷141,《丁给事》，页1上。

③ 袁桷:《清容居士集》（台北：台湾商务印书馆，1965）卷33,《先大夫行述》，页8上。

才稍除去当政者的疑虑。从此四明人在朝者少，家族与地区性的优势明显消退。诚如袁桷所说："吾乡盛时，比屋皆故家大官。咸淳，贾相擅国，绝恶四明，由是衣冠皆为月集，悉不敢议时事。"①全祖望评论此后四明人殉难者少的原因，是"宋之将亡，四明以贾氏摧折之余，鲜豫于军师国邑之寄，故殉难者寥寥"②。这句话有两层含义：一是贾似道对四明士族打击的力道很强，这是晚宋四明政治势力与家族没落的重要因素；二是四明士人位居要津，并以其位抗蒙殉节者不多，相对地，蒙元政权建立后，也没有刻意打击四明士族。

三、家族与宗族内部失和

四明同乡士人互相援引、提携的合作关系，在南宋后期日益激烈的政争中不复得见，反而在家族之间乃至家族内部出现了不和谐的声音。本节将首先观察家族内部的情形及其对家族发展的影响。

枝开叶茂象征家族的兴隆，但在开枝的同时，也有了家族成员意见不一、利益冲突，甚或引发内部不和的，使内聚力消退的隐忧。当然，造成家族内部不和的，可以是政治或经济因

---

① 袁桷:《清容居士集》卷 50,《书世纶堂雅集诗卷》, 页 12 上。

② 全祖望:《鲒埼亭集》卷 23,《宋忠臣袁公祠堂碑铭》, 页 289。

素，但不论原因为何，都可能使家族不能共谋发展，因房支分立而造成资源内耗的不良后果。这种家族内部不和的现象，既发生在同一世代各房支之间，也发生在上下世代之间，或者同宗之间，等等。就四明地区而言，情况最明显的是史家、高家和属于同宗的袁氏家族。

在南宋的四明大家族中，史家无疑是最显赫的，但族内的情况也最为复杂。从史浩开始，三代任相，权倾中外，家族成员任官者最多，枝叶繁盛，而且凭借史浩的名望，与地方上各士族都维持着密切的关系，是四明地区在政坛上最具影响力的望族。不过，自史弥远任相以后，由于和战问题，及因拥立理宗，造成湖州兵变、冤杀济王等一连串事件，不仅引发了朝臣攻击其外交政策与专擅朝政的言论，而且在史家内部，对史弥远推动争议性政策和压制异议分子的作风同样出现了批判声浪。史嵩之任相，再次因蒙古和议的政策与朝臣对立，又一次引发家族成员的批评。这两代都是因为政策方向与权力斗争的因素，导致家族内部不和。反对者包括史弥坚、史弥巩、史弥忠、史守之、史弥应等人。史家的例子显示，家族关系的存在并不必然意味着政治的联结或力量的扩张，相反地，政治立场与主张可能影响家族的团结与发展。

史弥巩，字南叔，绍熙四年（1193）入太学。在史弥远秉国时，他“寄理不获试”，淹抑十年始登进士第。任州县官时，史弥巩刻濂洛诸贤训语，以教邑人。他对史弥远和战政策与杀济王案，相当不满。弥远死后，郑清之继相，招揽被贬名臣，如真德秀、魏了翁等人，弥巩亦在列。他面见理宗，剀切论时政，为济王案平反，认为“霅川之变，非济邸本心，济邸之死，非陛下本心”，直指史弥远之非。及其兄弥忠之子嵩之入相，弥巩即引嫌乞祠，返乡后绝口不提时事，自号“独善”。袁桷称他“以儒学致显，当贵盛时，独卑退自持，乡人称为独善先生”[①]。真德秀说他“三十年不登宗衮之门，未仕则为其寄理，已仕则为其排摈，皭然不污有如此”[②]。

史弥坚，字固叔，史浩幼子、史弥远幼弟，娶孝宗同母兄崇宪靖王赵伯圭之女为妻，以军器监尹临安。史弥远为相，他以嫌出为知潭州湖南安抚使，与批评史弥远甚力的真德秀关系很好，也曾荐刘宰。弥远久在相位，朝议不满，弥坚劝其归辞，弥远不听，“遂食祠禄于家，凡十六年”[③]。他敏以判案，案例曾入《清明集》。死后，吴泳所撰《史弥坚赐谥忠宣制》中有“在熙宁则不党于熙宁，如安国之于安石；在元祐则不趋于元祐，如大临之于大防，虽钟和乐之情，不替箴警之义”，说明弥坚与弥远兄弟之间政见不和[④]。

史弥忠，字良叔，史嵩之的父亲。他曾为杨简所荐，任郡

---

① 袁桷:《清容居士集》卷 28,《静清处士史君墓志铭》, 页 25 下—28 下。

② 王元恭修，王厚孙、徐亮纂:《至正四明续志》卷 2,《人物・补遗》, 页 23 上。

③ 全祖望:《鲒埼亭集》,《鲒埼亭集外编》卷 28,《跋宋史史浩传后》, 页 1055。

④ 吴泳:《鹤林集》(台北：台湾商务印书馆，1983) 卷 10,《史弥坚赐谥忠宣制》, 页 8 上。又见马泽修，袁桷纂:《延祐四明志》卷 5,《人物考・先贤史弥坚》, 页 22 下—23 上。

守有能声，提举福建常平盐茶公事时，荐陈韡平乱有功，名儒真德秀遗书赞美。当时，从弟弥远久在相位，朝臣多所抨击，弥忠劝其归，未果，乞致仕。

史弥应是史浩从子，号自乐翁，嘉定七年（1214）进士。他个性恬退，不求进。陈埙称其诗："余外家赫奕宠荣，蝉鼎相望，独舅氏自乐翁，常罹谗退，闭门求志，行吟空山。有诗数卷，宣患难之所志，传逸度于将来。"全祖望称史弥应"亦史氏之君子也"[①]，将他列为与史氏当权派意见不同的人。

从有限的资料看，在史弥远同辈的兄弟中，有四人对他的执政表示不满。他们除了提早乞祠，不理时事，更与史弥远的政敌，如真德秀交好。在子侄辈中，如其侄史守之因不满弥远所为，退居湖上，请杨简在家塾中讲学，"中年避势远嫌，退居月湖之阳，著《升闻录》以寓讽谏，与慈湖诸先生讲肄不倦"[②]。守之受杨简之教，终身不应召命，乃是直接表示对史弥远的抗议。守之积极营建故居真隐观，观中林泉极盛。全祖望说："湖上之胜，遂尽归史氏，盖史氏自嘉定以后，不为清流所与，而忠宣（史弥坚）、子仁（史守之）则鸡群之鹤，克守忠定（史浩）家法，不以宗衮累其生平，慈湖（杨简）、絜斋（袁燮）诸公过从不绝，而又重以端宪之精舍，故洞天为之增色。"[③]

---

① 全祖望：《鲒埼亭集》，《鲒埼亭集外编》卷28，《跋宋史史浩传后》，页1055。

② 同上注。

③ 全祖望：《鲒埼亭集》，《鲒埼亭集外编》卷18，《真隐观洞天古迹记》，页901。

到了史嵩之当政时期，史氏家人公开反对，冲突更为严重，如史宅之、史璟卿等人皆有上书，直陈史嵩之之恶，甚至涉及家务丑闻。《癸辛杂识·史嵩之始末》记史宅之上书攻嵩之起复事："嵩之之从弟宅之，卫王（史弥远）之长子也，与之素不咸，遂入札声其恶，且云：'先臣弥远晚年有爱妾顾氏，为嵩之强取以去。乞令庆元府押顾氏还本宅，以礼遣嫁，仍乞置嵩之于晋朱挺之典。'"[①] 史嵩之最后在内外反对声浪中，起复不成，只好乞退。史嵩之的致仕，象征着史家三代人在南宋秉政的结束，家族内部由失和走向没落，这一切都肇始于史弥远、史嵩之执政的表面上最显赫的时期。

史氏由家族内部的不和以致对立，也影响了家族外部的关系。史浩曾延请杨简教其子弟，包括史弥远、史弥坚、史弥忠、史弥巩、史弥林、史守之、史定之等七人[②]。史弥远是杨简的学生，但杨简并不认同史弥远的做法，他曾向理宗直言："臣平日所以教弥远者不如此，弥远之置其君如弈棋。"[③] 由此可见师徒关系之紧张。史璟卿上书陈述其叔父史嵩之之恶，使另一位世家子弟应文炜受到史嵩之的迁怒。应文炜与史璟卿、袁桷的父亲袁洪相友好，史嵩之认为璟卿的上书与文炜的教唆有

① 周密撰，吴企明点校：《癸辛杂识》别集下，《史嵩之始末》，页 288—289。
② 黄宗羲：《宋元学案》（北京：中华书局，1986）卷 74，《慈湖学案》，页 2459—2465。全祖望：《鲒埼亭集》，《鲒埼亭集外编》卷 16，《碧沚杨文元公书院记》，页 871。
③ 全祖望：《鲒埼亭集》，《鲒埼亭集外编》卷 16，《碧沚杨文元公书院记》，页 871。

关，命下属掠治，此举无疑亦加深史家当政的一系与当地士族的冲突[①]。

除了史家，高氏家族内部的不和也是一个显例。高氏家族自高闶任国子司业礼部侍郎起，即成为四明士族。高文虎、高似孙父子两代，在宁宗一朝官位更高于高闶，是家族发展的盛世。然而，高文虎、高似孙父子不仅为人处事迭遭批评，仕途多变，父子关系亦不和。史称似孙对其父不孝，父子争财，并曾删改文虎所作《兰亭博议叙》两篇，及改文虎之序等事，洪业虽为文为之辩护，但家族内部不和则为事实[②]。嘉定以后，衍孙、衡孙虽仍任官，但衍孙一房移居嘉定，枝叶离散，显示至此四明高氏家族已难再现整体的发展了。

另一个同姓不和的例子，则是四明三个同宗的袁氏。鄞县袁氏有三支：一是鉴桥袁氏，又称城南袁氏；一是西门袁氏，又称城西袁氏；一是南袁氏，又称南湖袁氏。鉴桥袁氏的代表人物是陆学的重要传人袁燮、袁甫父子。自袁毂发迹以来，袁氏从教育着手，打开科举之路，追求仕途发展，并借婚姻稳固人际网络。袁燮父子两代既任高官，又致力于学术，以发扬陆学为职志，在乡里声望甚著，是南宋晚期三袁氏中最显赫的家

---

① 袁桷：《清容居士集》卷33，《先君子蚤承师友，晚固艰贞，习益之训，传于过庭，述师友渊源录》，页15。

② 黄宽重：《宋代的家族与社会》，页182。洪业：《高似孙史略笺正序之一》，《史学年报》1卷5期（1933），页6—7。

族。南袁氏居鄞的确切时间不清楚，但袁彀与袁穀同试进士，则已落籍四明，后迁祥符，靖康之乱后再迁回四明。西门袁氏在唐代即有任宰相、执政、侍从的显官。宋高宗南渡时，袁子诚自南昌扈驾迁居四明，最晚落籍鄞县。

南宋四明三袁氏中，鉴桥袁氏与南袁氏的关系较为密切。复兴南袁氏的袁韶，三岁便从袁燮学，他曾摹写袁燮太夫人戴氏所摹颜真卿的碑体。两人在韩侂胄推动庆元党禁时，均被贬抑，患难见真情，这是两家关系最密切的时候[①]。元代时南袁氏的代表人物袁桷在《先大夫行述》一文中，述说袁燮和袁韶的关系："祖讳韶，幼学于族父正献公燮，登淳熙丁未（1187）第。嘉泰禁道学，自赵忠定（汝愚）以下皆入党，正献公坐废。越公为吴江丞，得罪苏师旦，俱家居避祸。嘉定改元，褒叙赵忠定公、朱文公，于是相次被召，先后为侍从，缙绅荣之。"[②]袁韶更通过合谱的方式来加强两个袁氏家族的关系。袁桷说："卫公之子越公（袁韶），从正献（袁燮）游，考两家南北之分，始得合谱……正肃公见越公乡荐，时年始九龄，自是敦叙不绝。"[③]

不过，到嘉定以后，两家的敦叙情谊逐渐转疏。史弥远当权之初，招揽群贤，四明名士尽在其中，袁韶因与史家联姻

① 袁桷:《清容居士集》卷 3,《再从侄瑛幼孤学道龙虎山，自伤不能鞠携，述祖德以勉之》，页 1 上。
② 袁桷:《清容居士集》卷 33,《先大夫行述》，页 5 下—6 上。
③ 袁桷:《清容居士集》卷 50,《跋正肃公手泽》，页 2 上。

（袁桷的伯父娶史氏女）[1]，关系密切。及史弥远对金蒙和战政策得罪清议，济王案起，又尽贬清议朝臣，这些举动都使清议领袖袁燮不值其作为，起而攻之。但袁韶则转而投靠弥远，得任高官，被讥为“史氏之私人”[2]，两个袁氏家族的关系转为疏淡。

然而到了理宗绍定年间，袁韶与史弥远关系又有转变。周密对两人关系的改变有清楚的说明：“袁彦纯（淳）同知始以史同叔（弥远）同里之雅，荐以登朝，尹京，既以才猷自结上知，遂蹑文昌跻宥府，寖寖乎柄用矣。适诞辰，客有献诗为寿……此诗既传，史闻恶之，旋即斥去。”[3]这段话记载了袁韶受理宗赏识，而得罪史弥远之事实。袁桷对袁韶与史弥远、袁燮关系的变化曾有解释，见于他给袁燮后人袁瑛的诗中[4]。但全祖望认为袁桷对此事仍多所隐讳：“袁越公韶为执政，世皆指为史氏（弥远）之私人，而卒以史氏忌其逼己而去。盖尝考其事而不得也。《延祐志》云：‘李全反山阳，时相欲以静镇。公言扬失守，则京口不可保，淮将如崔福、卞整皆可用……相疑，不悦，卒罢政归。’是传出于越公曾孙清容之手……越公少为絜斋之徒，不能承其师传，呈身史氏，以登二府，其晚节思扼其吭而代之，进退无据，虽所争山阳事，史屈袁申，然以

① 袁桷：《清容居士集》卷33，《西山阡表》，页1下。
② 全祖望：《鲒埼亭集》，《鲒埼亭集外编》卷24，《二袁先生文钞引》，页981。
③ 周密撰，吴企明点校：《癸辛杂识》前集，《袁彦纯客诗》，页42。
④ 袁桷：《清容居士集》卷3，《再从侄瑛幼孤学道龙虎山，自伤不能鞠携，述祖德以勉之》，页1下。

越公之本末言之，要非君子也。史、袁卒为婚姻，故亦共讳其事，清容亦欲为祖讳，故言之不尽。”[①]此后，鉴桥袁氏没落，南袁氏转盛，两家虽仍时相往来，但已不像嘉定前热络。

另一方面，南袁氏与西门袁氏则因对蒙元政权的认同问题而交恶。西门袁氏在南宋的名望不如其他二袁，但宋元之际，袁镛倡议抗蒙不成，最后为国死难；反之，南袁氏的袁洪则是四明主降及与蒙军谈判的要角，一抗元，一降元，这是两个家族入元以后家道兴衰的关键所在。全谢山认为两家交恶之因是袁桷向西门袁氏求通谱不遂，怀恨在心，及为掩饰其父袁洪降元事迹，遂在《延祐四明志》中，遗漏袁镛死难事迹，反而为降人赵孟传、谢昌元及他的父亲袁洪立传。全祖望批评袁桷“清容文章大家，而《志》颇有是非失实之憾。如谢昌元、赵孟传皆立佳传，而袁镛之忠反见遗，盖清容之父亦降臣也”[②]。

元人戴良在《四明袁氏谱图序》中所谓：“世之氏族，孰非古帝王盛德之后哉？然历世浸远，支派日分，盛衰、隐显之迹，有不齐矣。死生患难，庆吊收恤之礼，不能以相及矣，同气相视如途人矣。”[③]虽然这是针对氏族长远发展背景下，支派分立而疏远所做的说明，但从三个同宗的袁氏的关系变化看来，宗谊族情会因为政治立场的歧异而由亲转疏，或由淡而交

① 全祖望:《鲒埼亭集》,《鲒埼亭集外编》卷28,《跋宋史袁韶列传》，页1059。
② 全祖望:《鲒埼亭集》,《鲒埼亭集外编》卷35,《延祐四明志跋》，页1169。
③ 戴良:《九灵山房集》(台北：台湾商务印书馆，1983）卷21,《四明袁氏谱图序》，页4下。

恶。甚至整个地域社会的和谐互动均敌不过现实环境的考验，彼此关系变得脆弱，这从史氏、高氏、袁氏宗族内部关系的变化可以得到证明。这种关系虽是个别发生或逐渐变动的，但家族的凝聚力就在逐渐变动中松弛、分解，一旦有外力冲击便迅速崩解。

四、家族与社会风气的转变

南宋中晚期的四明士族之间因政见歧异而引发对立，影响家族及地区的整体发展，如果说这是影响家族兴衰的一种外在冲击，那么子弟兴趣的转变以及家族与社会风气的转移，则是内在因素。如前所述，科举考试不仅让朝廷借以拔擢有能力的士人参与朝政，以改变世家大族垄断社会政治资源的现象，还是个人和家族兴替的重要指标。在科举和仕宦上有成就的家族，更具竞争优势。他们有钱购买图书，延师教育子弟，也有考试的经验。同时，通过婚姻、师友关系而展开的人际网络，也有利于开拓新的事业。高位者更具荫补条件，可以让子弟免受科考的煎熬，便能拥有官位，保有仕宦之家的荣衔与名声，这些都是名门望族的有利条件。不过，科举毕竟是开放的，具有竞争优势的家族仍需有诸多条件相配合：如子弟资质足够，聪明肯学，而且志在举业，愿意延续长辈的心愿，更重要的是才质与运气配合，才能确保优势[①]。一旦内在的意愿与能力和外在的因素不能搭配，则仍然难以维持家族的荣景。况且，具荫补条件者，除了少数特殊者，通常不能任高官。如贾似道的父亲贾涉，以荫补入仕，仍能担任淮东制置使兼京东、河北路节制使[②]，程邻以父荫官至广南西路经略安抚使，赵葵、赵范兄弟也因父荫而任高官，但这些人多因战功或守边而任官。在承平时期，这样的例子并不多见[③]。因此，家族累代都不能放松举业，需要有高昂的斗志和耐力，长期全力以赴，才能持续维系家道。

不过，富盛之家在举业上虽具优势，却也有更多样的生活面向吸引着子弟的注意。如任官的父兄为了显示身份或休闲养性、结交名流，会培养如购书玩物、吟诗唱戏等文艺兴趣爱好。这些活动既可调节身心，也是交际的手段。更有人在功成名就之后，营建庭园，以提升生活品位或夸示荣耀。这些做法显示了官僚有宽广多样的生活空间，置身其中的子弟很容易为这些活动着迷，况且他们又可荫补任官，维持社会声望，未必愿意长期从事孤寂又无把握的举业。这种个人兴趣乃至家风的传承与转变，同样也影响家族的发展。

① 梁庚尧:《宋代福州士人与举业》，页175—213。
② 脱脱等:《宋史》卷40，《宁宗本纪》，页777。
③ 见黄宽重:《贾涉事功述评——以南宋中期淮东防务为中心》，页165—188;《宋代浮梁程氏家族的兴替》，收入《中国近世家族与社会学术研讨会论文集》，页195—212。

从四明几个著名士族兴衰隆替的过程中，都可以看到家族成员有意或无意地将心力关注在科举之外的其他方面。兴趣的转变导致家风的转移，经过一两代人，家道便没落了。有的家族的子弟回归举业，可以再振家声，有的则一去不回了。这种变化依每个家族的情况而有迟速之不同，并非一成不变。鉴桥袁氏在袁垌、袁文两代家道中衰。袁垌喜诗文，不热衷功名，不治产业，笃信佛教，乐善好施，出手大方。他的母亲石氏一臂剧痛，他发愿修补随州城内所有佛像，所费不赀，使经济状况每下愈况。其子袁文，幼时深受父亲期待，努力举业，却不能如愿，转而致力经学研究，"一书精通，始阅他书，历代史、诸子若集及丛编、小说，咸采取焉"，著有《名贤碎事录》三十卷、《瓮牖闲评》八卷，后者涉及小学、经、史、天文、地理、宋朝时事及诗、词、文章，至今仍流传，是一部具有学术价值的笔记作品①。除了读书，他的主要兴趣是鉴赏古物，袁燮评价："颇喜古图画器玩，环列左右，前辈诸公遗墨，尤所珍爱，时时展对，想见其人，雅尚清致。"②

袁文的从兄弟袁方是另一个例子。他幼时放荡不学，婚后受到妻子范氏的鼓励，始刻志向学，精于诗学，但考试不得志，以教授生徒维生。袁方为了生计，东奔西忙，"东涉大海，

① 袁文：《瓮牖闲评》（上海：上海古籍出版社，1985），页3。
② 袁燮：《絜斋集》卷16，《边汝实行状》，页6下。

雪浪浩渺；南逾粤岭，风木凄吼”，非常艰苦，五十岁时已体弱多病。他的同学楼钥怜悯他，常送药慰问[1]。这是袁氏第三、四两代族人举业不顺后，兴趣转移而至家道中落的情形。

到了第五、六两代，由于袁文一系出现了袁燮、袁甫父子俱中进士，又任高官，且为陆学重要传人，声名显著，是鉴桥袁氏家道兴复之时，但其他人官位不高，兴趣偏于教育及著作。袁甫的儿子袁徯仅知曾任潭州通判，事迹不明，其孙袁裒曾任安定书院的山长。袁裒虽曾和同宗的袁桷讨论到宦族久当圮，宜蕲为传远计，但不久袁燮旧宅遭火，家藏尽毁，到晚年则“以忧窘困踬”[2]。袁氏另一后人袁瑛，为袁裒侄辈，年幼丧父，出为道士，学于龙虎山[3]。显然，袁氏不待新政权的政治压迫即已衰落了。

四明楼氏自楼钥以后，家族成员多以文艺活动为重，不再专事举业。自楼郁起家以来，四明楼氏经历数代努力，在科举上屡创佳绩，已是当地颇富声望的士族，尤其楼异与楼璹两代，历任高官，营建豪宅，搜集名家字画，结交两宋知名文士名贤与书画家，极力塑造足以衬托名望的文化艺术环境，以交友和培养子弟的艺文气息与素养。其中，楼璹兄弟结交善画的魏元理、徐竞和刘岑三位艺坛名家，对楼钥兄弟

① 黄宽重:《宋代的家族与社会》，页75。
② 袁桷:《清容居士集》卷30,《海盐州儒学教授袁府君墓表》，页20下。
③ 袁桷:《清容居士集》卷3,《再从侄瑛幼孤学道龙虎山，自伤不能鞠携，述祖德以勉之》，页1上—3上。

的书法风格具有启迪作用；加上家族先辈小学字书的训练，这些都有利于培养楼钥这一代对搜集书画文物、结交书画名家、营造艺文氛围的家族传承[①]。

楼钥是楼家成为四明重要家族的代表人物，他虽擅长行政，处事圆融，支持理学，但他晚年最感兴趣的，殆为追随他的祖父楼异的足迹，在原址重建奎画、锦照等堂，并以东楼为藏书之所，“丛古今群书其上，而累奇石于前，崭然有二十四峰之状”[②]。同时，他也借由修葺祖坟、重塑佛像，积极搜集、保存和整理先人遗物或相关资料，以串建家族发展轨迹，形塑家族传承[③]。锦照、东楼是他读书会友之处，他喜欢搜集古董，自称“余每见旧物，无不爱玩”，积极搜藏其祖父的旧物，包括从榷场买到其祖父所刻的《嵩岳图碑》[④]。可见楼钥晚年兴趣及生活的重心，是读书、怡情、玩赏、交游。

楼钥的后人多由荫补入仕，并不热衷仕途，没有争取参与中央朝政的想法，而是谨守家规，在乡里从事文艺活动，维持地方声望来延续家风。嘉定三年（1210），楼钥堂兄楼镗之子楼洪与楼深重绘楼璹《耕织图》，将之进呈皇太子，并刻于

---

① 黄宽重:《以艺会友——楼钥的艺文涵养养成及书画同好》,《长庚人文社会学报》4卷1期（2011），页55—92。

② 袁燮:《絜斋集》卷11,《资政殿大学士赠少师楼公行状》，页33上。

③ 黄宽重:《串建历史记忆　形塑家族传承——以楼钥及其族人的书画文物搜藏与书籍刊刻为例》,《故宫学术季刊》28卷3期（2011），页52—53。

④ 楼钥:《攻媿集》卷75,《跋黄刺史公移》，页2下；卷76,《跋先大父嵩岳图》，页18上。

石[1]。楼镗的幼子楼深喜欢搜藏书画，大约楼璹所藏的文物都归楼深[2]。楼钥死后，楼钥幼子楼治将其诗文汇整为一百二十卷的文集，请真德秀作序，以家族之力刊刻成极为精美、具有嘉定时代文物代表性的《攻媿先生文集》[3]。由家人刊刻文集被视为家族传承的要事。朱迎平教授指出，这类被称为“家集”的文集材料最完整，校对最精审，是别集中的精品[4]。由于楼治并不在意经济生活，以致死时家无余金[5]。

宋元之际，更是楼氏衰替的关键。楼氏从开庆元年（1259）起，既未见第科记录，也未见族人相关活动的记载。楼家的义庄在至元二十四年（1287）及大德十年（1306），又两次遭族人盗卖瓜分，乃至为富民侵占，导致昼锦义庄几乎荒废[6]。楼氏部分族人迁居义乌；留在明州的族人显然退出士族的行列，以致庆元路总管府推官况逵为楼氏撰写《昼锦楼氏义田庄》诉说义庄诉讼过程时，虽指出经此一胜诉后，族人可以“复食于昼

---

① 黄宽重:《串建历史记忆　形塑家族传承——以楼钥及其族人的书画文物搜藏与书籍刊刻为例》，页54—55。

② 楼钥:《攻媿集》卷72，《跋从子深所藏吴紫溪游丝书》，页5；卷74，《跋从子深所藏书画》，页3上—9上。

③《攻媿先生文集》原刊共120卷，装印精美，现藏北京大学图书馆。参见张玉范:《〈攻媿集〉宋本、文渊阁四库全书本、武英殿聚珍本之比较》，《国学研究》11卷（2003），页351—364。

④ 朱迎平:《宋代刻书产业与文学》（上海：上海古籍出版社，2008），页149—150。

⑤ 王梓材、冯云濠:《宋元学案补遗》（台北：新文丰出版公司，1988）卷79，页47上。

⑥ 见黄宽重:《宋代的家族与社会》，页112。梁庚尧:《家族合作、社会声望与地方公益：宋元四明乡曲义田的源起与演变》，页231。

锦，筑祠堂以奉先祀”[1]，但这显然也只是假象，其实入元后的楼氏家族已是“族窭且弱”了[2]。

四明高家不像史家一样累世高官，但能成为名门望族，除了以善于观望政治风向，向执政者靠拢，所依靠的便是家学传承甚远。观望风向固然让高氏得以一时取得高位，却也得罪士人，在政治环境变化之后，往往也成为被批判的对象，而因此与乡人疏离。高闶续承洛学，致力礼学研究与发扬春秋学的风格，这虽一度为他带来仕途的不遂，却也让他与四明士族更为亲近。高文虎除了延续修史的传统，对文学及搜集各类文物都有兴趣。他的著作包括《天官书集注》、《史记注》130卷、《续菜经》、《百菊集谱》、《兰亭考》及《续考》等[3]。高似孙见闻广博，关注事物颇多，勤于搜罗文物，著作丰富，包括《骚略》《蟹略》《砚笺》《史略》《阴符天机经》《纬略》《删定桑世昌兰亭考》等。似孙著作以博杂与快速著称，但多属汇理抄摄之功，不是专精之作。其乡人戴表元则认为他的诗可与陆游并列齐观。袁桷说：“似孙父子皆以文学致清显，至大宗伯衡孙为端平正士，修仪伟貌，年八十余，手抄见闻及方技诸书。”[4]

---

① 王厚孙、徐亮纂：《至正四明续志》卷8，《学校·乡曲义田庄》，页19下—21下。参见李家豪：《没落或再生：论元代四明地区的士人与家族》（台北：台湾大学历史学系研究所硕士论文，1998），页48。

② 王厚孙、徐亮纂：《至正四明续志》卷8，《学校·乡曲义田庄》，页19下—21下。

③ 黄宽重：《宋代的家族与社会》，页181。

④ 袁桷：《清容居士集》卷21，《高一清医书十事序》，页23下。

衍孙更讲究生活情趣，袁桷说："吾乡嘉定以后，故家诸贤，独高使君衍孙，兴寄冠佩，清逸俨整，如晋世图画贤士，宅旁植水竹奇石，号曰竹墅。其食必按本草，其居处必顺叙寒燠，铢分脉法，如指诸掌，往时缙绅类能夸诩之。"[①]他著有《五音总韵》《脉图》。从高闶以降，高氏族人的著作反映了他们的兴趣有由经史向诗文、博物、医学转变的倾向。高氏家族家境富裕以后，族人追求精神层面的文艺活动，且趋于多元化。

最值得观察和讨论的另一个四明名族，则莫过于三代居相的史家了。史家是南宋四明地区通过科举追求功名的典型家族，史浩、史弥远、史嵩之等人的事迹多在政务上。从史籍上，我们看到的多是他们主持军国大政和政争的一面，鲜少看到他们生活和兴趣的一面。不过，在庞大的家族中，各房各支的情况不同。我们可以观察到，在史弥远、史嵩之专政期间，其他史家人为了避免政敌牵扯，或抵制两人的做法，体现了他们避世的一面，及富盛家族族人的兴趣和不同生活样貌。

史浩退休后，以诗社与推动地方公益慈善活动为生活的重心。史弥远曾从杨简习心学，从政之后，他的做法与道学之士期待相违，引起了杨简的讥评，他亦无暇再理学术。他的同胞兄弟，凡反对他的人均回乡家居，或延师讲学，或分组诗

① 袁桷:《清容居士集》卷48,《书高使君脉图后》, 页12下—13下。

社[1]。史浩曾孙史文卿，字景贤，也相当讲究生活质量。袁桷评价他："仪观清朗，超然绮纨之习，聚四方奇石，筑堂曰山泽居，而自号曰石窗山樵……石窗手执乌丝栏书展玩，疑有所构思，屏后一几，设茶器数十，一童伛背运碾，绿尘满巾，一童篝火候汤，蹙唇望鼎口，若惧主人将索者，如意麈尾，巾壶砚纸，皆纤悉整具，羽衣乌巾，玉色绚起，望之真飞仙人。"[2]史浩的从侄史弥应，是史家的特异之士。他虽进士及第，但和积极参政的族人不同，号自乐翁，不喜欢谈论时事，而志在追求行吟空山的恬淡生活。他喜欢作诗，陈埙评价："有诗数卷，宣患难之所志，传逸度于将来……以为耿介拔俗之语，潇洒出尘之作，世所传《自乐山吟》者也。"[3]

此外，袁桷的祖父袁韶年轻时家贫不能买书，任官以后则积极买书，"凡二十有五年，乃务置书，以偿宿昔所志，其世所未有，则从中秘书及故家传录以归，于是书始备矣"[4]。至于汪氏家族之为四明名族，除了汪思温、汪大猷父子任官，更重要的是，他们两代因是地方社会文化的主要推动者而享声名。其家中成员在仕进和其他方面的表现都乏善可陈，兹不赘述。

高文虎、高似孙、高衔孙和楼钥父子喜好玩物、古董，关

① 全祖望：《鲒埼亭集》，《鲒埼亭集外编》卷 25，《句余土音序》，页 1008—1009。
② 袁桷：《清容居士集》卷 7，《煮茶图并序》，页 1。
③ 全祖望：《鲒埼亭集》，《鲒埼亭集外编》卷 28，《跋宋史史浩传后》，页 1055。
④ 袁桷：《清容居士集》卷 22，《袁氏旧书目序》，页 11。

注生活质量，袁韶勤于搜集图书，这些都揭示出嘉定时期四明地区高门大族已不追求科举功名、有形的事功或经营产业及利润，而是崇尚文艺。这也是嘉定年间江南官宦士族的主要风气。袁桷即说："于时国家承平，四方无兵革之虞，多用文儒为牧守，公私间暇，击鲜享醴会寮属，以校雠刻书为美绩，至于细民，亦皆转相模锓，以取衣食。"[①]这种社会时尚，姑且称为"嘉定现象"，而其转变与当时的政经环境有密切关系，这是值得进一步讨论的课题。总之，到了南宋中晚期，四明士族有的卷入纷扰的政治对立中，有的则不以举业或仕途为重，淡出政治，转而注重文物搜集，发展文艺，讲究生活质量的提升。士族发展目标既已转变，从家族兴衰的角度看来，在蒙元政权入主江南之前，四明士族已处于家道不振的阶段。

从四明士族家风的传承与转变中，我们可以看到改变家族最大的因素，是内在的，即家族成员能力与意愿。能否从事科举依靠的是能力和意愿，即便中举入仕，是否愿意为高位而奔忙，也由个人条件决定。况且，从政也有很高的风险，因此任官者多置产，期能惠及子孙，或致力于文化活动，但这些做法，都影响着子孙的学习方向。因此，即便没有家族内外的变化，或者虽有种种制度化的安排，对家族的发展而言，也不是决定性因素，只有兴衰迟速之别而已。而这个速度，取决于各

① 袁桷:《清容居士集》卷22,《袁氏旧书目序》, 页11下。

家族对科举进取心的差异，以及追求生活趣味的不同程度。

五、结语

文化高度发展、长期占据政治优势，是南宋四明地区明显的表征，这是四明士族共同创造的历史业绩，但蒙元政权入主江南后，这些名门望族便土崩瓦解，消散殆尽，其变化之巨大，让人直以为政权递嬗是家族衰替的主要关键。但实情如何，须突破朝代的藩篱，进行长时期的观察才能发现。本章试图从衰替的角度，观察四明士族从南宋到蒙元期间的消长现象。我把四明地区的士族视为一个群体，强调在现实的政治社会环境中，实际的人际关系对个人、家族、地方社会发展的重要性。因此，我特别将家族研究与现实的政治发展结合观察，相信较之以往只对婚姻社会网络做抽象性、通则性研究的观点，更能贴近现实环境，有助于理解历史发展的样貌。

入元以后四明家族新、旧交替的情况，李家豪已有研究。他虽认为有的四明士族不待蒙元政权入主就已有衰弱之势，但仍举出旧家族没落、新家族兴起的具体事例与原因，说明新政权对旧家族的破坏。他提出，元军进逼四明时，只有袁镛抵抗殉国，反之，知庆元府的宋宗室赵孟传和其部属谢昌元，及士人袁洪、臧梦解等人，则选择降元。这说明当地人对新政权没有抱持敌对态度，他们的选择，既符合四明人的利益，也得到其他四明士人的谅解。因此，四明没有太大抗拒便归顺了元朝[①]，也避免了一场浩劫。

虽然如此，但四明士人在新政权统治下，仍时时感到威胁。李家豪指出，四明人即使免去了一场屠杀，新政权对四明士人的疑虑仍然存在。蒙元将领王世强率兵监视四明士人，并以重赏鼓励告密，于是有了“旧不快意于衣冠者，争上变入爵”。曾任宋沿海制置使参议的陈允平便在仇家诬陷下被疑，而且牵连许多士人。最后，袁洪向张弘范建议“安反侧，定新国，当绝告讦罗织”，才和平收场。陈允平案显示，士人家族在蒙元政权统治下，不时面临威胁。可以从四明士人陈著给袁洪的信中看出政权递嬗下士人所承受的冲击与压力。他说：“我辈自有所可寒心者，凶狡滔天，名分扫地，关系非小。某等如章甫已敝，不足以存屦，恐萍齑豆粥之家，皆奴辈仇噬所及，甚可畏也。”[②]除了元政权的监控，四明士人还要面对降元将领范文虎掠夺土地，以及胥吏的欺压，“里胥躏跞士族，著片纸叱名，立召庭下”[③]。在新的政治环境中，以往四明士族独享尊荣的时代过去了[④]，更从侧面揭示了战乱与改朝换代对士人家族的冲击。

---

① 李家豪：《没落或再生：论元代四明地区的士人与家族》，页10—13。

② 陈著：《本堂集》（台北：台湾商务印书馆，1983）卷80，《与袁竹初（洪）》，页10上。

③ 袁桷：《清容居士集》卷26，《资善大夫资国院使赠资政大夫、江浙等处行中书省左丞、上护军、顺义郡公，谥贞惠吕伯里公神道碑铭并序》，页7上。

④ 李家豪：《没落或再生：论元代四明地区的士人与家族》，页16。

从元初文献中，仍能看到在新政权入主之初、天下未靖时，许多旧家大族艰辛逃难，经历危险。如戴表元在《王丞公避地编序》中，提到他和王子兼面对乱时的处境："越明年，兵声撼海上，村郊之民往往持橐束缊而立，伺尘起即遁。余与公势不得止，仓皇弃其故业，指山中可舍者为之归。盖其事不能相谋，而流离转徙，困顿百折。"[①]袁桷也说："咸淳阅十祀，诸县独奉化号多士流，出入太学上南宫亡虑十余人，于时蜚声秀颖，旁县皆敛手避让，一时传诵习读，谓清选不岁月可驯致。未几，皇元合一，皆失仕归里，挟策授徒，疏粝自给，俱不能享中寿，子弟不自振饬，复归为农。陈君亦咸淳甲戌进士，不自矜襮，接幼待贱，谦挹愈加，混迹蒿翳，不知其为故官。"[②]他更感慨乡里儒士于新政权统治初期困辱而死的现象，"呜呼，甲族鼎贵，莫盛吾里，甍栋接耀，郡守丞监官议婚对，未肯齿拟华腴，争高姿度，悦泽可爱。念遇大变故，困辱不自完，业无依归，贸贸以死者多矣"[③]，在在揭示了战乱与改朝换代对家族兴衰的冲击。这种情形甚至延续达十五六年之久，可见作为亡国之臣的凄苦与承受的折磨是相当深刻的[④]。

不过，如果细审个案，则四明几个重要家族，如楼氏、袁

① 戴表元:《剡源戴先生文集》(台北：台湾商务印书馆，1979）卷11,《王丞公避地编序》，页1下。

② 袁桷:《清容居士集》卷28,《陈县尉墓志铭》，页24。

③ 袁桷:《清容居士集》卷30,《海盐州儒学教授袁府君墓表》，页20上。

④ 包伟民:《略论元初四明儒士的遗民心态》,《中国史研究》2011年1期，页162—163。

氏、高氏、汪氏在宋末就已势衰，即使是繁盛百年的史家，到宋末枝叶仍茂盛，其实只是个别房支的荣景犹存，整个家族的衰败之象已露。蒙元政权进入明州，并没有特别运用政治手腕对付这些旧时王谢之家。这些旧时富盛家族，受到的歧视与折磨和一般士人家庭是一样的。只是这一折磨无疑加重了这些家族的沦落，尤以史家最为明显。因此，新政权并非导致四明旧家族没落的最主要因素。

我的研究显示，即使对个别家族而言，科举对家族的兴衰发展仍极为重要。中举入仕是家族兴盛的基础，而追求仕进更属关键；婚姻、地方活动固然有利于扩大人际关系，增加发展的资源，但如果自身不具备发展的条件或意愿，婚姻与人际关系便帮助不大。参与地方活动有利于声望的累积与提升、人脉的扩展，但这些地方公务的推动，需要在大家关注共同的议题、和谐合作的情况下，才能成功。如果家族之间关心议题不同，无法合作，则地方事务很难有具体的成果，地方社会也很难有整体性发展。四明地区的公益事业，如乡曲义庄、乡饮酒礼等，都是南宋中期当地士人家族在地方领袖的倡议下合力促成的，有特定的时空环境。一旦家族内外出现紧张或不和，原有的和谐关系难以维系，守成即属不易，甚至家族内可能发生侵占、盗卖而要诉诸官府。宋末元初，四明地区许多地方事务和家产争纷都和族内或乡里人际关系的改变有着密切的关系。一旦出现家族不和或没落、社会对立，婚姻关系所能发挥的效果就相当有限。因此，如果不深入考虑人际关系的实际情况，只看表面的抽象“策略”原则，未必能符合现实的发展与变化。

科举事关个人争取功名、从政，乃至家族发展，世家大族在这场竞逐中虽具有优势，但能否通过考试，仍取决于个人的能力和意愿，并没有绝对的把握。同时，世家子弟身处优渥的环境中，除了读书考试，还有其他引人入胜的多元发展空间，如宗教、学术、收藏图书及古董文物，甚至习医或追求文学及闲逸的生活情趣等，这些都会影响子弟对举业的进取心。况且，涉入仕途，仍有许多政治风险，如因政治结盟而酿成党争，既非个人乐见，对家族发展也未必有利。因此，个人兴趣的发展或家学及社会风气的转变，都会影响个人与家族的命运。

从上面几个角度观察南宋四明士族的发展，可以发现在影响家族兴衰的诸多因素中，家族成员参与科举竞争的能力、意愿等内在因素更为重要，而家族内部和乡里族际的和谐，则是导致家族乃至地区社会共同发展的重要因素。四明地区的大家族有别于其他地区家族发展的，殆为四明士人家族经由团结而共同塑造出具有特色的地域文化和优越的政治影响力。这一优势给四明士人带来了全国性的知名度，但其形成的政治优势也让其他地区的人感到极大的发展压力。因此，当贾似道掌权时，为了巩固自己的权势，他可以用“打算法”整肃赵葵、向士璧、李曾伯等宿将，而刻意培养自己属意的军事新秀如吕文德等，更可以压抑四明人而拉拢温州、处州士人。在政治力的压迫下，任官的四明士人只得辞官乡居，讳言时事以避风头。这股政治压力对原已脆弱衰敝的四明士族而言，其打击之大，相信较之蒙元政权进入江南更为直接而且严重。

此外，四明士人兴趣与家风的改变，也影响家族的衰落。当然，具体家族有不同的情况和发展，不过嘉定年间是家族与社会风气改变的主要时期。诸多数据显示，嘉定年间，除了局部爆发战事或讨论备战，多数仍处承平时期，江南地区更见升平景象，文化活动特别兴盛，士人家族注重购书、买古董，讲究生活质量，甚至关注医疗的质量。南宋中晚期的许多重要文集，如楼钥《攻媿集》、周必大《文忠集》、袁燮《絜斋集》、袁甫《蒙斋集》，以及刘克庄、真德秀、魏了翁等人的文集，都透露出这是一个文化活动频繁、文化多面向发展、文风兴盛的时期。由于社会风气的转变，居文化领导的四明士人开风气之先，关注举业以外的事物，各项文艺、文化活动在士族之间开展、流传，形成风潮。此时，举业虽属末流，却仍是影响家族发展的要素，士人不讲求此道，对个别家族或地方社会而言，自属不利。因此，在贾似道当政之前，四明士人多已弃功名而转就文化生活，只是他们形成的政治势力对贾似道而言，仍是极大的阴影，如芒刺在背，当然要击之而后安。

因此，从总体看四明士族的发展，他们之所以能在南宋崛起，源于四明教育的发达和经济条件的优厚。个别家族崛起之后形成的集体力量，则得力于彼此的提携合作，这方面史浩之功甚大。在他的倡导下，四明地区的士人和士族走出家族，共同关怀乡里，经营地方，不仅为各家族建立在地声望，更为四明地区创造了具有特色的地方文化，形塑了四明的优势。不过，到了韩侂胄执政时期，为压制政敌，兴起党禁，四明士人高文虎、高似孙父子投靠韩侂胄，攻击道学家，四明士人遂由合而分。史弥远当政之初，大规模招揽党人，四明士人再度集结，成为真正具有优势的政治团体，故有“满朝朱紫贵，尽是四明人”之说。然而，随着宋与金、蒙关系的转变，史弥远的和战政策不但引起朝廷的争议，也引起袁燮的攻击，从此史袁两家关系由紧张走向对立。袁燮父子对史弥远、史嵩之两代的攻击始终严苛，自然影响四明地区的和谐。其后，史弥远拥立理宗、冤杀济王，及史嵩之对蒙主和等，均引发更大的波澜，竟至酿成政争。此时，不仅四明其他士人，连史氏族人也严加批评，或求退隐。此外，其他家族内部也纷扰不断，均使地域发展呈现出危机。因此，四明家族在南宋时期的发展，可以说是“成也政治，败也政治”。四明的例子显示，家族发展策略中致力巩固的地方基础仍然受到政治风波的穿透，无论婚姻、亲属或师友关系网络，都可能受到动摇。换言之，四明士族人际或婚姻“网络”凝聚的集体力量与地域意识，在一波波政治风浪摧击下，逐渐松动乃至解体，先前一体共荣的现象不见了。诗社反映的人际关系也由合而分，这和嘉定以来文化多面向发展的风尚相契合。但分立、对立，加上对科举或参与朝政的冷漠，非但对旧有的个别家族的发展不利，更使整个四明地区危机四伏。因此，从长时期变化去观察四明地区的家族和整体发展，可以说在入元之前，旧家大族已逐渐“旧时王谢堂前燕，飞入寻常百姓家”了。

第三编

政局变动与信息流动

有宋一朝的国防政策充分展现了军事权限被收拢于中央的赵宋集权核心精神。南北宋的内外形势差异甚大，对广西边务的态度也各有不同，但检视两宋的西南政策都反映出令决于中、将从中御的政策导向。军事防御或外交事务本需长程布线，一贯经营，然而前线悉由中央控御的边事原则，致使宋廷的经边政策经常受国内政局或君主意向的影响而反复不定。

在这样的认识下，本编第六章以北宋晚期程氏父子对广西的经略为例，探讨政局变动与政争对北宋西南边策的影响；第七章则由南宋晚期宋、蒙广西战役，观察信息传递在决策形成过程中所发挥的效益。通过这两章的讨论，可观察到南北宋时期国力与中央权威的差异对西南经营成效的影响。北宋时，外在情势较为舒缓，宋廷尚有空间选择对广西积极开发或消极羁縻。南宋时，宋廷长期面对强邻压境的状况，无力经营西南，以致当地成为边防虚隙，仓促间只能被动抵抗蒙古军的攻势。

再者，中央政局或国防考虑的变化也左右了广西边防政策的一贯性；观察战时中央与地方、朝廷与前线、君与臣之间的互动，尤能反映出政治立场与军事部署、信息取得与帝国统治的联动关系。

本编结合制度与人事，尝试从边防事务的动态运作，呈现第一线执行者面对的瞬息万变的军政挑战，他们如何因应中央政策，通过沟通，形成对策，借以理解政策与对策的实质关系。

第六章

令决于中

北宋晚期程氏父子对广西的经略

宋代武备虽较汉唐盛世疲弱，但疆土开发仍有所进展。其中，以东南开发最为突出，西南地区则因接邻民族众多，情况复杂多变，成效不如东南。神宗熙宁（1068—1077）变法以来，宋廷对广西实施镇抚兼施的政策，此地成为宋廷的西南门户。然此之后，新旧党交替执政，宋廷内外政策频繁更易，致使广西经略在积极拓边与保守退缩之间摆荡。这种情况到了哲宗、徽宗二朝更为明显，北宋末期新旧党执政的变化与南宋记述中，可略窥当时广西开发的痕迹。

现有广西研究成果丰硕，学者在民族政策、汉族与少数民族关系、经济发展等议题上，用力最深[①]；南宋广西研究更因资

① 如陈伟明:《宋代岭南主粮与经济作物的生产经营》,《中国农史》1990 年 1 期，页 20—31。吴永章:《论宋代广西羁縻州制》,《广西民族研究》1989 年 2 期，页 44—53。张雄:《宋代广西左江羁縻州概说》,《中南民族学院学报（哲学社会科学版）》1990 年 3 期，页 5—10。覃成号:《宋代南丹蛮、抚水蛮、环州蛮之社会形态》,《广西民族研究》1991 年 Z1 期，页 87—91。河原正博:「漢民族華南発展史研究」(东京：吉川弘文馆，1984)。陈冠文:《宋代广西汉、壮民族间的文化交流》,《广西民族研究》1989 年 4 期，页 68—71。

料丰富，成果斐然，曾冠雄《从化外到门户——论政权南移与南宋广西的发展》及梁庚尧《南宋广南的盐政》可为代表①。相较之下，北宋广西的研究则较为匮乏，此则与西南边陲事务并非北宋朝廷关切要务，复以《续资治通鉴长编》《宋会要辑稿》等重要史籍对北宋广西经略所记甚少有关。目前除了宋与交趾关系、神宗变法涉及宋廷对外政策之处有较多资料及研究成果，北宋西南地区的开发与民族关系等议题仍有探讨的空间。

本章拟通过两位长期在广西担任最高长官的广南西路经略安抚使程节（？—1104）、程邻（1070—1120）父子的生平事迹与其广西经略事迹，重建并讨论北宋晚期宋廷经营广西的实况，期借以掌握新旧党争与执政更迭对宋廷推动边疆政策的影响。程氏父子在广西任职前后近三十年，是北宋晚期开拓广西最具影响力的人物。可惜宋史无传，无从得知两人生平，也使北宋晚期的广西经略几成空白。所幸，1991年出版的《江西出土墓志选编》收录了程氏父子及其夫人等四人墓志铭，详细记录程氏父子开拓广西事迹，可以填补这一页历史记载。本章希望通过搜集、整理这几件重要的墓志资料和宋代典籍，试图经由北宋晚期政局变动与政争情况，及其对宋廷经略广西政策更迭的影响，检讨王朝拓边与民族、文化的关系，以期掌握宋

---

① 曾冠雄:《从化外到门户——论政权南移与南宋广西的发展》(新竹：台湾清华大学历史研究所硕士论文，1996)。梁庚尧:《南宋广南的盐政》,《大陆杂志》88卷1期(1994)，页7—19；88卷2期(1994)，页14—27；88卷3期(1994)，页15—27。

朝对西南地区，特别是广西拓展的样貌。

一、从安边到保疆：北宋前期的西南政策

北宋的国防重心与对外关系密切相关。宋代的外患主要来自辽与西夏，为稳定北方，宋廷对西南边疆采取了宽待当地民族、不生事端的安边弭兵政策①。尤其在太宗太平兴国五年（980）出兵交趾受挫后，宋廷在西南边防改行安宁保疆策略，但后来也逐渐受到两种力量的挑战而需要调整，其一是交趾。交趾趁晚唐五代中原纷乱、政权更迭之际，逐渐疏离中国；赵宋建立政权之后，它虽向宋朝贡，但以“内帝外臣”的模式，积极图谋自主独立，并趁宋北方多事，向北开疆拓土，广西首当其冲。其二是民族冲突导致侬智高之叛。由于商业的发达、贸易往来及军事政治力的推动、移民的垦殖、交趾的招纳等诸多因素，中原王朝与原多为羁縻州的少数民族有了更多的互动与冲突。皇祐二年（1050），侬智高（1025—1055）据勿阳洞称叛，兴兵攻宋，这是最大规模的变乱。侬智高率部席卷岭南各地，使宋南疆边防的空虚完全暴露。这两种情况在仁宗（1022—1063在位）时期都浮现出来，因而引发朝臣热烈讨论

① 黄纯艳:《宋朝对交趾和占城的政策：以朝贡贸易为中心》，发表于“第十届海洋史国际学术研讨会会议”（2008），页17。

边务，认为原有的姑息羁縻政策难以安边，需要积极面对，检讨因应。于是原处帝国西南边陲、介于交趾与蛮部之中的广西，越发凸显其重要性。

因边防需要，势须加强西南地区的军事部署，但北兵南调会衍生出许多问题。宋廷为防交趾侵扰及蛮洞乱事，原派3.4万余人屯戍。侬智高乱起，宋廷发北兵逾万人戍守岭南[①]，到英宗治平三年（1066），派驻的北兵共达5.1万余人[②]。变乱平息已久仍驻屯这么多正规军，显示宋廷对西南边防仍存有隐忧。但正规军多属北人，驻守岭南瘴疠之区，不服水土，多致病而死。狄青为此曾建议“命彼处守土重臣，多方询察久谪彼地之人寿而健者，问其所以起居调摄之方，详稽备述，刻梓以颁士卒，每队伍中，选一人专司其事”[③]，但效果似乎有限，以致“每至岁满戍还，瘴死者十有三四”[④]。广西税收甚少，粮食无法供应军需，以致粮饷均由内地转输，增加了宋廷的财政负担。况且防戍的北兵以震慑为职，期满即轮调，对当地环境缺乏了解与掌握，易造成军队与居民的关系紧张，反使西南地区疏离宋廷。可见，调兵防戍的方式也不利于边防与统治政策的长期实施。

为了改善这个情势，自仁宗以来，宋臣在广西相继推动较

① 狄青：《论御南蛮奏》，收入汪森编：《粤西文载》（台北：台湾商务印书馆，1983）卷4，页19上—20上。
② 文彦博：《奏减广南东西路戍兵》，收入汪森编：《粤西文载》卷4，页21上—22上。
③ 狄青：《论御南蛮奏》，页20上。
④ 文彦博：《奏减广南东西路戍兵》，页21下。

积极的做法。狄青（1008—1057）、文彦博（1006—1097）等人先后推动团结土人及增置镇寨的措施，以加强守御能力。狄青在奏章中建议“得善吏十数人，分置诸州，募土人为乡军，复其租调，视州大小、户多少为之数，统以步伍，教以进退，皆以彼所长技，相与追逐”[①]，宋廷也以重金招揽人才[②]。不过，宋廷终究因疲于应付与辽、夏关系，无力兼顾西南边防，虽偶有积极作为，但事平之后，即归原状，对广西边陲之地，缺乏进取性的经营拓展策略[③]。但自太宗迄英宗时期，宋廷终究检讨、实施过安边弭兵、北兵南调及募土人为乡军等策略，用以因应西南边疆内外情势的变化，也为其后的西南边政开启序幕。

二、从征伐到谈判：神宗时期对广西的经略

神宗即位后，为追求富国强兵，一改以往怯懦消极的对外政策，积极开拓边疆。在君臣合作下，北宋一面加强军政革新，一面强化边区军力及开边政策[④]。不过，宋廷的四邻中以辽、夏最强，西、南两方较弱，因此，在应付外在形势变化

① 狄青：《论御南蛮奏》，页19。
② 汤佩津：《北宋的南边政策——以交趾为中心》（嘉义：中正大学历史研究所博士论文，2004），页94—97。
③ 关于宋仁宗时代宋与交趾关系之变化，参见黄纯艳：《宋朝对交趾和占城的政策：以朝贡贸易为中心》，页17—20。
④ 汤佩津：《北宋的南边政策——以交趾为中心》，页145—149。

时，须考虑自身的实力与现实环境，订定不同的策略与实施方式。总体而言，宋对辽较为稳重，即使被人指为积极开边的王安石，在对辽外交政策上也显得理性而灵活，并非一意主战[①]。

但宋廷在对付西夏及西南诸夷时，显然表现得更为积极。首先，为了钳制西夏经营河湟地区，自种谔取绥州之后，韩绛取银州，王韶（1030—1081）更在王安石属意下开熙河。其后，沈括（1031—1095）、徐禧（1043—1082）等人相继拓展西北[②]。对西南边疆也以拓垦的方式，积极向羁縻州推进。如章惇（1035—1106）开五溪，熊本（？—1091）用兵泸、渝等地，亦对荆湖广南之地展开大规模开边行动，以武力将羁縻州改置为州县，遂行直接统治，并谋通过寨堡的设置，作为建立军事拓展的据点，以教化来推展文化价值，扩大赵宋王朝在西南边疆的政治影响力。司马光（1019—1086）曾指出："神宗继统，材雄气英，以幽、蓟、云、朔沦于契丹，灵武、河西专于拓跋，交趾、日南制于李氏，不得悉张置官吏，收籍赋役，比于汉、唐之境，犹有未全，深用为耻，遂慨然有征伐、开拓之志。"[③]从中国对疆土扩展的角度看，神宗一连串对西南开边的作为，对两湖、两广的开发具有历史意义。

神宗对广西的经略与武力开发，除了要彰显变法图强的决

---

① 陶晋生：《宋辽关系史研究》（台北：联经出版事业公司，1984），页131—167。

② 安国楼：《宋朝周边民族政策研究》（台北：文津出版社，1997），页23—24。

③ 李焘：《续资治通鉴长编》卷363，元丰八年十二月己丑条，页8689。

心，更直接的因素是防止侬智高之乱重演及解决交趾不断北上发展的危机，也就是改变仁宗朝推动的安边弭兵政策，积极在广西建立一个缓冲的藩篱①。

神宗自即位之初，便有“纲纪海内，鞭挞四夷之志”②，对交趾扰边造成边界的不安，深为不满。他认为“交州小丑”无不可取之理。因此，他积极接纳来归蛮部，奖励归化，封酋长为归明官，更任命被仁宗罢黜的萧注（1013—1073）、石鉴（生卒年不详）等人经略岭南、广源附近之地，争取族群的支持，阻止交趾的蚕食③。由于萧注的驻防经营有成，宋的西南边防趋于稳定。此后，神宗对广西渐采进取之策。熙宁六年（1073）二月任命曾任陕西转运使、度支副使的沈起（1017—1088）为天章阁待制知桂州兼广西经略使，取代熟悉民情风俗、对交趾动静有充分掌握而采持重安边政策的萧注④。神宗更换边帅，“密经制交趾事，诸公皆不与闻”，有关广西边事，沈起得依陕西四路的方式，“凡所奏请皆报听”，只需申经略司专委处置，又可主动差人出界外了解边情，剥夺了原广南西路转运司与闻边事的权力⑤。沈起的任用，宣示了宋廷对交趾政策的转变，神宗谋以积极进取的态度展开行动，统一交趾，因此也

---

① 汤佩津：《北宋的南边政策——以交趾为中心》，页158。
② 苏辙著，曾枣庄、马德富校点：《栾城集》卷47，《进御集表》，页1032。
③ 汤佩津：《北宋的南边政策——以交趾为中心》，页158—159。
④ 李焘：《续资治通鉴长编》卷242，熙宁六年二月辛丑条，页5905。
⑤ 李焘：《续资治通鉴长编》卷244，熙宁六年四月戊寅条，页5933。

开启了经略广西的新页。

沈起任职后，在广西采取了几项积极作为。一是派官深入蛮界巡历，招谕蛮部，入峒点检教阅兵甲，组织保甲，团结溪峒。如遣澧州司法参军谢延甫（生卒年不详），深入融、辰州溪峒，转运判官杜璞（生卒年不详）巡历邕州左、右江溪峒，并以组织邕州五十一溪峒峒丁排成保甲，派官教阅[①]。二是辟地建寨。沈起在招谕蛮夷之后，将之籍为省民，并补蛮酋为职官，纳入宋廷统治范畴。为了便于统摄管理，进一步建置州县城寨。沈起在熙宁六年十二月（1074年1月）即希望“于新地内创建五七寨，大者屯兵六七百人，小者三五百人”[②]，遂于融、宜州疆界置城寨[③]。三是招纳交趾臣民[④]。沈起听从都巡检薛举之议，擅纳交趾逃民侬善美等六百余人，请任为归明官。侬善美的隶属身份相当复杂，沈起认为他们所居是宋地，被交趾侵取，遭赋役诛求，因而请求归宋，沈起将之改为恩情州。但交趾王李乾德（1072—1127在位）认为他们是交趾定边州人，移住恩情州后逃入宋七源州，故要求遣还。宋廷纳侬善美，引起交趾不满，遂有纵兵进犯宋地之举；加上先前沈起派安抚都

① 李焘:《续资治通鉴长编》卷244，熙宁六年四月壬辰条，页5939；卷246，熙宁六年八月丁亥条，页5993；卷247，熙宁六年十月乙亥条，页6021。
② 李焘:《续资治通鉴长编》卷248，熙宁六年十二月壬午条，页6059。
③ 李焘:《续资治通鉴长编》卷271，熙宁八年十二月丁酉条，页6639。
④ 李焘:《续资治通鉴长编》卷247，熙宁六年十月丙申条，页6031。

监刘初领兵到正诚州，置城寨，开道路，引发蛮夷不满[①]。上述事势的发展，显示沈起的开边作为，有为宋燃起战火之虞。在广西转运使张靓（生卒年不详）的检举下，熙宁七年（1074）三月，神宗有意以在泸州经划夷事有成的熊本取代沈起。但王安石等人认为广西情势紧急，泸州距离太远，建议由知虔州刘彝（1017—1086）就近替代。于是，神宗以沈起"于南方干赏妄作，引惹蛮事，若不早为平治，则必滋长为中国巨患"，将他调知潭州，改任刘彝知桂州[②]。

刘彝继任后，仍持续沈起强硬的开边政策。神宗对南方边政虽然较前朝积极，但亦不愿因交趾的冲突而引爆四边烽火，所以希望借刘彝的安抚以缓和边事；不料，刘彝妄测宋廷有攻取交趾之谋。他接任之后，急于立功，积极派遣官员进入溪峒，点集土丁为保伍，授以阵图，要求定期练习，禁止沿边州县与交趾贸易，命督盐运的舟师于沿海习水战[③]。同时，刘彝建议宋廷招纳侬智会，以断绝交趾买马路，作为邕州的屏障，共抗交趾，以固边圉。此一做法得到神宗和王安石的正面支持[④]。不过，刘彝一连串积极性的作为，引起广西蛮夷溪峒的骚动。知邕州苏缄探知交趾亟谋兴兵，函请刘彝停止挑衅行为，以免

① 李焘：《续资治通鉴长编》卷264，熙宁八年五月丁亥条，页6479。
② 李焘：《续资治通鉴长编》卷251，熙宁七年三月庚子条，页6108。
③ 李焘：《续资治通鉴长编》卷271，熙宁八年十二月丁酉条，页6639。
④ 李焘：《续资治通鉴长编》卷263，熙宁八年闰四月乙未条，页6425。

挑起战端；彝不听，反责缄沮坏大事。刘彝的举措引起交趾的不安，乃于熙宁八年（1075）十一月号称集结八万兵丁，进犯钦、廉州，陷之[①]。交趾军旋即破邕州的太平、永平、迁陆、古万四个要寨，苏缄率郡兵士卒2800人死守邕州四十二日，援兵不至，城破，士民死伤五万余人；连同钦、廉之地，宋人死者十余万人[②]。交趾谋进一步寇桂州，岭南诸州告急，宋廷震动，改任邕人石鉴知桂州，石鉴与广南西路转运判官周沃与蔡烨（煜）等人共同追究刘彝之罪。熙宁九年（1076）二月，责沈起为检校水部员外郎，郢州团练副使，本州安置；刘彝责授检校水部员外郎、均州团练使，随州安置[③]。

刘彝引惹事端固然是造成宋与交趾反目相向的主因，但交趾经常招纳沿边各部，扩大势力，因而迫使宋廷采取更积极的攻伐策略。宋廷为了抑制交趾的扩张，于熙宁八年十二月（1076年1月）下诏讨伐交趾，成立安南道行营马步军都总管、本道经略招讨司，任命赵卨（1027—1091）、李宪（1042—1092）为正、副使，同时调集河北、广东、江西、福建、夔州等路土丁、效用赴广西[④]。熙宁九年（1076）二月，改任判太原府郭逵（1022—1088）为安南道行营马步军都总管、招讨

① 李焘：《续资治通鉴长编》卷271，熙宁八年十二月丁酉条，页6639—6640。
② 李焘：《续资治通鉴长编》卷271，熙宁八年十二月癸巳条，页6638；卷272，熙宁九年正月庚辰条，页6664。
③ 李焘：《续资治通鉴长编》卷273，熙宁九年二月庚寅条，页6676。
④ 黄纯艳：《宋朝对交趾和占城的政策：以朝贡贸易为中心》，页22。

使兼荆湖广南路宣抚使，赵卨为副使[①]。神宗谕令赵卨以重兵威临溪峒："选募精劲土人一二千，择枭将领之，以胁峒丁，谕以大兵将至，从我者赏，不从者杀。若果不从，即诛三两族。兵威既立，先胁右江，然后胁左江。此等既归顺，则攻刘纪（生卒年不详）巢穴不难也。"[②]并令于平定交州日，依内地列置州县[③]。宋兵分由水陆二路进攻交趾，陆路从邕州到左右江、横山寨等进兵，而以杨从先（生卒年不详）为安南道行营战棹都监，谋由海道深入其西南隅，捣其空虚[④]。从这些举措显示，神宗想以水陆并进、两面包抄的方式，遏止交趾的进犯。

然而，广源州的刘纪与杨光僭（生卒年不详）等尚挟持两端，成为宋攻伐交趾的绊脚石，此时辽廷也趁机邀索。神宗为避免两面受制，要求郭逵尽速行动"亟期殄灭，以尊强华夏，使边隅自此稍知敛戢"[⑤]。郭逵积极在左右江州峒的要害处立寨栅，追集强壮溪峒，轮番训练，与正兵合力备御[⑥]。宋廷也担心将溪峒之地改置郡县的政策，导致"美利悉归公上"，引起蛮部抗拒，要求郭逵对蛮夷"与其所利，诱之以爵赏，迫之以诛

① 李焘:《续资治通鉴长编》卷273，熙宁九年二月戊子条，页6674。
② 李焘:《续资治通鉴长编》卷273，熙宁九年二月辛丑条，页6683。
③ 李焘:《续资治通鉴长编》卷273，熙宁九年二月甲寅条，页6689。
④ 李焘:《续资治通鉴长编》卷273，熙宁九年三月癸未条，页6697；卷276，熙宁九年六月辛丑条，页6748。汤佩津:《北宋的南边政策——以交趾为中心》，页175—176。
⑤ 李焘:《续资治通鉴长编》卷276，熙宁九年六月壬子条，页6753。
⑥ 李焘:《续资治通鉴长编》卷275，熙宁九年五月癸亥条，页6725。

戮”[1]，以恩威并济的方式争取蛮部的支持。同时为了缓和因战争征调民力引起的反弹或负担的加重，宋廷下令钦廉两州须借用民力时只在本州任役，不必搬运军需粮草[2]。建城立寨之后，分兵戍守，要求只领部分土丁弩手，在要害处驻扎，不必派驻军马供应钱粮，以免“缀留大军，有妨南讨，害国重计”[3]。

宋廷以武力为后盾，以利益招诱的措施，获得各地州峒支持，军捷屡传。熙宁九年十二月（1077年1月），宋将燕达率兵由太平寨攻广源州，迫降刘纪[4]，进兵富良江，交趾兵大败，“蹙入于江者不可胜数，江水为之三日不流。斩首数千级，杀伪大将洪真，禽左郎将阮根”[5]。交趾领兵逆击，宋军未能突破富良江防线，遂退回广源州[6]。但此次举兵，也使交趾战力受挫。李乾德遂奉表乞降，纳苏、茂、思琅、门谅、广源五州之地，并归还所掠子女。宋将也以十万大兵及二十余万运夫，冒暑涉瘴，死亡过半，存者皆病瘁，军食且尽，无力再战而班师[7]。宋与交趾终归于和。

战后，宋为稳定西南形势，将广源州改为顺州，筑城，任

---

① 李焘:《续资治通鉴长编》卷277，熙宁九年七月己未条，页6767。
② 李焘:《续资治通鉴长编》卷277，熙宁九年七月癸亥条，页6769。
③ 李焘:《续资治通鉴长编》卷277，熙宁九年七月己巳条，页6771。
④ 李焘:《续资治通鉴长编》卷279，熙宁九年十二月丙戌条，页6831。
⑤ 范祖禹:《范太史集》（台北：台湾商务印书馆，1983）卷40，《检校司空左武卫上将军郭公墓志铭》，页16上。
⑥ 参见黄纯艳:《宋朝对交趾和占城的政策：以朝贡贸易为中心》，页23。
⑦ 李焘:《续资治通鉴长编》卷279，熙宁九年十二月癸卯条，页6844。

知邕州陶弼知顺州。为便于防守，宋廷准用熙、河、沅州沿边之例，配罪人为牢城军，并专置顺州等地坑冶的机构，命官负责[①]。不过，广西之地毕竟位处瘴疠，宋廷出兵交趾及建置州县的过程中，官兵既困于水土不服，也在开发过程中，因争夺地方利益，引起反弹。另一方面，交趾仍争取的广源之地，虽已设州，但地远难治，戍兵重费，加重财政负担[②]。神宗遂于熙宁十年（1077）七月要求赵卨、李平一、苗时中（？—1091）等人共同检讨分析广源州经营及固守之道[③]。此时，宋臣反战之议频起，而交趾李乾德于元丰元年（1078）上表请复修职贡，划疆界、贡方物、不侵犯，及赐还广源、机榔等州县[④]。宋廷认为交趾在富良江之役元气大伤，已无力再犯边，而且"顺州所筑堡寨，深在贼境，馈运阻绝，戍卒死者十常八九，不如弃之"[⑤]。为了维持南方边境的安宁，以便全力应付北方，元丰二年（1079）冬十月戊申，交趾归还所掠宋民，宋廷废顺州，以其地界交趾[⑥]。为了避免冲突，宋廷迁徙原参与战争的边臣、投靠宋的边民及酋长，包括可能勾结的边境部族[⑦]。此后，宋与交

① 李焘:《续资治通鉴长编》卷280，熙宁十年正月己卯条，页6856；卷281，熙宁十年三月己未条，页6883。
② 汤佩津:《北宋的南边政策——以交趾为中心》，页180—189。
③ 李焘:《续资治通鉴长编》卷283，熙宁十年七月庚午条，页6938。
④ 李焘:《续资治通鉴长编》卷287，元丰元年正月乙卯条，页7011。
⑤ 李焘:《续资治通鉴长编》卷300，元丰二年十月戊申条，页7310。
⑥ 同上注。
⑦ 汤佩津:《北宋的南边政策——以交趾为中心》，页189—191。

趾之间，除了偶有划地等小规模冲突，关系相对稳定。而从划界谈判中可见，宋朝已放弃了神宗对交趾郡县而治之的统一计划。事实上，宋廷承认了交趾的独立地位。

沈起和刘彝积极任事，却有过于冒进之弊，引起交趾的反弹。即使神宗欲以进取之策图谋西南，也不愿在尚未准备妥当的情况下，贸然与交趾开战。从这方面看，神宗的意志与边臣的作为，似有传达、指示与揣摩上的落差问题；朝廷的旨意与边臣的具体施政无法准确榫接，边策自然无法安定。最后因交趾进逼北向，宋廷不得不与之战，也只获得谈和的结局。在神宗朝承认交趾的独立地位后，经营作为两国屏藩的广西更形重要。然而，此后由于朝中党争频起，庙堂执政轮替，朝廷边策难以安定，经略西南尤显吃力，下文讨论的程节、程邻父子以卓越的边政长才，统略广西，更显不易。

三、开边与退缩：哲宗时期程节对广西的开发与其离职

神宗元丰以后，宋与交趾的关系虽趋稳定，但先前为抑制交趾入寇，筹备及发动战争的过程，均需对广西边防有所调整。王安石指出邕州所辖两江溪峒是邕州的藩篱，更是两广恃以为安的长城。以往由于宋廷不能善用溪峒之人，以致交趾兵围邕州四十余日而不能解，遂建议建城壁、辟道路及善用溪峒

之酋，并团结系籍丁壮[①]。不过，加强军备，设立城寨，供应粮饷，团结溪峒壮丁，羁縻或讨伐蛮部的做法，固然使宋廷的统治力得以深入西南边陲，却意味着要直接面对复杂多元、叛服无常的蛮部。而先前为了对付交趾所部署的战力，以胜利为要务，在战时紧急处置下，许多作为都是权宜性的，非长久之策。一旦战争结束，边境趋于稳固，则如何有效统治新纳入的土地，或进而扩张成果，作为巩固边防的基础，这是战后宋廷所要面临的问题。

然而，对广西的积极开发是利是弊，极具争议；加上王安石将积极的开边政策与变法改革的设计捆绑在一起，虽然得到神宗的支持而积极推动，却遭到反对派强烈的批评。苏轼在元祐元年（1086）三月指出："熙宁以来，王安石用事，始求边功，生隙四夷。王韶以熙河进，章惇以五溪用，熊本以泸夷奋，沈起、刘彝闻而效之，结怨安南。"[②]张方平也认为熙宁战争是可痛心之事，主张回归宋太祖"列之外蕃"，才是宋廷长辔远御之术[③]。宋廷在广西的经略是国防政策中重要的环节，自然也随着人事的改变而更易。王安石罢相以后，再经历哲宗、徽宗二朝，是新旧党轮流执政，党争愈趋激烈的时期。在此情

① 王安石：《论邕管事宜》，收入蒋廷锡等纂：《古今图书集成》（上海：中华书局，1934），《方舆汇编·职方典》卷1397，《广西总部·艺文一》，页1—2。本文不见于《王安石文集》。

② 李焘：《续资治通鉴长编》卷373，元祐元年三月己卯条，页9027。

③ 张方平：《乐全集》卷26，《论讨岭南利害九事》，页4上。

况下，宋廷对广西的经营，一方面与熙宁战时体制、紧急权宜性的作为有所不同，另一方面更呈现了时而积极、时而消极的政策摇摆现象。因此，也出现了边地实际执行者与中央决策者政策不同调的窘境，其所冒政治风险大而成果难以持久。

现存宋代史籍对哲宗与徽宗二朝经略广西的记载相当有限，使研究者对这一时期宋廷的经略事迹了解不足。幸好江西出土两件程节、程邻父子的墓志，使我们对北宋晚期宋廷在广西经营的变化有了更深入的了解。

程氏父子是江西浮梁人，其先世约在五代时由徽州移居饶州浮梁，大约以渔业产销致富，成为地方大姓。程节的父亲程暹积极鼓励程节与程筠兄弟读书进取。这时，德兴富室张潜为了子弟可以专心举业，特别搜集万卷图书，建立图书室，设置学舍，延聘名师倪天隐任教。他还招纳乡里有潜力的青年学子，如彭汝砺（1041—1095）、熊本、刘正夫（1062—1117）、程节等人，与其子弟一起受业。这种聚集乡里子弟共读的机缘，不仅对程节兄弟的仕途崛起和家族发展有着关键性影响，也让这些年龄相近的学子建立了友谊，这是他们未来仕途发展的强固纽带，甚至会进一步缔结婚姻。程节与熊本的仕途机缘，就建立在同乡同学的情谊上[①]。

程节是嘉祐八年（1063）中进士，时年三十一岁。中举

① 黄宽重:《宋代的家族与社会》，页205—206。

后，他先任临江军司法等官，熙宁初年，荆广察访使任命他为义宁县令，倚他招谕广西诸蛮。他首创桑江寨，在知武冈县时，劝使酋首杨光僭率众请降。后以亲老请求离开广西。到元丰五年（1082），广西安化蛮叛，杀宜州守王奇、将官费万，岭南震动。神宗改命在泸州平息罗晏之夷叛、在渝州平定南川獠人木斗之叛有功的熊本以龙图阁待制知桂州[①]。熊本有意以武力为后盾来稳定广西局势。基于情谊，及程节对广西情势的掌握，乃辟他为管勾机宜文字，协助处理宜州蛮犯等事，这是程节在广西开创事业的开始。

熊本上任后，鉴于先前临时性的作为无法长久，亟谋长治之道，以稳定广西的统治为要。他明斥候，严禁约，戒边吏勿生事，劳问溪峒酋长，练土兵取代正规军，增加买马以足骑兵，以威抑制兴讼的土酋，恩威并用，终能平息乱事。如宜州戍兵掳降酋至桂州，要求归屯湖南，熊本以武力镇服，使桂州乱事消弭。当时，宋与交趾的疆界未明，交趾狃于小胜，谋乘宜州之叛，拟取侬智会所守勿阳之地，乃兴兵逐侬智会，熊本添兵屯驻，并责问安南，交趾请罪。宋臣以新建的顺州深入境外，不易守，熊本请以隘外宿桑八洞不毛之地给交趾，使岭表无兵祸[②]。

①《龙图阁待制熊本墓志铭》，见陈柏泉编著：《江西出土墓志选编》，页62。
② 同上注，页63。

程节积极任事，不仅协助熊本怀柔蛮夷，稳定广西的政情，更为自己在广西的仕途发展奠下基础。先是，沈起以都怀失守，屠杀土兵。宋廷以前车之鉴，命熊本善处两江事；熊本委程节措置，终能稳定两江情势。元丰七年（1084）五月，宋廷以程节招纳浔、融、王江的溪峒蛮，及开辟道路、置驿站有功，改为干当公事[①]。八月，程节又受命招纳王江一带，自大溠口以上接连檀溪诸蛮。当时荆湖相度公事孙览建议宋廷筑一堡寨以备守御。程节则认为建城寨须派兵驻守，不如由沿江及中心岭，各治道路渐进，先置堡铺，留兵丁以防抄截粮道，为久安之计。程节的意见被宋廷采纳，于是受命措置融州，由左右两江打通湖南北飞山十州的道路，以备军情之需。但所经都是蛮夷之地，程节遂以轻骑到蛮夷境上，说明宋廷怀柔远人之意，诸酋顿首纳款，将土地户口归于朝廷，从此桂、融、道、徽等数百里道路相通。程节在广西的作为颇获神宗的肯定，认为他是奇才[②]，旋即被任命为广南西路转运判官。他奉旨进筑四堡寨，置佛寺，设学校，使蛮部习知礼法，鼓励解辫、袭冠带等华夏之风[③]。显然程节在广西的工作，除了震慑蛮部，还有辟建道路、堡寨等，都是以宋廷深入西南的统治权为出发点。而设置学校、寺院，则以推动中原汉文化的教化为主，这些举

① 徐松辑:《宋会要辑稿》,《蕃夷》5之89。
②《宝文阁待制程节墓志铭》，见陈柏泉编著:《江西出土墓志选编》，页77。
③ 同上注，页75。

措已然走出了军事统治的范畴，而是为久远的政治统治奠定基础。

不过，程节在广西的作为，随着神宗逝世而有了很大的变化。哲宗即位之初，高皇太后摄政，任用司马光为相，反对新党的积极开边政策，熊本因划捐八洞给交趾被夺官[①]，程节改任湖北转运判官，离开广西。此时，荆湖蛮人叛服不常，时时入犯汉地，帅臣采消极退缩之策，程节先威后怀的建议不被接受。元祐三年（1088）八月，渠阳蛮入寇，宋廷仍无积极作为，沿边局势纷扰。十二月，因罗家蛮叛乱，枢密院指示程节申奏对策，并要求他在渠阳筑寨及协助措置蛮事[②]。他及时遏止了变乱，但积极镇边的主张仍并不为当政者接受。宋廷甚至改调程节为江西转运判官、江淮等路提点坑冶铸钱、京东路提点刑狱公事等职，远离边境事务。总之，在元祐旧党执政期间，鉴于前朝积极开边造成宋与蛮部之间的紧张关系，增加宋廷的财务负担，从而改采安抚退缩的政策；原来推动积极开边的官员或帅臣相继被罢或调职。程节自追随熊本参与边事以来的主张与作为，既与当道不合，自然被调离经营西南边疆的职务，难以发挥他在边政上的长才。

及至哲宗亲政，程节重返广西，缔造事业的巅峰。元祐

①《龙图阁待制熊本墓志铭》，页 64。

② 李焘：《续资治通鉴长编》卷 418，元祐三年十二月甲申条，页 10137。

八年（1093）十月，哲宗亲政，力主绍述之说，意在绍复熙宁新政，主张改革的新党再度获用。绍圣元年（1094），程节被任为朝奉大夫、广南西路计度转运副使，再回两广任职①。他知道广西地瘠民贫，主张审慎处理刑狱，“勿违道干誉，当奉承董劝，察奸慝，裕岁计尔”②。由于他勇以任事，元符元年（1098）被擢为朝散大夫直秘阁，权知桂州兼经略安抚使③，是宋廷经营广西的最高执行者。

程节于广西任职前后十一年，在稳定边防及加强宋廷的统治权方面，成绩颇为卓越。他以“外严守备、内兴教化”为施政主轴。这时广西的邕、宜等州，地多瘴疠，缘边的羁縻州峒达六七十处，“险峻隐蔽”，远来的正规军既不熟悉地理环境，也无法适应当地的水土，难以有效维护治安，需要当地土人捍御乡土。程节深知此一状况，为谋有效维护边疆安宁，乃于闲暇时召见当地土著、酋长，拔擢黄忱（生卒年不详）、岑利强（生卒年不详）两位对宋忠诚的蛮酋为归明官。不久，安化蛮聚集龙城下，意在剽掠，程节遣黄忱预防。崇宁二年（1103），安化三州一镇的蛮夷结集了八千多人在卸甲岭、吴村、蒙家寨等地作乱，黄忱领兵丁近三千人平乱，杀了近六百人，俘获酋

① 谢启昆:《胡宗回题名》，收入国家图书馆善本金石组编:《宋代石刻文献全编》第四册，页228。
②《宝文阁待制程节墓志铭》，页75。
③ 李焘:《续资治通鉴长编》卷496，元符元年三月乙亥条，页11812。徐松辑:《宋会要辑稿》,《选举》33之20作知潭州，误。

首蒙光有（生卒年不详）等，蛮兵大败，夺到牛羊器械三万余[①]。在程节的招抚下，又有三万余蛮人乞降。于是，复筑四堡寨旧城，率领将士进至古融，夷人老幼拜服。

战争结束之后，程节进一步整治所有驿铺道路，三路进筑，强化了宋廷在广西的统治能力。此外，他更招抚蛮部，推动汉化，积极在蛮部因俗设教，推动儒学教化，使宋与交趾息兵之后，广西地方开发及风俗民情有很大的改变，以至辖境的士民说："天子留程公以绥远方，吾曹慎勿为恶。"交趾的使人也说："我众何敢舍耕渔之乐，以利兵毒矢伺为害。得全命洞穴，皆程公赐也。"这都是程节在广西任职十一年的成果。因此，为他写墓志的程遵彦（生卒年不详）盛赞他"因俗设教，督属郡外，严边备，除戎器，阅兵马，号令肃然。内郚农安富，丰财恤贫，兴学校，礼师儒"[②]。其所述不免过于夸饰，却也反映了他的行事作为和成效。徽宗即位后，任程节为朝请大夫直图龙阁权知桂州，充广南西路兵马都辖兼经略安抚上护军，集军政大权于一身。这是程节权位最高的时候。由于长期经营边陲，处置军戎，程节的体力与精神耗费巨大，于崇宁三年（1104）辞世，享年七十二岁。

纵观程节经略广西的事功，实起自神宗元丰五年（1082），

---

① 宋廷为此奖励有功人员，见谢启昆：《崇宁癸未奖谕敕书》，收入国家图书馆善本金石组编：《宋代石刻文献全编》第四册，页233。

②《宝文阁待制程节墓志铭》，页76。

嗣后哲宗即位，旧党执政，对外以保守为主，程节因而离去广西，改任他职，直至哲宗亲政，他才重返广西，缔造事业巅峰，至徽宗时期，享有毕生最高的权位。造成程节仕途起落的因素，与朝廷中新旧党势力的消长及皇帝的意志直接相关。而程节在广西的作为与前任几位主事者相较，明显较能内外兼顾，既外严守备，又内兴教化，在不轻启战端的情况下，深化了宋廷统治广西的力道。

四、抚蛮纳土：徽宗朝程邻对广西的经营

接续程节为宋经营广西而有成的，是他的儿子程邻。程邻字钦之，生于熙宁三年（1070），是程节的次子。他以任子恩补太庙斋郎，弱冠试太学，曾获乡试第一，表现优异。绍圣元年（1094），程节由户部员外郎改任广南西路计度转运副使时，邻为永州司户参军。徽宗即位，程节任知桂州兼广南西路经略安抚使，再奏辟邻以知延安府司录参军，充广西经略安抚使司管句（勾）书写机宜文字[①]，正式追随其父参与经营广西边务。当时，蔡京掌政，亟欲复熙丰鼎新之规，推行积极拓边策略，程邻与其父筑桂州义宁县桑江等寨，以控扼蛮部，颇有成效，他的才能也受到肯定。崇宁元年（1102）与崇宁三年

---

①《宝文阁待制程节妻沈氏墓志铭》，见陈柏泉编著:《江西出土墓志选编》，页80。

（1104），相继丁其母沈氏及父程节之忧。

不久，宋廷为便于统治新纳蛮地，即以程邻出任新设黔南路长官。当安化三州一镇顺服之后，广西经略安抚司奏请将该地析为溪、叙、驯、乐四州[①]。宋廷为加强对广西的控制，于大观元年十二月（1108年1月），分融州和平州，加上观州、柳州、宜州等新拓羁縻州，设置黔南路。以程邻久历岭南事务，熟悉该地环境，乃授他为宣义郎，提举黔南坑冶。溪叙四州境界划定之后，宋廷拟派遣宽厚有威望又得蛮部信服的官员，宣谕宋廷的德意，徽宗即命程邻出任。大观二年（1108），程邻以三州一镇户口六万一千上报朝廷，顺利完成使命；宋廷正式任命程邻知融州兼黔南路马步军总管，兼经略安抚使。蛮人寇围观州，程邻遣将授以方略，击溃蛮人，守住观州城。其后，宋廷认为增设新的路级行政区会加重财政负担，决议罢黔南路，将其所属州县还隶广南西路。程邻改任知永州、知夔州等职，虽离开广西，仍与蛮部事务有关。两年之后，他回任广西，为知桂州兼广南西路经略安抚使[②]。程节、程邻父子两代相继担任广西帅臣，为时人称道。

程邻承继其父在广西的作风，以筑寨驻兵与主动攻击来

---

① 参见脱脱等：《宋史》卷20，《徽宗本纪》，页379；卷90，《广南西路志》，页2239。感谢匿名审查人提供修正意见。

②《徽猷阁待制程邻墓志铭》，见陈柏泉编著：《江西出土墓志选编》，页100。谢启昆：《侯彭老程公岩记》，收入国家图书馆善本金石组编：《宋代石刻文献全编》第四册，页235。

压制诸蛮。当时诸蛮中以南丹酋长莫公晟（生卒年不详）最为凶悍，附近蛮部都十分畏服。莫公晟怨广西帅臣王祖道（？—1108）听州都巡检刘惟忠（生卒年不详）之议，诬杀其兄莫公佞（生卒年不详），并改南丹州为观州，乃谋联合诸蛮内犯，作为报复。程邻命岑利强守观州。由于程氏父子镇守南疆，威名在外，诸蛮无所获，乃相继派其子弟、部众叩边纳款。程邻为稳固时局，听从黄忱之议，奏请宋廷增筑高峰寨[①]，驻重兵，以堵南丹州的咽喉，使南丹州不敢逾寨，寇犯省地。此外，距桂州险远的安化蛮最为桀骜不驯，程邻担心地远难遥制，亲率兵，出其不意围攻之。乐州之役，宋军兵力单弱，程邻多张旗帜以疑敌，蛮部望风起疑，宋军整队而行，斩首数百，夺得万余器械，班师而回。程邻一连串的强势作为，使邕州右江广大地区的诸蛮都向宋归服。

政和三年（1113），宋廷任命程邻为集贤殿修撰知桂州，行经略安抚司事[②]。邻莅任后，平海南黎人及陵家寨蛮之乱，颁布宋廷的政和新乐予交趾。他主张"彼以诚来，当以诚应"[③]，命蛮酋广州观察使黄璘（生卒年不详）办理，招纳右江诸蛮，由忠州团练使李坦（生卒年不详）领军负责招抚工作。

---

① 明橐:《请罢岭南西路平观二州奏》，收入汪森编:《粤西文载》卷 4，页 24。
② 谢启昆:《李彦弼隆兑二州记》，收入国家图书馆善本金石组编:《宋代石刻文献全编》第四册，页 238。徐松辑:《宋会要辑稿》,《选举》33 之 28。
③《徽猷阁待制程邻墓志铭》，页 101。

从政和四年（1114）冬至次年春，“凡所录州、县、镇、洞、村、团、隘共一千三百七处，丁口五十七万四千一百余人，鼎收赋税金谷毡马等物，每岁各以一千六百有奇为定式”[①]。分建隆、兑二州，设置安江、金斗、凤怜、朝天、思王五寨，规划有致，“井邑、居舍、城隍、楼橹不淹时悉完具”[②]，为记录此一盛事，特别勒石“大宋建筑隆兑州记”，并向朝廷进表。这时他的官职为朝奉郎，充集贤殿修撰权知桂州军州管勾学事兼管内劝农事，充广南西路兵马都钤辖，兼本路安抚管勾经略司公事，借紫金鱼袋，可说集军政民政大权于一身，也是他一生事业的巅峰。

程邻长年在岭南从事抚谕与镇压的工作，深入蛮区，感染瘴气致病，上表请求回乡疗治。政和五年（1115）八月，宋廷改命他为提举杭州洞霄宫。不久，湖北沅州蛮杀守臣张建侯（生卒年不详），宋廷以邻长于兵戎，匆忙间召他再领荆南，以经制其事。他带病上任，终能敉平蛮乱。政和七年（1117），宋廷命他为右文殿修撰知广州，兼广南东路经略安抚使。宋廷倚重他的声望，镇守岭南，相继奖励他昔日守广西的功绩，如以隆、兑建州，转两官，改朝请郎。又叙海南功，加朝奉大夫，磨勘转朝散、朝请大夫。他在广逾年，以病再请宫观。宣

① 谢启昆:《李彦弼隆兑二州记》，页238。
②《徽猷阁待制程邻墓志铭》，页101。

和二年（1120），程邻卒，享年五十岁。

程邻的子侄辈，也都参与了广西的经营。他的侄儿程杲（生卒年不详），自幼丧父，在程邻妻子陈氏的照顾下成长，以荫入仕，被辟担任广西帅府的幕僚。杲擅长书法，政和五年（1115），建隆、兑二州碑记时，他负责篆额。程邻的长子程升（生卒年不详），也以荫入仕。大观三年（1109），宋廷以程邻抚谕安化蛮归顺有功，改叙程升官职。次子程昪（？—1116）在政和年间任广西书写机宜文字。五年，昪衔父命奉隆、兑图籍赴临安入奏，中途因病卒于荆门。可见程邻的子侄在他担任广西经略安抚使期间，都追随他任随从机要的工作，职务并不高。由于程邻英年早逝，加上宋廷因联金灭辽引发了一连串军事冲突，北方局势紧张，无暇顾及南方；不久又有靖康之难，政权南迁的惨剧，当然更无力经营广西。因此，在广西发展的程邻子孙辈，很快在历史上销声匿迹了。

徽宗一朝，宋廷在广西的经营是在宋与交趾关系缓和后展开的。程邻也在蔡京积极开边的政策下，追随其父程节的模式，以武力为后盾，积极招纳蛮夷，开拓疆土。宋廷谋加强对边陲的统治，程邻扮演先锋的角色，招抚安化三州一镇的蛮部，纳入王土。宋廷因之增设黔南路，任邻为经略安抚使。后虽罢黔南路，但邻随即出任知桂州兼广南西路经略安抚使，以军事的优势和羁縻的手段，将邕州右江广大的蛮地纳为版图，并增隆、兑二州，这是北宋经略广西的最盛时期。而程邻对交趾的态度，也反映了自熙宁战争以来，宋廷改以推动经济交往发展朝贡贸易为主轴的政策基调[①]。然而，宋廷内部党派争斗不断，对外政策屡变，缺乏一贯性，使负责边防重任的帅臣动辄得咎，难以遵行。加上程邻早逝，都使宋廷对广西的经营成效难以延续。

程邻积极开边的作为配合了当时新党的执政政策，但由于政争及政局变化，宋廷的开边政策瞬息万变，也使得后人对程邻在广西的作为评价不一。宋室南迁后，为重建统治权，高宗曾派朝臣至各路宣谕，并掌握政情；负责宣谕广西的明橐便对程邻的开边作为，采取批判态度。他在《请罢岭南西路平观二州奏》中，批评由高峰寨改置的观州岁费钱一万二千九百余贯、米八千八百十七石，"州无税租、户籍，皆仰给邻郡，飞挽涉险阻，或遇蛮寇设伏，阴发毒矢，中人辄死。人畏贼，悉委弃道路，纵然达州，靡费亦不可胜计"。而由王江寨改置的平州，岁费钱一万四千四百一十八贯六百文、米一万一千一百二十五石，"州无租赋、户籍，转运司岁移桂、融、象、柳之粟，以给之"。并说平州的存设是程邻受到边吏沈季垣（生卒年不详）的欺骗，使得"百姓有征戍转输之苦，诚为可悯"，因此建议罢平、观州[②]。此议在绍兴四年（1134）九月被宋廷接受，"废观州为高峰寨，平州为王口寨"[③]。不过，

① 黄纯艳:《宋朝对交趾和占城的政策：以朝贡贸易为中心》，页24。
② 明橐:《请罢岭南西路平观二州奏》，页24下—25上。
③ 李心传:《建炎以来系年要录》卷80，页6上。

到了次年七月，边吏指出废州之后，提刑转运司不究边防利害，“邻路盗贼未息，深虑诸蛮观望，结集作祸”，建议依旧存留。于是，宋廷听从广西经略使李弥大之议，于“二寨各置都巡检使兼提举诸堡寨盗贼公事，益戍兵通旧皆五百人”[①]。从这个角度看，程邻在广西设置州级行政区，仍有维护边境治安以及宋廷的统治权的考虑。如果进一步从南宋在西南边疆的发展，以及晚宋对抗蒙古的历程看来，程节、程邻父子的政策若有延续，宋廷在广西的情势会更具优势。

此外，程氏父子在桂州执政期间，也有许多文化建设和文化活动。现存《粤西金石略》即留下如建湘南楼、程公岩等石刻资料，其中有程氏父子兴筑工事、夸耀事功之举，也有关于两人与士人属僚游赏赋诗的记事活动，及称颂两人政绩伟业的记录。这些文教记事，后来曾招致讥评，如南宋梁安世（1136—？）有诗“宣政喜边功，隆兑筑州县，程公自名岩，刻石记所建，得既不偿费，中兴弃不缮，诞谩磨崖辞，当日妄夸炫”[②]，批评程氏父子浮夸事功之风。但从另一个角度看，这些活动也体现宋朝由军事转向政治统治，及落实文化活动的变化。

程邻子承父业，继承程节经略广西的策略，除了以军事和文化手段双管齐下，更将蛮地纳入版图，新置州县，虽然所费不

① 李心传:《建炎以来系年要录》卷91，页21下—22上。
②《梁安世诗》，收入国家图书馆善本金石组编:《宋代石刻文献全编》第四册，页267。

赀，但也是北宋经略广西的巅峰。经过程节、程邻父子的经营，广西渐从化外之地转变为西南门户，为南宋政权的边疆经营奠下基础。由于经营广西实属不易，除了必须妥善处理民族问题，还必须投入大量的人力和物资。在施政先后与实际成效的计算下，保守派旧党往往宁愿采取消极退缩的策略。在北宋晚期新旧党轮替执政的政局中，边疆政策的进取或消极，最终仍决定于朝廷执政的意志，令决于中，使程氏父子得以施展边政长才，经略广西取得一定的成果；然而党争轮替，也造成其政策曾有中断，且未能延续，导致南宋朝廷在广西的战略位置上未能取得更大优势，这对日后宋元战争的过程与结果有一定影响。

五、结语

中原王朝对边疆的拓展有多种途径，武力征服是其中之一，还可以从风俗文化的改变着手。从现代的角度来看，这两种途径都有其正负面的影响与评价。以武力征伐，不仅扩大了中原王朝的疆域，开发了新的地区，还通过教化手段使中原文化深入边疆区，扩大主流文化的影响力。不过，以武力为后盾，强势拓展主流价值，对弱势民族与文化也是摧残与破坏。因此，我们在讨论宋朝的开边政策或程氏父子经略广西的方式时，并不宜过度宣扬其价值。

宋朝中国对西南，尤其是广西的拓展状况和成绩，显然与其政策有密切关系。辽、夏对宋的长期压力使宋廷穷于应付，只好对西南采取羁縻安抚的策略。但交趾的独立与北向发展，以及移民造成的民族冲突，对宋的南疆形成潜在的威胁，须设法遏止；于是，位处边境的广西，成为宋廷推动经略政策的场域。在宋神宗与王安石主导的积极开边政策下，宋廷加强对广西的经略，其目的即在阻遏交趾独立运动与北上发展，进而扭转"列之外蕃"的消极御边政策，以达到统一交趾的目的。因此，此一时期的经营带有浓厚的军事统治色彩，引发了不同程度的冲突乃至战争，这也招致朝臣的批评。其后随着神宗和王安石的主导性消失、交趾的威胁减少，宋廷打消了统一交趾的企图。为了长期稳固边疆，宋廷在广西改行长期统治的策略，程节、程邻父子躬逢其盛，为宋廷在广西执行拓边任务。两人任事，以武力为后盾，积极开疆拓土，推动教化，谋由长久性的经营，稳固统治的基础。不过，两人在广西任职期间，正值新旧党交替执政、政争激烈、政策骤变的时期，不但两人的作为时受批评，职务常遭调动，宋廷拓边的政策更是难于落实，成效无法持续，一直到宋室南渡之后，才又有比较积极的经营。因此，从这个角度看，程氏父子在广西经略的成效并不彰显；不过，他们从军事转向民政的执行策略，却为南宋经营广西以及广西的开发奠下了基础。

就程氏家族而言，程节、程邻父子的墓志铭透露了家族崛起兴衰的重要信息。程氏父子两代在广西经营前后达三十年，不仅是北宋经略广西的极致，对两人而言，也是仕途发展的最高峰。获致这样的荣耀，固然与程氏父子的卓越领导才能有关，但与两人的特殊际遇关系更为密切。程节考上进士后，因新党党人熊本的延揽而到广西任职，更在新党开边的政策下出任帅臣，展现文人领兵的才能。这种由文臣领兵的现象是宋代重文轻武国策的体现，自范仲淹以来，更成为常例。然而，程邻并非进士出身，他荫补入仕，追随其父经略广西，而能以事功获任高官，则是较特殊的例子。以恩荫补官是宋代对高官优待的一种政策，不过承平时期，以恩荫出仕者通常不易获致高位。唯有像广西此类偏远边区，一般文官不愿出任，才正好为荫补者缔造了崛起仕途的空间，也让他们有发挥军事领导才能的机会。程节子孙辈在广西任职及程邻的杰出表现，都说明了这种特殊的际遇是个人及家族创造兴盛的机会；但由于时局的转变，宋朝对广西经略中辍，程氏族人失去表现的舞台；加上在重文政策下，以荫任官者在仕途发展上终难与科第出身者相比，程氏家族日益消寂。程氏父子经略广西的作为，也因朝廷政策的摇摆无以为继，甚至受到批评，加上《宋史》无传，程氏父子生平与作为遂未留下记录。从这点看来，程氏父子两代四人的墓志铭虽不免有隐恶扬善、夸大失实之处，却可以透视人物的生平事迹、人际关系、家族发展，填补史籍记载不足或失误，而成为了解时局变动及社会发展很好的材料，也正是研究历史的重要资源。

第七章

庶无稽迟：

宋、蒙广西战役的军情搜集与传递

信息传递是人类社会活动不可或缺的要事，对个人、社会、政治都有或大或小的影响。个人的人际关系与对外联系，商业活动中的商情变化，政治活动中政令的上情下达，乃至外交、军事的推动与执行，均须倚赖信息的取得、判断与处理，方能成为决策而后执行。无论是掌握、处理、发布、阻断信息，都需要一套传递制度，以建立利于信息流通的渠道、流程与运作机制。

以宋代研究而言，以往如朱传誉之于宋代邸报、曹家齐之于漕运、赵效宣之于递铺、陶晋生之于宋辽的雄州，及日本学者对入华僧人的研究等，都曾由不同的角度触及信息流通及传递渠道的议题，惟仍限于制度性或个别问题的讨论。近年以来，在北京大学邓小南教授的倡议下，信息传递议题逐渐走向信息来源、渠道构成和流通方式等，较具整体性与动态性的观察[①]。本章拟以信息传递为视角，探讨南宋理宗宝祐五年（1257）到景定元年（1260），蒙古由大理、安南攻宋期间，宋廷如何通过对安南、大理、羁縻溪洞三方面的情报搜集，了解蒙古由西南边境攻宋的进程，以及宋廷的因应之道，并讨论军情传递的渠道、时间，军事情报搜集的渠道、人物、重要内容的分析及政策取舍等问题，期待在政治史研究的观察与思维下，对此议题有新的思考与贡献。

一、《可斋杂藁》与宋蒙广西战役

本章以曾于南宋末领导广西抗蒙的统帅李曾伯所撰《可斋杂藁》为主要史料。李曾伯在理宗宝祐五年闰四月奉命调兵屯驻邕、宜间，以扼诸蛮之路。十一月五日，以荆湖南路安抚大使兼节制广南；十二月一日，改任为广南制置大使兼知静江府[②]，直到景定元年七月方卸任北调。《可斋续藁后》卷5到卷9部分，记录了从宝祐五年闰四月二十六日至景定元年三月近三年间，李曾伯在任内向理宗奏报的奏札。

前辈学者陈智超教授曾利用该文集《可斋续藁后》卷5到卷9，撰写了《一二五八年前后宋、蒙、陈三朝间的关系》一

---

① 邓小南主编:《政绩考察与信息渠道——以宋代为重心》。

② 不著撰人:《宋史全文》卷35，页43下。

文，探讨宋、蒙与越南三边关系。该文不仅还原了这场重要但世人了解不足的宋、蒙战役实况，更修正了学界的若干观点，是一篇高原创性的学术佳作①。李天鸣教授在《宋元战史》一书中，也利用此数据，阐述了蒙古在晚宋对广西的攻掠②。陈、李两文的侧重点虽异，但对《可斋杂藁》的利用，均着眼于战争与外交。我往昔的研究虽曾对李曾伯《可斋杂藁》一书的内容与价值有所关注，但受限于研究议题，除了偶有引用，并比勘文渊阁四库全书本与四库底本，尚未充分利用《可斋杂藁》进行专题研究。

从信息传递的角度看，《可斋杂藁》一书有很高的研究价值。《可斋续藁后》卷5到卷9的内容，除了涉及宋与蒙古、安南三国之间的关系变化与战事发展，更拥有现存宋代史料中最丰富、最完整的军情数据。文集完整保留了宋、蒙广西战役期间，在杭州的宋理宗与在桂州的李曾伯两人讨论情报搜集、战事发展等重要问题的往来书信。通过这份史料，我们可以看到晚宋皇帝与前线指挥官之间的信息传递与沟通、情报的搜集与处理，以及决策形成的过程：包括兵粮供应、与少数民族的关系、筑城与关隘维修、人员调动、人事布局、军力部署，特别

① 陈智超:《一二五八年前后宋、蒙、陈三朝间的关系》，收入邓广铭、程应镠主编:《宋史研究论文集》(上海：上海古籍出版社，1982)，页410—452。
② 李天鸣:《宋元战史》(台北：食货出版社，1988)册一，页697—711；册二，页762—770。

是宋廷面对蒙古三边作战时感受的压力、人心浮动等的真实情况，是研究晚宋政局与军情的最佳史料之一。

在李曾伯出任湖南路安抚大使及广南制置大使期间，蒙古军两次进攻广西。第一次是宝祐六年（1258）八月，蒙古骑兵由特磨道出发，入宋境，攻破老鼠隘，过武缘，逼近邕州东门及昆仑关之后，拥兵回云南，这是一次试探性的攻击战。第二次则是开庆元年（1259）八月，由横山寨渡来宾江，抵静江府（桂林）城下；十月初，自小路入湖南。近三年间，宋、蒙发生战争的时间不出六个月，而且规模不大[①]；但宋、蒙广西战役的情势，却和以往宋与金、蒙在四川、荆鄂、两淮等主战场大不相同——蒙古这次除了从四川、湖北、两淮正面攻宋，更推动了宋人称之为“斡腹之谋”的策略。从淳祐四年（1244）起犯大理，攻越南，谋从右翼突破宋西南防线，向长江腹心之地推进，结合四川、湖北战场，对宋形成三面夹击的态势。这一来，便让久无边患的广西地区，陷入新的紧张局势之中。

此一新战局的出现，对已疲于应付自淮北来敌的宋廷而言，更是雪上加霜。西南地区的民族与环境，比久处战务的北方更为复杂。广西地理环境特殊，丘陵发达，河流甚密，峰峦起伏，关隘重重，对外通道繁多，防守不易。而五岭南麓的气候多雨闷热，被视为瘴疠之地；加上米粮不足，官兵难以戍守

① 陈智超:《一二五八年前后宋、蒙、陈三朝间的关系》，页 422—436。

驻防，边防空虚，民族复杂，使广西事务更为棘手。该地境内外有许多少数民族组成的溪洞，以及诸如自杞、特磨道、罗殿国等半自治羁縻区，加上大理和安南两个表面上奉宋正朔、实质独立的王朝，民族与属性各自不同。这些不同的势力，长期与宋维持着若即若离的关系。虽然自宋仁宗平侬智高之后，宋廷也曾以恩威并济的方式，羁縻少数民族，但执行上成效不大[①]。宋室南渡以后，更积极团结少数民族，但金、蒙对宋造成的压力，更甚于辽、夏。宋廷全力巩固北方边防犹有不足，对西南地区实难有效统合经略，只能通过羁縻、绥抚的政策，消极地避免事端发生，难以发挥积极成效[②]。

广西既骤然成为蒙古进犯的目标，宋廷只得采取紧急措施，以因应这一新的情势。李曾伯曾担任知静江府，对广西情况有相当掌握，又先后担任四川、荆湖的防御重责，也曾与蒙古作战，收复襄阳，对蒙古了解甚深，加上长期领兵，在战略部署、兵将控御等方面经验老练，因此宋廷先任命他为湖南安抚大使，随即授命节制广西，试图将湖南与广西的军事防御连成一气，以利于巩固西南边防。同时，为了提升前线将领在战略应变上的灵活性，宋廷也恢复了南宋初期在江淮一带建置的镇抚使。

① 黄宽重:《北宋晚期对广西的经略——以程节、程邻父子为中心的讨论》，收入《法国汉学》丛书编辑委员会编:《法国汉学·第12辑：边臣与疆吏》（北京：中华书局，2007），页210。
② 曾冠雄:《从化外到门户——论政权南移与南宋广西的发展》，页142—144。

任命曾任知寿春府的著名淮将刘雄飞，为广南西路融宜钦镇抚使，并知邕州，镇守极边，让他拥有较一般将领更大的权力①。

蒙古由大理攻广西的斡腹之谋，对宋廷是一大考验，对理宗和李曾伯的压力更大。在仓促备战的情况下，在临安的理宗需借由使者的传递，掌握前线信息并做出指示，将中央旨意传达到前线，并要求贯彻执行；而如何掌握敌情与政情，向皇帝通报，争取资源并获得指示以遂行使命，则是李曾伯的重要任务。近三年的备战期内，坐镇桂林的李曾伯，其所涉及的内外事务繁杂，从战备部署、探报、人员兵粮调度，以及大理、安南与蒙古的关系，地方与羁縻州舆情的掌握，情报的搜集、分析与汇报，战况进度，包括战后的善后检讨等，都要巨细靡遗地向理宗报告。这些林林总总的信息，都在《可斋续藁后》卷5至卷9中呈现，也构成这份资料最珍贵之处。

《可斋续藁后》是理宗与李曾伯通信的记录，文中所记人、事、时、地、物等资料，有相当程度的真实性和可靠性。不过，记录者李曾伯是前线最高军政长官，涉及自身利害的有关事务不免有主观、隐瞒，甚至夸大之处；但晚宋史料十分零散，广西战役又非当时宋廷唯一要事，相关记录稀少，对李曾伯所述是否准确难以查证，因此本章在讨论中，对李曾伯所述

① 刘雄飞曾于淳祐六年（1246）任知寿春府，见脱脱等:《宋史》卷43,《理宗本纪》,页834。镇抚使之设置及权限，见黄宽重:《南宋地方武力——地方军与民间自卫武力的探讨》，页187—188。

文字有可印证处做必要查证之外，均依其陈述①。

二、信息传递的时地问题

宋廷对信息传递一向重视，也建立了一套严谨的制度②，尤其在战事紧急的晚宋，朝廷对各地战情的掌握与传递渠道的通畅与否更为在意。如宝祐五年（1257）八月庚戌，理宗在诏令中，“申严诸路、州、县稽留赦书、奉行不谨及递兵违慢之弊”③。十一月丁卯，又提出“边烽未靖，恐邮递稽迟，不可不申严之”④，可见理宗对迅速掌握前线战情的速度与成效非常重视。

宝祐五年十一月五日，李曾伯受命出任湖南安抚大使兼节制广南军务，此时他尚在潭州。十二月二日，李曾伯获命兼任广南制置大使，移司静江府，次年二月六日抵达静江。此后均在静江府执行任务，因而有关广西战役的最重要的信息传递据点，是理宗所在的临安与李曾伯主事的静江府，其次是潭州。李曾伯既

① 关于李曾伯在广西经营边防及防御蒙古进犯战策的检讨与批判，资料不多，目前比较直接的批评，为刘克庄在景定三年（1262）七月六日的《进故事》。刘克庄说道：“斡腹之传且二十载，于是建阃桂林，倚之为万里长城，羽檄调精兵良将，分布要害，又竭广东椿积泉粟以饷西广。寇未至则先抽外戍以自卫，寇至则坚闭四壁而不敢出。使蛮鞑数千乌合之寇，残昭、容、柳、象，破全、永、衡诸郡及潭之诸邑，桂阃为之也。”见刘克庄：《后村先生大全集》卷 87，《进故事》，页 11 下。

② 曹家齐：《宋代文书传递制度述论》，收入邓小南主编：《政绩考察与信息渠道——以宋代为重心》，页 341—377。

③ 不著撰人：《宋史全文》卷 35，页 39 上。

④ 同上注，页 43 上。

负责广西战务，便需要与境内各防御重地维持密切的联系，而广西诸州中，则尤以邕州最为重要，资料也最明确。在李曾伯向理宗奏报的一百四十二份奏札中，除了十九份，均自静江府发出，因此本章分析与讨论的重点，以临安与静江府之间传递的信息为主，其次则是潭州与临安及邕州与静江府之间。

据李曾伯在奏札中所言，临安至潭州最快需时八天，一般则为十天左右[①]；若以潭州至静江需四天为计，则从临安到静江，通过军递需要十二三天[②]。但是，由李曾伯奏札所见，在李曾伯赴任之初，临安与潭州、静江等地信息往来传递的时间要更长。理宗的圣旨有两次从临安传送至潭州，需时十三天，信息自临安传送到静江，也常超出十二三天的时程，有四次是十五天[③]，三次为十六天[④]，有三次十七天[⑤]。由静江传递至临安

① 李曾伯:《可斋杂藁》(台北：台湾商务印书馆，1983),《可斋续藁后》卷5,《回宣谕手奏》，页5下—6下;《回宣谕兼节制奏》，页11下。

② 李曾伯:《可斋杂藁》,《可斋续藁后》卷5,《同洪漕乞修潭州城奏》，页9。

③ 分别为宝祐六年四月三日临安发，十八日晚至静江府；四月二十一日临安发，五月六日到静江府；四月十四日临安发，二十八日至静江府；六月一日临安发，十六日至静江府。见李曾伯:《可斋杂藁》,《可斋续藁后》卷6,《回奏宣谕安南事》，页9下;《回宣谕奏》，页17上;《回奏两次宣谕》，页19;《回奏宣谕》，页38上。

④ 分别为宝祐六年正月十六日临安发，二月二日至静江府；三月六日临安发，二十二日至静江府；四月二十三日临安发，五月九日至静江府。见李曾伯:《可斋杂藁》,《可斋续藁后》卷5,《戊午回宣谕不必候再辞回降启行》，页25下—26上;《条具广南备御事宜奏》，页47；卷6,《回奏宣谕》，页22下。

⑤ 分别为宝祐六年正月二十一日临安发，二月六日至静江府；三月二十七日临安发，四月十四日至静江府；三月二十九日临安发，四月十六日至静江府。见李曾伯:《可斋杂藁》,《可斋续藁后》卷5,《至静江回宣谕》，页26下；卷6,《回宣谕奏》，页1上;《回奏宣谕》，页6下。

的信息，则由于数据不足，无法说明，但显然不如朝廷发下顺利。如在宝祐六年（1258）二月二十六日，李曾伯自静江府送出奏状，向理宗报告关于安南受敌的后续处理情况，如此重要的军情，理宗竟迟至四月十四日才由尚书省的省札中获知[①]；二月间，甚至有四封奏状未送达临安，更显示静江与临安之间的信息传递，时有延误，甚至遗失的现象。

对前线情报"连递迟滞"的情况，理宗认为"关系非小"，指示李曾伯"契勘究治"[②]。针对理宗连番询问，李曾伯调查之后，向理宗说明："臣自二月六日到静江，至三月三日，凡共发八递，并是一样牌角，发入军铺，独有十一日一递，乞改邕守者，却幸无差迭。前后凡七递，中途俱为转入省铺，致此稽误。臣久已差人根刷。"[③]由于李曾伯受命出任广西置制使时尚未赴任，未与原经略使印应飞交接职务，以致递兵延误，甚至误将原应通过军递铺传送的奏状，纳入一般省铺，影响传递时效。李曾伯承诺将惩处递兵，并加以改进[④]。

不过，李曾伯赴任之后，信息传递仍有延迟。理宗要求李曾伯查明，李曾伯在答复中指出，潭州到静江府需时四天半，但湖南递兵并非他职权管辖所及，难以有效改善从潭州到临安

① 李曾伯:《可斋杂藁》,《可斋续藁后》卷6,《回宣谕奏》, 页4上。
② 李曾伯:《可斋杂藁》,《可斋续藁后》卷6,《回奏两次宣谕》, 页19下。
③ 李曾伯:《可斋杂藁》,《可斋续藁后》卷6,《回宣谕奏》, 页17。
④ 同上注, 页9上、17。

传递延误的情况。为了加速传递，李曾伯依理宗指示，在广西境内增加了六个军铺，也希望朝廷督促湖南、江西改善，“庶无稽滞”[①]，“臣继当一月驱磨一次时刻，违甚者重置施行矣”。湖南也在随后增置军铺[②]，相信此后信息从静江到潭州仅需三天半，潭州传送到临安，也仅需七天；若无雨水阻碍，则从临安到静江，全程只需要十二天[③]。然而，从宝祐六年（1258）十一月到开庆元年（1259）三月间可见的传递记录中，最快的一次是八天[④]，其次为十一天[⑤]，其余均在十二天或以上，甚至有到十六天的记录[⑥]，显示即使前线与中央的信息传递，仍有不能按时送达的情况；但这期间可能与战事稍缓，或理宗关切的事转移有关，并未见理宗要求改进传递的指示。开庆元年五月以后，蒙古对西南沿边加强部署，战况趋紧，理宗重启了对信息传递速度的关注。针对递兵延宕的问题，李曾伯再次“行下本司所管铺兵，遵照期限走传”[⑦]，传递时程因此又加快为十天[⑧]。

---

① 李曾伯:《可斋杂藁》,《可斋续藁后》卷 6,《回宣谕奏》, 页 39 下—40 上。

② 同上注，页 44 下—45 上。

③ 同上注，页 49。

④ 宝祐六年十一月三日临安发，十一日到静江府。见李曾伯:《可斋杂藁》,《可斋续藁后》卷 7,《回两次宣谕及缴刘镇抚书》, 页 60 上。

⑤ 宝祐六年八月六日临安发，十七日到静江府。见李曾伯:《可斋杂藁》,《可斋续藁后》卷 7,《回奏宣谕》, 页 13 上。

⑥ 李曾伯:《可斋杂藁》,《可斋续藁后》卷 8,《回奏宣谕》, 页 24 上—28 上。

⑦ 李曾伯:《可斋杂藁》,《可斋续藁后》卷 9,《回庚递宣谕奏》, 页 15 上。

⑧ 开庆元年五月二十八日自临安发，六月八日至静江府。见李曾伯:《可斋杂藁》,《可斋续藁后》卷 9,《回庚递宣谕奏》, 页 25 下。开庆元年七月十六日自临安发，二十六日至静江府。见李曾伯:《可斋杂藁》,《可斋续藁后》卷 9,《奏边事已动》, 页 41 上。

然而，在蒙古第二次进攻广西后，临安与静江府之间信息传递便出现了严重的问题。蒙古军于开庆元年八月八日进犯横山寨，九月二十二日，蒙军突至静江城下，径犯南门圃子。此后，两军便在静江僵持二十多日。静江府既被围，对外联络中断，与临安联系的邮递道路亦告堵塞。李曾伯分别于九月二十四日、二十五日、二十九日，及十月四日、六日，五次令递兵从间道出发，试图向枢密院呈报战况，均无法如愿。反在十月七日，接获递兵由清湘小路传来理宗九月二十六日圣旨，指示曾伯不宜闭城自守，应派兵遏其锋，以免蒙军透出内地[①]。这道圣旨避开为蒙军所占领正路，改由清湘小路，在十一天内即抵达静江，可见宋廷很快掌握到蒙古进犯静江府的消息，急于与李曾伯联系，以了解战况，并做出指示。

李曾伯于十月八日回奏，并令递兵五人从小路走传，虽经半月抵达全州，但路途中，敌骑充斥，递兵遭蒙军杀害，仅有一人脱身传回庚牌[②]。静江到湖南的邮递既受阻，李曾伯担心广西军情无法传抵临安，便于十月二十二日再派官兵唐胜等五人，改道广东，度梅岭，出江浙，以向朝廷递送奏状[③]。十一月三日，有湖南递兵自间道传来十月二日理宗遣王仲珪所传的圣旨，这份圣旨在战乱中历经险阻，耗时一个月才辗转送达李

---

① 李曾伯:《可斋杂藁》,《可斋续藁后》卷9,《回庚递宣谕奏》, 页48。
② 李曾伯:《可斋杂藁》,《可斋续藁后》卷9,《奏边事》, 页50上。
③ 同上注。

曾伯手中[①]。邮递不通，让身在静江的李曾伯既无法与理宗联系，也无从得知蒙古军在湖南活动的消息，更令他担心的是开庆元年十二月三日派遣陈伶向朝廷呈送的自劾状，也未能上达中央[②]。此后，理宗乃至宋廷对李曾伯的指示，数据均未见于记录。

信息传递的迟速，反映了中央与地方、指挥中心与前线间的信息流通，信息传递的频繁度，则与前线情势的缓急关系密切。关于这点，陈智超教授曾对《可斋续藁后》卷5到卷9宝祐五年闰四月二十八日到景定元年三月间李曾伯的一百四十二份奏章的时间进行整理与考订。在日期可考的一百二十六份

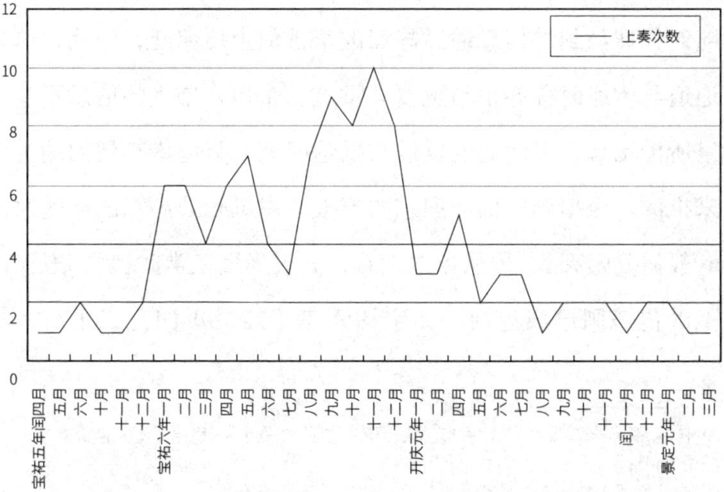

① 李曾伯：《可斋杂藁》，《可斋续藁后》卷9，《回庚递宣谕奏》，页53上。

② 李曾伯：《可斋杂藁》，《可斋续藁后》卷9，《申省乞将男新命收回等事》，页63上。

中，除了宝祐五年七、八、九三个月无奏报资料，每个月或多或少均有奏报（参见上页图）[①]。自宝祐六年（1258）八月到十二月，李曾伯共上奏四十二次，平均每月在八次以上，这是通信最频繁的时期，宋理宗和李曾伯在此期间积极讨论边防布置、人事调动及蒙古进犯战况，乃至战后整备，显示联系紧密度与前线实务的关系密切。

除了临安的理宗与静江府李曾伯之间需要随时保持联系，以掌握情势发展，驻防在邕州的刘雄飞更是宋廷直接面对蒙古的前线指挥官。较静江而言，邕州与大理、安南的距离更近，是南宋向西南少数民族买马的重要榷场，亦是宋廷执行羁縻政策、搜集情报的核心地区；身为前线指挥官的刘雄飞需要随时将搜集到的信息通过静江的李曾伯上传朝廷，因此，这条通道与传递时程亦相当重要。不过，来自刘雄飞的信息不像理宗所传圣旨，有明确的发送与抵达时间，只能借李曾伯的奏札来推测。根据李曾伯向理宗的奏报，由邕州到静江的传递时间一般需要四天[②]，但从数据上看，五天尚属正常时程[③]，五天以上的传递则已属迟滞。如宝祐六年（1258）四月二十日，李

① 陈智超:《一二五八年前后宋、蒙、陈三朝间的关系》，附表1《李曾伯奏申》，页439—445。

② 李曾伯:《可斋杂藁》,《可斋续藁后》卷7,《奏边报及乞兵》，页64上。

③ 宝祐六年十月二十七日自邕州发，十一月二日到静江；十月二十五日自邕州发，三十日到静江。见李曾伯:《可斋杂藁》,《可斋续藁后》卷7,《回宣谕奏》，页52下。十月十三日自邕州发，十八日到静江。见李曾伯:《可斋杂藁》,《可斋续藁后》卷7,《奏为边报及安南馈送事》，页46上。

曾伯在奏札中曾提到，知邕州云拱于四月十一日由邕州发出的奏状，竟至十九日才到静江，前后耗时八天，延误理由不详。或许是抄写有误，但也可能是战争爆发，因而导致信息传递受阻[①]。

蒙古第一次对广西发动攻击时，邕州与静江府之间的联系受到了相当大的影响。兀良合台所率蒙军于宝祐六年九月十三日入宋境，在田州、横山一带与宋军对峙。十一月十二日，邕州通判赵立在给李曾伯信中已提到邕州情势紧急，而该信到十八日才抵静江，费时六天。在此之前，由于李曾伯一直没有接到邕州的消息，因此在十七日向理宗奏报时，便提到“连日俱未得雄飞札状”，“窃疑邕境哨隔，邮传未通”[②]。二十一日，李曾伯在奏札中说道，十三日蒙古军到邕州东门，十四日邕州方面向静江发信，“以敌犯，道路多梗，狼虎噬人，铺兵艰于传送”，因此寻常传送信息仅需四天，这次却是二十一日才到静江，耗费七天[③]。此后十天未有邕州消息[④]，直到二十六日才连得刘雄飞十九日、二十日所传的两份公状，得知蒙古已在十八日由武缘撤兵，此次传递时程都在六七天之间。

---

① 李曾伯:《可斋杂藁》,《可斋续藁后》卷 6,《回奏宣谕安南事》，页 9 下。
② 李曾伯:《可斋杂藁》,《可斋续藁后》卷 7,《回宣谕奏》，页 63 下—64 上。
③ 李曾伯:《可斋杂藁》,《可斋续藁后》卷 7,《奏边报及乞兵》，页 64 上。
④ 李曾伯:《可斋杂藁》,《可斋续藁后》卷 7,《奏边报乞催调兵》页 65 下。

三、安南蒙情回报系统的建立、搜集与处理

根据《可斋续藁后》记载，在宋蒙两次战役中，李曾伯搜集的军情，前期以安南政情发展及蒙古与安南关系为主。蒙古第一次退兵后，随着宋廷积极经营与羁縻部落的关系，加强对溪洞及蛮部的绥服团结工作，并注意蒙古与蛮部关系，因此通过蛮部侦察蒙军入侵西南的信息，成为重点。宋对蒙古军情的搜集，随着战情的发展，将侦察重心由安南转移到大理与羁縻诸蛮。

蒙古与安南的关系及蒙军在当地的活动，一直是宋廷关注的焦点。安南北部与广西接壤，境土相邻，两国之间既有唇齿相依之势，安南对宋又有依违自立之变化，关系微妙。宝祐三年（1255）蒙古攻下大理后，开始与安南的陈朝接触，意图经安南假道，对宋发动“斡腹之谋”。此事不仅出现在安南向宋廷所呈的表奏中，在广右陜人间，也有“敌欲假道”的传言[①]。这种传言对宋而言，自然是一项警讯而引起宋廷高度关切。宝祐五年（1257）十一月二十六日，宋理宗指示人尚在潭州的李曾伯，选派在湖、广任官的福建人到安南探听消息[②]。李曾伯致书将离任的广西经略使印应飞，依理宗指示派使人赴安南，应

---

① 李曾伯:《可斋杂藁》,《可斋续藁后》卷 5,《回宣谕令勉谕吕镇抚及七甲兵等事奏》, 页 13 下。

② 李曾伯:《可斋杂藁》,《可斋续藁后》卷 5,《缴印经略书遣官往安南奏》, 页 18 下—19 上。

飞派出南剑人廖扬孙，“以书币遣之入交”。曾伯亦嘱咐印应飞，一方面要求使者多方密觇情资，一方面利用经常往来于两国之间的“邕钦峒丁商贾”来探查相关消息[①]。这说明李曾伯在上任之前，不仅注意到蒙古在安南活动的情资，而且是通过多渠道、多面向进行情报搜集的。

蒙古的进犯，对安南造成了震撼。十二月七日，蒙军攻陷安南富令州，连下渭龙州、安定。李曾伯综合土官黄炳、李宗城所申，安南阮、陈两位使人的公牒以及宋人王载的供状，将这次战争的发展过程向理宗分别做了详细的说明[②]。从印应飞送来安南尚书公牒、议事官李一揆提供的数据[③]，以及邕州守臣云拱从缉探人钱兴等录到安南太师所供被兵的信息，可以看出蒙古攻占升龙，逼安南国王陈日煚登舟避锋之后，即退回云南[④]。虽然这次进攻安南的蒙古军不多，且意在试探，但不管如何，对安南而言，是一次极大的震撼，对尚在赴任途中的李曾伯而言，也意识到强敌来自后门，更当加意情报搜集。

安南于蒙古进犯之后，急遣使人至广西，寻求宋廷支持。李曾伯行经永州途中，从溪洞中得到消息，并向理宗汇报，提到蒙古能顺利攻安南，可能是陈氏篡国后，李氏后人在域外援

① 李曾伯:《可斋杂藁》,《可斋续藁后》卷 5,《缴印经略书遣官往安南奏》，页 19 上;《缴印经略书安南奏》，页 19 下。
② 李曾伯:《可斋杂藁》,《可斋续藁后》卷 5,《回宣谕令勇于戒途奏》，页 16 下—17 上。
③ 李曾伯:《可斋杂藁》,《可斋续藁后》卷 5,《备广西经司报安南事》，页 23 下—24 上。
④ 李曾伯:《可斋杂藁》,《可斋续藁后》卷 5,《至静江回宣谕》，页 27。

引蒙古军所致。此说虽然无法得到印证，却已引起理宗关切，兴起扶植安南陈朝“以结其心”，与之共抗蒙古的念头[①]，而提出“安南被兵，只得助之”的指示[②]。然而，李曾伯对理宗主动助兵的指示并不赞同，他认为邕州与安南唇齿相依，救助安南是为了巩固边防，“必待其请乃可，不然，适召疑尔”[③]，建议待其到任后，“委官前去，将以币帛至其国都，觇其虚实”，再决定如何采取行动[④]。

然而，安南与蒙古的关系，显然超乎宋廷预期。李曾伯从知邕州云拱传来的消息得知，由安南返回的虞大友和黎明所提供的情报显示“陖情亦可疑”[⑤]。宝祐六年（1258）三月初，曾伯根据邕州传来安南求兵援的公牒，及各地传回蒙古常至安南境内要求安南修路或索取俘虏的消息，判断安南“似乎渐为敌诱”，认为“其所报分路，所请乞师，正以观吾之所答，离附之机，实在于此”[⑥]。安南既无力抗蒙，如果蒙古军再攻，只有降服一途。基于现实的考虑，曾伯认为与其救助安南或相与夹击，不如积极经理邕、钦、宜、融四个与安南邻近的州城，强

---

① 李曾伯:《可斋杂藁》,《可斋续藁后》卷 5,《至静江回宣谕》, 页 26 下。
② 李曾伯:《可斋杂藁》,《可斋续藁后》卷 5,《回宣谕关阁长二月六日两次圣旨奏》, 页 39 上。
③ 同上注, 页 39 上。
④ 李曾伯:《可斋杂藁》,《可斋续藁后》卷 5,《至静江回宣谕》, 页 27 下。,
⑤ 李曾伯:《可斋杂藁》,《可斋续藁后》卷 5,《回奏宣谕吕镇抚事》, 页 42 上。
⑥ 李曾伯:《可斋杂藁》,《可斋续藁后》卷 5,《安南求援奏》, 页 45 下。

固防御能力[①]。同时，为了避免启安南疑窦，应以“须听从朝廷指示”回复安南求援的公牒，并建议宋廷差拨兵船戍守钦州，以防蒙古经由海道进寇[②]。

宝祐六年四月以后，蒙古在安南的活动更为频繁，二者的关系更为明朗。蒙古退兵后，安南虽不断通过邕州向宋廷报告受兵情况，请求支持，乞借弓、炮工匠。邕州承诺予以救助，并遣送安南使人陈邦彦，押着俘获的李小哥，偕宋使廖扬孙到静江，请朝廷援助。然而，李曾伯所获情报却不同，如彭高提供蒙古侵安南时，“妇女无所取”，显示蒙古“其志不在小，敌之狡于诱结，忧恐安南渐堕其计”[③]。宜州郑里和邕州李材的探报也分别指出南丹州和特磨道等诸蛮多已附降，蒙古“兵使所通，非止安南一途”。由于需防备的边境加多，不能“因安南之求援，而只备安南一处”[④]，因此认为对邕州承诺救助安南一事，须慎重处理。

李曾伯为有效掌握蒙古在安南的情资，建议进用曾在四川云顶山协助他的蜀人杨庆成以武翼大夫的头衔，携币、帛百匹，到安南处理请援事宜，并要求庆成“自邕而往，由钦而

---

① 李曾伯:《可斋杂藁》,《可斋续藁后》卷 5,《回宣谕印漕免入邕等事奏》, 页 43。
② 李曾伯:《可斋杂藁》,《可斋续藁后》卷 5,《安南求援奏》, 页 45—46;《条具广南备御事宜奏》, 页 53 上。
③ 李曾伯:《可斋杂藁》,《可斋续藁后》卷 6,《回宣谕奏》, 页 4 上。
④ 同上注，页 3 上

回，以历水陆之两道”，进一步确实掌握安南情况[①]。李曾伯综合近两个月内从安南所得各种情报分析，安南无力对付蒙古，“既求援于本朝，又遣礼于彼国”，颇有挟持两端之势，就像春秋时代的郑国，介于晋楚之间，“待于二境，背附惟时是视，不足恃矣”[②]，因此主张宋廷派去安南的使臣，务必要“外示羁縻之义，中为奸宄之防”[③]。

对此，理宗指示“安南之心，惟当固结，有警则亟遣应援，但须灼见安南之肺腑，果无贰志，则遣援无妨”，仍以遣援为先。李曾伯以云拱送到黎必昌、孔方殷、洪天赋三位安南汉人的消息回复理宗，说安南于二月十六日“遣物于敌，还其二俘”，三月四日，“又送还西尼多瓶，侑以金帛，既有七月当令会合之约，又有伪臣初十亲诣图谋之言”[④]。三月二十七日，廖扬孙和陈邦彦回到静江，他们带回安南表章及《日纪》，指出安南国王陈日煚虽心向宋朝，但权臣专政，动向不明，安南有险可恃，只是欠缺兵备。扬孙提到，临返宋前，安南的福建士人也向他反映：“若敌寇再至，则望遣兵以援；如奔命来归，则望开关以延。”[⑤]曾伯认为扬孙在安南停留时间短，消息不一定精确，所报蒙古军队人数有夸大之嫌。在备蒙为先的急危时

① 李曾伯:《可斋杂藁》,《可斋续藁后》卷 6,《回宣谕奏》, 页 4 下—5 上。
② 李曾伯:《可斋杂藁》,《可斋续藁后》卷 6,《回奏宣谕安南事》, 页 10 下。
③ 同上注，页 10 下。
④ 同上注，页 12。
⑤ 李曾伯:《可斋杂藁》,《可斋续藁后》卷 6,《回宣谕奏》页 18。

刻，“援之固难，纳之尤难，却之则又难”[①]，只有赖强大的兵力才能应付危难，但广西兵力不足，建议朝廷派“水陆万人，命一二经历之将，杂以峒丁，相为犄角，则敌人必不容轻犯，安南知我足恃，亦自不为敌诬”，才能兼顾救援与防备之效。若只靠言辞敷衍，“实难保交之不为敌诱，敌之不为南侵”[②]。五月甲戌，理宗与丞相丁大全曾对此事有所讨论，丁大全表示同意，但派遣数量宜酌减[③]。

有了增兵的规划后，宋廷对安南向蒙古顺服的态度，改采趋于强硬的政策。宝祐六年五月，理宗指示李曾伯，“交人不必问其向背，但当严我堤防，无事则极其羁縻，或可使之不专附敌，万一为敌向道，则例以敌待之，殄歼其众”[④]。曾伯将理宗宣谕缄示刘雄飞与知钦州云拱，要求两人表面上“扬声援邻”，实际上“察其情伪”，以使“随机应之矣”[⑤]。若安南与蒙古结合，“与其坐而待寇，孰若先以制人”，但认为在采取强硬手段前，需要有确切情报，“否则，彼以信义而望我所不可”[⑥]，并要刘雄飞与云拱“戒之勿泄事机”[⑦]。不过到六月，丁大全向理宗报告，“粮食未到，所调戍兵未行”，显示朝廷援兵计划无

① 李曾伯:《可斋杂藁》,《可斋续藁后》卷 6,《回宣谕奏》，页 18 下。
② 李曾伯:《可斋杂藁》,《可斋续藁后》卷 6,《回奏两次宣谕》，页 20 上。
③ 不著撰人:《宋史全文》卷 35，页 46 下。
④ 李曾伯:《可斋杂藁》,《可斋续藁后》卷 6,《回奏宣谕》，页 28 下。
⑤ 同上注，页 43 下。
⑥ 同上注，页 43。
⑦ 同上注，页 50 上。

法实现[①]。出兵安南的计划，只能完全由广西单方面执行。

七月二十四日，杨庆成自安南返抵静江，并转达安南国王陈日煚请宋派兵援助之事。安南所请人数不多，曾伯建议命刘雄飞于屯驻永平寨的精兵中拨遣，以应其请[②]。对安南可能附蒙一事，刘雄飞认为应先发制人，理宗同意，雄飞遂谋对安南发动攻击[③]。李曾伯则担心，刘雄飞出兵压制与安南长期有密切关系的黄炳可能打草惊蛇，使宋廷与安南关系生变，要雄飞“姑容炳过，深察陖情，事果当为，则擒贼擒王，炳特余事”，并抄录理宗所书“忠勇有谋，发之必中”的训示给雄飞。刘雄飞的积极作风与李曾伯的谨慎持重形成对比，而此一事态发展隐然透露了理宗在宋廷无法增兵的情况下，想鼓励前线战将刘雄飞对顺逆无常的安南采取更为强硬的手段[④]。

在理宗鼓励下，刘雄飞的态度更为积极，他在八月十七日给李曾伯的信中说“敌人往来其国不绝”，“察其异向，便当先发，亦以养虎为患”。曾伯虽支持，但要求他“更加精密，预作规模”[⑤]。其后，李德、黄奎回传探报显示，安南战力不堪一击，因此刘雄飞颇有实现理宗“发之必中”之意；同时，安南欲取回俘虏李小哥公牒等事，也证实安南与蒙古关系转密。对

---

① 不著撰人:《宋史全文》，卷 35，页 46 下。
② 李曾伯:《可斋杂藁》,《可斋续藁后》卷 7,《条具边事奏》，页 1 下。
③ 李曾伯:《可斋杂藁》,《可斋续藁后》卷 7,《回奏宣谕》，页 10 上。
④ 同上注，页 15 上—16 上。
⑤ 李曾伯:《可斋杂藁》,《可斋续藁后》卷 7,《奏备边及漕司券钱事》，页 24 上。

雄飞的积极主战，李曾伯认为“陝情固是其有可疑，陝力然亦未可轻视”，担心雄飞筹虑未周，从邕州到安南边境，既隔江水，又有十多日的路程，若要发动战争，势必先有足够的兵粮及完善的筹划，否则“后虑亦自尚多，设一著稍差，边患将恐立见”，因此要求雄飞，“更精密报来区处”[①]。

理宗对李曾伯不能配合刘雄飞袭击安南，深表不满。九月十八日，理宗要求曾伯与刘雄飞，应积极部署，大有一战之意[②]。曾伯向理宗解释，单凭安南与蒙古来往，无法证实安南真为敌用，若贸然出兵安南，“设或彼急而出挟寇之计，则是我速其为假道之图。举而不中，患必致此”。他希望通过在安南任官的福建士人陈可久招诱更多人，探听安南边情，若真要开战，关键还是在能否有充裕的兵力[③]。对出兵安南一事，理宗一再肯定刘雄飞积极任事，反而责备李曾伯过于消极。此时的李曾伯只能表面上同意“乘其未周，掩所不备”，对安南出兵，先发制人，但仍试图从各方面说服理宗，不要躁进。他举广西地区幕僚及百姓的意见，说明蒙古进犯的态势与以往不同，目前广西的兵力不足，城池不坚，希望朝廷增兵，以加强防护[④]。以目前“岭表气力，而欲支万里斡腹之寇，不待智者，皆为寒

① 李曾伯:《可斋杂藁》,《可斋续藁后》卷 7,《回宣谕团结奏》，页 27。
② 李曾伯:《可斋杂藁》,《可斋续藁后》卷 7,《回宣谕奏》，页 40 下—41 上。
③ 同上注，页 40。
④ 李曾伯:《可斋杂藁》,《可斋续藁后》卷 7,《奏为边报》，页 42 下。曾伯所说“幕府之士、郡邑之民”，不免有主观的陈述部分。

心”，面对安南与蒙古关系改变的事实，只能采取消极防御的策略①。此后，李曾伯更一再借安南使者的表现、琼州海贼陈应龙的观察、自海上打听所得的消息，及知钦州云拱的来信，强调安南正与占城交兵，“此虽于中国无预，然亦足以分陵人之力，若其相为蚌鹬未已，固我利也”②。然而，安南使人不提蒙古军在境内活动的情形，则是“以今年敌兵侵犯，不出安南，而出特磨，则安南之遗赂纳款，此自可觇”。这说明安南迫于战力不足而臣服蒙古，但不是联手攻宋。情势如此，为了保境退敌，李曾伯“只得用羁縻之策”，以应付外在的变局③。理宗也由于无法增援兵粮，不再持强硬态度。

自蒙古兵第一次进犯广西后，宋与安南的关系趋于缓和。宝祐六年十一月，蒙古试探性袭击邕州后，自武缘撤离。刘雄飞出兵袭击，传出捷报，安南为了了解宋蒙战况，于十二月遣使臣段士佳到邕州，要求取回蒙古俘虏李小哥及宋所获蒙古俘虏，“盖其欲觇我御敌之实”，曾伯担心久居静江府的李小哥会泄漏军情，建议“且与存留”。为了体恤理宗“隐然结心之意”，建议在“邕州未解俘囚内，遣其一以往”④。此后，李曾伯与理宗专注广西境内寨隘、城池修护，加强羁縻州团结等工

① 李曾伯:《可斋杂藁》,《可斋续藁后》卷7,《回宣谕奏》, 页45下。
② 李曾伯:《可斋杂藁》,《可斋续藁后》卷7,《奏为边报及安南馈送事》, 页47下;《回两次宣谕及缴刘镇抚书》, 页60下。
③ 李曾伯:《可斋杂藁》,《可斋续藁后》卷7,《回两次宣谕及缴刘镇抚书》, 页60下。
④ 李曾伯:《可斋杂藁》,《可斋续藁后》卷8,《回奏十二月十一日宣谕》, 页15上。

作，而退回云南的蒙军亦筹划下一次攻击，相当长的时间不见与安南有关的信息。直到开庆元年（1259）七月三日，李曾伯在奏报中，虽提到刘雄飞所获安南公牒有蒙古欲再起兵进犯之报，然而从李曾伯向理宗的奏报可以看出，宋军在广西地区的情报侦搜方向，已转朝蒙军与西南羁縻州的关系发展上[①]。

四、大理蒙情的搜集与处理

大理即今之云南，唐中叶以前在中国版图之内。宋太祖划江为界，大理乃成独立之国，彼此关系疏淡，但宋在四川、贵州和广西边境多设榷场，通过边境贸易，双方继续维持政治经济与文化上的交流。其中，邕州右江的横山寨为广西榷场之要[②]。

嘉熙三年（1239）起，南宋四川制置司使陈隆之接获情报，显示蒙古打算由川西吐蕃地区经大渡河远征大理等国以遂行“斡腹入寇”。宋廷下令广西经略徐清叟预为防备，清叟专程到大理、自杞等国侦察，缴回报告，但未见蒙古军确切行动[③]。淳祐元年（1241），宋廷侦知蒙古兵图谋由交趾进犯

---

① 李曾伯:《可斋杂藁》,《可斋续藁后》卷 8,《回奏宣谕》，页 34 上。参见陈智超:《一二五八年前后宋、蒙、陈三朝间的关系》，页 432—433。

② 黄宽重、梁庚尧:《南宋时代邕州的横山寨》,《汉学研究》3 卷 2 期（1985），页 507—534。

③ 李鸣复:《乞严为广西之备》，收入黄淮、杨士奇编:《历代名臣奏议》卷 338,《御边》，页 4389—4390。又见李鸣复:《乞严为广西之备疏》，收入曾枣庄、刘琳主编:《全宋文》（上海：上海辞书出版社，2006），卷 7052，页 36—37。

广西的邕、宜两州，宋人再次听闻“斡腹之谋”，但对此事抱持“将信将疑”的态度，对西南边防始终“若缓若急”，缺乏积极作为[①]。淳祐四年（1244），蒙古军队由川西吐蕃之地直下大理，对宋发动“斡腹之谋”。大理军将高禾率兵拒敌于九和，高禾虽战死，蒙古军亦被击退，事后南宋遣使吊祭，以谢大理拒蒙之助。淳祐五年（1245）以后，蒙古军队加快斡腹之谋，各种探报陆续传入宋廷。淳祐七年（1247），蒙古军舍弃九和熟路，改道青羌，偷击大理，被西莫光诸番所阻。次年（1248），蒙古又企图经吐蕃直下大理，四川安抚使余玠遣俞兴率兵狙击，蒙军北撤[②]。

此时由大理入犯四川的蒙古军并非精锐，加以南宋四川防御体系较完善，川西吐蕃地区未被征服，但蒙古对由川西直下大理的各条道路，已了如指掌。淳祐十二年（1252），蒙古军以忽必烈为主帅，组成一支十万之众的精锐部队，开始大规模入袭大理。自宝祐元年（1253）八月，蒙军由临洮分三路攻大理。宝祐二年七月，宋廷得到的消息是云南“尚可支吾”[③]。宝祐三年（1255），兀良合台平定大理，至此“凡二年，平大理五城八府四郡，洎乌、白等蛮三十七部。兵威所加，无不款

① 刘克庄:《后村先生大全集》卷 108,《赵倅与灏条具轸腹事宜状》, 页 6。
② 以上参考段玉明的研究成果，见段玉明:《大理国史》(昆明：云南民族出版社，2003)，页 67。
③ 不著撰人:《宋史全文》卷 35，页 4 下。

附”[1]。此后，蒙古即以大理作为“斡腹之谋”的据点，与大理相邻的安南及宋广西地区，相继成为蒙古的攻击对象。

在此情势下，除了安南，大理成为李曾伯搜集情报、掌握敌情的另一个重点地区。不过，大理与广西之间，要经过众多地形复杂、各自盘踞的半独立羁縻州，通道既多，少数民族的情况又复杂，若蒙古慢慢经营渗透，对宋在广西的边防也是潜在的威胁。因此，宋廷在蒙古军发动“斡腹之谋”时，就一直注意蒙古在大理情势的发展和军情动向。

宋廷掌握蒙古军在大理发展的渠道，除了广西，还有四川和湖南地区，播州就是其中之一。宝祐二年（1254），蒙古攻大理时，曾进犯思、播二州[2]，引起宋臣注意此地的防御能力[3]，乃有于施、黔、珍、南平四郡，置一副帅屯兵守险[4]，及吴渊以万兵备泸、溆、思、播之议[5]。宝祐四年五月，罗氏鬼国遣人至思、播州，报称蒙古兵屯大理国，拟取道西南入边[6]，宋廷遂有指示，令播州以兵助罗鬼，由制司以兵助播州。

先是，宋廷为加强西南边防，于宝祐三年（1255）七月

---

① 宋濂等:《元史》(台北：鼎文书局，1980）卷121,《兀良合台传》，页2980。
② 不著撰人:《宋史全文》卷35，页4下。
③ 同上注，页17下。
④ 同上注，页18上。
⑤ 同上注，页25下。
⑥ 脱脱等:《宋史》卷44,《理宗本纪》，页857。不著撰人:《宋史全文》卷35，页23上。

任命吕文德知鄂州，并节制鼎、澧、辰、沅、靖五州[①]。宝祐四年，思、播边防告急[②]，以黄平有路通靖州，须对黄平做紧急处置[③]，丞相程元凤议置吕文德于沅、靖[④]；宝祐五年四月，文德知靖州[⑤]。九月，播州乞兵[⑥]，吕文德奉命援播；次年七月，入播州[⑦]。吕文德是李曾伯以外掌握大理情势的另一将领。李、吕两人关系密切，早在淳祐三年（1243）李曾伯守淮时，便对文德十分赏识，曾遣吕文德出兵河南，与周岊捣胶西，各领三千人，对蒙古发动袭击获胜[⑧]。此时两人互有联络，因此本章除了直接讨论静江能掌握的大理信息，在《可斋续藁后》中凡与吕文德有关的大理情势，也一并介绍。

宝祐五年（1257）十月，李曾伯奉理宗之命，率兵三千以备广西时，就表示自九月末以来，即有传闻蒙古犯罗氏国及播州。不久，又传来蒙古攻特磨道、安南的警讯，说“敌人积年工夫，破大理、入善阐，降罗鬼，此皆蛮之强大者，皆已入

① 吕文德知鄂州，节制鼎、澧、辰、沅、靖五州。见脱脱等:《宋史》卷44,《理宗本纪》，页855。不著撰人:《宋史全文》卷35，页13上。
② 不著撰人:《宋史全文》卷35，页23上。
③ 不著撰人:《宋史全文》卷35，页43上。按：靖州至黄平寨有八百里，靖州通判赵与灏曾于淳祐七年（1247）深入其地，对该区域了解甚深。见刘克庄《后村先生大全集》卷108,《赵倅与灏条具轸腹事宜状》，页6上—8上。
④ 不著撰人:《宋史全文》卷35，页27上。
⑤ 脱脱等:《宋史》卷44,《理宗本纪》，页860。
⑥ 不著撰人:《宋史全文》卷35，页40下。
⑦ 脱脱等:《宋史》卷44,《理宗本纪》，页863。
⑧ 李曾伯:《可斋杂藁》,《可斋续藁后》卷5,《回宣谕关阁长二月六日两次圣旨奏》，页37上。

掌握中，才入省地，奚往不可"[①]。而在四川茶马李遇龙的信中，担心"敌径趋黄平，则事势紧急"，建议从四川派兵制其后，湖南在内防护，则"可以缓其入"[②]。显示西南边境情势，另有一紧张之处。宋理宗于十一月末指示，加强于黄平等险要地区置屯。宝祐六年正月，宋廷派枢密院编修官吕逢年到四川制置使司，办理关隘、屯栅、粮饷，相度黄平、思、播诸处险要缓急事宜[③]。十一月，黄平城成，改名镇远州[④]。

宋廷派吕文德入播州，即有掌握大理蒙情的用意。宝祐五年十月，吕文德既入播州，除了御蒙，也负有抚循诸蛮的任务[⑤]。宝祐六年正月初，李曾伯向理宗回奏安南消息，也报告吕文德的近况，"近传（文德）已离播州，往会宁关，地属葛闽，却闻敌兵则已退出乌锁"[⑥]。对理宗期待通过他转知文德不可扰蛮人一事，表示"即遣专介，一一备示文德"。但长沙到会宁关，路途十分遥远，"自长沙至靖州凡千里，自靖至黄平亦近千里，又黄平至播州为程六日，自播至会宁关，未详里数"，没有递铺，"书问须用遣，不能速达"[⑦]。二月二日曾伯向理宗奏报时，提到大理的情

① 李曾伯:《可斋杂藁》,《可斋续藁后》卷5,《缴印经略来札手奏》, 页7下。
② 同上注, 页8下。
③ 脱脱等:《宋史》卷44,《理宗本纪》, 页860—861。不著撰人:《宋史全文》卷35, 页44下。
④ 不著撰人:《宋史全文》卷35, 页49下。
⑤ 同上注, 页43上。
⑥ 李曾伯:《可斋杂藁》,《可斋续藁后》卷5,《缴印经略书安南奏》, 页19下。
⑦ 同上注, 页19下—20上。

势，也认为文德“其虑颇远”[1]。此后，吕文德在播州的活动详情，虽未见记载，但显然成效颇著。次年，宋廷以文德参与筑黄平城及抚辑蛮戎有功，进官三秩[2]。

宝祐六年二月二日，理宗给曾伯的两件圣旨中，一件与大理有关。理宗传下播州人田应寅提出三路攻击大理的意见，“欲得制蜀、思、播共出兵三万”，与广一齐夹击大理，“虽曰欲各取某路而入，其实同取乌蒙一道而南”。理宗认为：“田应寅所陈可行，以大理敌狡穴，并力驱之，名义甚正。”[3]朝廷一方面派遣吕文德入播州，并点视四川隘寨，相度思、播隘要[4]；另一方面任命马光祖兼夔路策应使、湖广总领财赋并屯田事，积极布置[5]。同时，要求曾伯陈述意见。曾伯表示由荆、蜀出兵，即便有三万兵粮，“胜负犹未可逾度”，但“此荆蜀事也……臣不敢妄议”。对理宗要求广西配合“别遣兵一万，戍广西，阳为守备，阴图夹击，若荆、蜀进兵，亦令间道相应”的指示，他直接回复“若欲责广中事力，则未易办也”。最主要的原因，其一是从广西的邕州到大理，即使以谢济对本区熟悉的经验也要六十个日程，一般人对此地的路途生疏，蛮瑶又多，不利军

---

① 李曾伯:《可斋杂藁》,《可斋续藁后》卷5,《戊午回宣谕不必候再辞回降启行》，页26下。

② 不著撰人:《宋史全文》卷36，页1下。

③ 李曾伯:《可斋杂藁》,《可斋续藁后》卷5,《回宣谕关阁长二月六日两次圣旨奏》，页36。

④ 不著撰人:《宋史全文》卷35，页44下。

⑤ 脱脱等:《宋史》卷44,《理宗本纪》，页861。

旅活动，况且派一万人备两个月的粮饷需要一万五千石，“兵卒既不可以自赍，夫运则未免于倍给”。其二是四川和广西到大理接境的地方共六千里，很难策划两军会师。曾伯虽表示自己是边吏，一切均听从朝廷指挥，但仍陈述“越数千里以攻人，兵法所戒，用寡犹可，用众恐难”，期待理宗慎思[①]。此后对夹击事，未见理宗有进一步指示，但理宗在三月的圣旨中，通过曾伯拟勉吕文德留意黄平诸处关隘[②]。四月丁酉，更“诏田应已思州驻札御前忠胜军副都统制，往播州共筑关隘防御”[③]。显示宋廷关切播州的防御工事，意在抵御或攻击在大理的蒙古军。

宝祐六年五月一日，理宗在圣旨中提到大理的牒报，及朝廷从湖南制置使打听到蒙哥汗所说“止隔重山条江，便是南家”，显示蒙古在大理五年，对宋西南窥伺已久，情势相当急迫[④]。六月中旬以来，天气酷热，蒙古战骑多病死，反之，大理葛闽所产的马匹具有耐热的优势，让宋廷重新检视买广马，除了羁縻，也有利于地区性战争[⑤]。六年八月，曾伯在报告中

---

① 李曾伯:《可斋杂藁》,《可斋续藁后》卷 5,《回宣谕关阁长二月六日两次圣旨奏》，页 36 下—38 上。

② 李曾伯:《可斋杂藁》,《可斋续藁后》卷 5,《回奏宣谕吕镇抚事》，页 41 上。

③ 脱脱等:《宋史》卷 44,《理宗本纪》，页 862。田应寅乞屯泸溆、援思播，及宋修筑思播关隘，调兵防播州支径，并差官相度，置黄平之事，亦见于《宋季三朝政要》。见不著撰人:《宋季三朝政要》卷 2，收入罗振玉:《罗雪堂先生全集》（台北：大通书局，1989）初编册 19，页 8013。

④ 李曾伯:《可斋杂藁》,《可斋续藁后》卷 6,《回奏宣谕》，页 30 下。

⑤ 同上注，页 44 上。

说，蒙古已修路到都泥江，却也提到探报人吴以忠从特磨道传来大理与诸蛮均遭饥荒，蒙古军打算出交趾、自杞等地讨粮的消息[①]。

大理饥荒的消息，再启理宗发动攻击的意图。八月十二日后，曾伯举吴以忠的探报说，蒙古侵犯大理、安南以来，"交趾、大理诸蛮即有逃者"，目前诸蛮表面上虽顺从蒙古，显然出于迫胁，"其心亦非愿附"[②]。这个消息，加上大理等地饥荒的情况，使理宗大为振奋，他于九月一日的圣旨中，表示"大理既旱荒，乘其不备，可以袭杀。今日之事当寻敌，不当待敌"，要求曾伯与将领刘雄飞、郧进等筹划对大理发动袭击。曾伯一方面密令刘雄飞遣人入蛮，诱令攻敌，或派兵应接，却也向理宗表示，蒙古欲讨粮出特磨道的各种消息虽然吻合，但发动战争要慎重。他指出先前宋兵与蒙古在京湖、淮北对峙时，多次以偏师袭击取胜，除了参与的人数不多，更由对地理环境熟悉的北人充任，而且来回路程也只有一两千里。如今广西离大理六十日程，中间又隔着生熟诸蛮，道路阻隔，粮食不继，加上调戍诸兵苦于瘴疠，实无制胜的把握[③]。

理宗不满曾伯的消极答复，在九月二十七日的圣旨中，要求李曾伯主动结约诸蛮"大理今岁旱荒，幸而雄飞肯任事，天

---

① 李曾伯:《可斋杂藁》,《可斋续藁后》卷 7,《奏节次调军赴邕钦宜融捍御》, 页 8。
② 李曾伯:《可斋杂藁》,《可斋续藁后》卷 7,《回奏宣谕》, 页 10 下。
③ 同上注, 页 30 下—31 上。

予不取，是自失机。敌出都泥江，非此大理之远，诸蛮怨敌，必望王师俾令结约，以为制胜之本”[①]。李曾伯对理宗的指示，提出两点解释：第一，诸蛮附蒙与往年买马失其心有关；第二，从蒙古军入寇田州以来，整整一个月虽未深入，也未退去。因此，先前吴以忠所报旱荒一事，若与蒙人硬忒勒所供蒙古在大理有米有肉相印证，其言难信。刘雄飞虽然勤于任事，虑事却颇欠精密，加上广西兵力不足，难以“支万里斡腹之寇”[②]。但这样的解释，仍不能说服理宗，他在十月十四日的指示中又说，“因大理旱荒，人疲马倦，生兵不增，可乘此机一大治之”，再度命令曾伯与雄飞、郧进、朱广用、云拱等将领“相与共图”攻击大理[③]。曾伯虽声称“自当布宣睿意，勉励事功”，但仍以俘获的酋首硬忒勒的话强调，大理并无凶荒[④]。经李曾伯多次反复解释，加上自十月以来，淮、蜀相继告急[⑤]，宋廷无力提供足够的兵力，理宗只得打消攻击大理的念头，转而要求追查大理自有年号一事。曾伯于奏报中指出，在淳祐元年，大理使者何智渊的书称“道隆八年”，后来该国翰学杨渊回给董槐的谢状则称“道隆十一年”，显示大理早有年号；至于自何时立年号、已有几个年号，却无法稽考。不过，自宝祐

① 李曾伯:《可斋杂藁》,《可斋续藁后》卷7,《回奏宣谕》, 页44。
② 同上注, 页44下—45下。
③ 同上注, 页49。
④ 同上注, 页50上。
⑤ 脱脱等:《宋史》卷44,《理宗本纪》, 页863—864。

元年（1253）被蒙古破后，即不存在年号的问题了[①]。

宋廷与大理距离遥远，又隔着羁縻诸蛮，对蒙古在其境内的活动实情，无法充分掌握，容易与前线产生认知的落差，影响政策判断。为了掌握蒙古军在大理的确实数量，理宗要求李曾伯派人赴现地了解。李曾伯指出，依《静江府图志》记载，自横山至自杞国要六十八程，自杞至大理须一天。但淳祐元年，谢济从邕州到大理国都只需六十程，即邕州至特磨为二十五程，特磨至大理为三十五程，共三千九百二十里。以往因诸蛮隔绝，宋与大理不易通闻问，除了谢济，吴以忠和梁材仅到特磨道，无法确知蒙古军屯驻大理的数目。以当时的情况而言，只有派最了解蛮情的谢济前去探听[②]。不过，谢济的主要任务是团结羁縻溪洞，掌握蒙古军情（详见下节），大理只是他任务的一部分。开庆元年（1259）四月，谢济呈上蛮酋岑邈的公状及探到大理事情，指出蒙古"新秋又欲办粮来窥"[③]。六月十五日，李曾伯奏边事时，相继接到邕、宜、融、钦镇抚司、知钦州云拱及谢济，由探报人黄成、冯龙、唐宗及田进等，从不同地区送回蒙古军在大理及诸蛮活动的消息，说去年侵邕州的七八万兵马，毙死之余大约还有三四万人，屯驻在大

① 李曾伯:《可斋杂藁》,《可斋续藁后》卷 7,《回宣谕奏》, 页 63。,

② 李曾伯:《可斋杂藁》,《可斋续藁后》卷 9,《回宣谕奏》, 页 4 上—5 上;《回奏庚递宣谕》, 页 8 上。

③ 李曾伯:《可斋杂藁》,《可斋续藁后》卷 9,《回奏庚递宣谕》, 页 17 上。

理的阿毗、善阐、楚魏、建水、阿麻地头，耕畲种麦，及攻打并降服罗殿，拟分兵攻莫大王路；与由利州得到的情报一样，都表示蒙古军“决在秋间行兵之说”[①]。说明蒙古军已出大理，谋由溪洞进犯广西，唯无法得到确切消息。

就在李曾伯与边将苦于追查蒙古军行踪之际，蒙古军已在兀良合台率领下，再次由大理出发，经特磨道沿右江而下，攻横山，透宾关，迫象州境。开庆元年（1259）九月二十二日，兵临静江府城下。这次入犯的蒙古军中，有不少诸蛮，显示蒙古在这个地区经营已久，远非南宋朝廷在仓促间对诸蛮进行的安抚可比。这也显示，广西内外辽阔的羁縻溪洞，更是宋掌握蒙古军活动情报的重要地区。

五、羁縻州蒙情的搜集及处理

大理与宋之间，有一个区域辽阔的少数民族分布带，吴昌裔曾在奏疏中对与湖北、四川相邻的少数民族有相当详细的介绍[②]。在广西与宋相邻的少数民族建立的半独立国家，有自杞、罗殿、特磨道、谢蕃、罗孔及安化蛮、南丹蛮等众多羁縻部落。这些少数民族在宋与大理之间形成两国边界上的缓冲地

---

① 李曾伯:《可斋杂藁》,《可斋续藁后》卷 9,《奏边事及催调军马》, 页 32 上—33 上。
② 吴昌裔:《论湖北、蜀西具备奏》, 收入黄淮、杨士奇编:《历代名臣奏议》卷 339,《御边》, 页 4403。

带，其关系的变化则视两者力量的强弱[1]。这些少数民族，不论是境内的溪洞，还是境外的羁縻州、半独立国家，均对南宋西南边境的安危有重要影响。因此，宋廷历朝都奉行团结溪洞政策，并借买马的手段羁縻这些少数民族，主要目的在于巩固边防，打探大理、安南情势的发展[2]。淳祐十二年（1252），知福州李鸣复在《乞严为广西之备》奏文中指出，蒙古抽兵二十万入云南“自曲纳族，节节透入，已至渭节村、风节村，十八族多已投拜。若得此蛮长驱而往，则大理危矣，邕宜其可不警”[3]。其后吴昌裔也指出，从广西经略司据岑邈及谢济呈报所见，“敌已破大小云南，云南与广西为邻……广西事体直可寒心”[4]。

因此，当蒙古军攻大理，并欲由安南侵犯宋西南边境时，掌握这些少数民族的动向并通过他们打探蒙古军动向，便显得非常重要。宝祐五年（1257）正月，李曾伯在湖南安抚大使兼知潭州兼节制广南所上《御边五事》的奏文中，就指出“边防所急，间谍为先”，广西与淮、蜀的最大差异在“为蛮徭所隔，种类不一、语言不通，一介欲前，寸步有碍。稽之前牍，类以为难。前者数年以来，屡下邕、宜诸郡，选差体探。邕州尝遣周超往罗殿，唐良臣、潘住往自杞，宜州尝遣吴世聪等往特磨

① 段玉明:《大理国史》，页293—312。
② 黄宽重、梁庚尧:《南宋时代邕州的横山寨》，页529—530。
③ 李鸣复:《乞严为广西之备》，页4389。
④ 吴昌裔:《论湖北、蜀西具备奏》，页4403。

道。其去大理，路程尚赊，而况蜀羌以西，又在遥邈，其所刺探，或传贼犯乌母国、贼攻赤里国，往往得之诸蛮所传，鞑之进退，实不得而知也……以此见得自广遣间探鞑，实非易事”[①]。十月，李曾伯向理宗的奏报中，也提到罗氏、播州、南边特磨道与安南受到蒙古侵扰的警示[②]。这显示蒙古继安南后，诸蛮是攻宋的重要路径，也是宋廷侦察蒙古军事活动的必要途径。

不过，早期宋廷关切的是蒙古在安南的活动，宝祐六年（1258）八月一日以后，宋理宗才转而重视与诸蛮的关系，“安南之事寇，故不可不防，诸蛮亦不可不得其心”[③]，诸蛮的动向也成为李曾伯与理宗讨论的重点。八月六日，曾伯向理宗报告蒙古军已修路至都泥江，并向安南、自杞国讨粮的消息时[④]，即指出西南诸蛮蹊径杂出，朝廷须及早防备[⑤]。随后，提到诸蛮请求恢复买马，且以马政的兴废作为彼此关系发展的重要考虑[⑥]。更在九月十四日据探报人梁材、特磨道酋农士贵和安德州黄周南的报告，获知蒙古军已迫近特磨道，以及进犯特磨道、诸蛮之事。此后，李德、吴以忠、梁材、黄炳、黄琰的消息都透露，蒙古欲由特磨道、安南进犯广西，请朝廷加强邕州诸隘寨

① 李曾伯:《湖南安抚大使兼知潭州兼节制广南李曾伯上御边五事奏》，收入黄淮、杨士奇编:《历代名臣奏议》卷338，《御边》，页4379。
② 李曾伯:《可斋杂藁》，《可斋续藁后》卷5，《缴印经略来札手奏》，页7。
③ 不著撰人:《宋史全文》卷35，页48上。
④ 李曾伯:《可斋杂藁》，《可斋续藁后》卷7，《奏节次调军赴邕钦宜融捍御》，页8上。
⑤ 李曾伯:《可斋杂藁》，《可斋续藁后》卷7，《回奏宣谕》，页10下。
⑥ 李曾伯:《可斋杂藁》，《可斋续藁后》卷7，《奏边面及南丹州事》，页29下。

的防御及情报的搜集[①]，并在十月十二日回复理宗指示时提到蛮酋许忠义、岑邈父子等部无力抗蒙，除了实力不足，宋廷停止买马的举动对彼此关系的影响甚大，不利于情报的搜集[②]。

因此，当李曾伯检讨蒙古第一次进犯的原因时，他认为重建边防的要务是团结诸蛮，“议者正谓连年失诸蛮之心，惧其为敌用，不为我用。今此一番寇入，诸洞不能不为敌害，亦有能出力拒敌，以所获人马来解者，正当乘此结约，以羁縻之”[③]，建议朝廷派对蛮情甚为熟稔的谢济担任总管，与刘雄飞共同筹划探听敌情、修葺关隘及团结峒丁等事[④]。由于买马对维系宋廷与羁縻诸蛮的关系至关重要，李曾伯要求谢济亲谕岑邈等蛮酋，如果今冬无寇扰，则来春互市。除了买马，宋廷也以任官赏赐的方式，厚结蛮酋[⑤]。开庆元年（1259）三月十日，理宗积极招揽蛮酋任官，在“未有官者，补以官资，许之世袭。已有官者，与之循转，仍厚支盐锦，以结其心”的指示下，曾伯对刘雄飞奏在蒙古入寇时“应接有立到功绩”的九位蛮酋人均给予“使、宣、指挥”等官职，“填给真命”，同时更要求谢济与刘雄飞商议具体方案，“不靳赏费，务令结约”[⑥]。为

① 李曾伯:《可斋杂藁》,《可斋续藁后》卷 7,《奏为边事》, 页 32;《奏为边报》, 页 32 下—33 下。
② 李曾伯:《可斋杂藁》,《可斋续藁后》卷 7,《回宣谕奏》, 页 44 下—45 上。
③ 李曾伯:《可斋杂藁》,《可斋续藁后》卷 8,《回宣谕奏》, 页 17 下—18 上。
④ 同上注，页 24 下。
⑤ 同上注，页 30 下。
⑥ 同上注，页 42。

了兑现承诺，宋廷对谢济的费用给予充分支持[①]，显见朝廷对团结蛮酋的态度转趋积极。

通过羁縻溪洞打听蒙古军情是谢济的重要任务。开庆元年二月二十三日谢济到邕州后，即与刘雄飞讨论团结蛮酋与措置关隘的方案。三月八日，过老鼠隘，呼集峒丁，修葺老鼠、慕化等隘[②]。此时，理宗对蒙古退回大理以后"间探不明，敌报不的"的情况感到忧心，曾伯表示已责成"知蛮地，识蛮情"的谢济来执行[③]。谢济出横山寨，相继约见蛮酋，申报岑邈公状真本及通过蛮人探听到蒙古在大理活动的消息"新秋又欲办粮来窥"。但由刘雄飞、赵立人出边，点视修葺关隘，与谢济、岑邈等人结连诸蛮同时并进，相信比上一年的准备更为周全[④]。五月二十一日，李曾伯由刘雄飞、谢济送到田进的探报得知，蒙古军将分路出与邕州、宜州接邻的南丹州与小龙州。为争取蛮酋的向心力，他赞同理宗厚赏溪峒酋长的做法，表示"此曹……不为我用，则为彼用，非少加恩赏，无以系其心"[⑤]。

谢济与刘雄飞两人间虽曾引发不和的传言[⑥]，但他们在打听蒙古进兵的消息上，却颇有进展。开庆元年六月十三日，李

① 李曾伯:《可斋杂藁》,《可斋续藁后》卷 8,《回宣谕奏》，页 44 下。
② 李曾伯:《可斋杂藁》,《可斋续藁后》卷 9,《回宣谕奏》，页 3。
③ 同上注，页 4 上—5 上。
④ 李曾伯:《可斋杂藁》,《可斋续藁后》卷 9,《回奏庚递宣谕》，页 17。
⑤ 李曾伯:《可斋杂藁》,《可斋续藁后》卷 9,《回庚递宣谕奏》，页 24 下。
⑥ 李曾伯:《可斋杂藁》,《可斋续藁后》卷 9,《回奏宣谕》，页 31。

曾伯从邕、宜、融、钦镇抚司带回特磨道知道农士贵所申，由岑从进等差人探伺蒙古军退回大理后的人数及消息，与知钦州云拱所派唐宗等人的消息相近，并说“意在今秋八月间分两路前来犯边”。而由谢济所派间探人田进到路城州等地，则打听到蒙古军在攻打罗殿之后，要分一项出莫大王路（南丹），随后田进到利州，得知到蒙古军自正月退回后，驻屯大理、自杞两地。自杞在莫贾墟造方仓一百七十八座，以及修宽一丈的道路；罗殿已向蒙古投降。另据龙川州黄安宗差人探听的消息与利州一致，均指出蒙古决在秋间行兵。从刘雄飞、云拱和谢济三人，分别从蛮人溪洞得到蒙古消息，与先前张三秀及播州杨乂的情报，显示蒙古军俟新秋进犯之说相当可信。李曾伯乃紧急建议理宗，命外廷“早与多数增调军马，前来防拓”[①]。随后，谢济从横山送到探报人郑里、谢全关于蒙古军正在九和、慕素等地的消息，曾伯并为安抚蛮酋岑邈与自杞国王郍句等人的向宋之心，承诺实践明春买马之约[②]。七月二十日，谢济又送来三份边报：一是蒋方据峨州隘官探报，指出蒙古军三千余人突至特磨道，拟于八九月间出宜州。二是招马官黄祐臣提报效用韦琼于六月二十一日到蛮国虚罗，忽见群蛮赶牛畜入三沙山。据加兆阿笼说，蒙古已领兵到名为谟假的地方，要攻生黎；又说

① 李曾伯:《可斋杂藁》,《可斋续藁后》卷9,《奏边事及催调军马》, 页32上—34上。
② 李曾伯:《可斋杂藁》,《可斋续藁后》卷9,《奏催调军及辞免观文殿学士》, 页34下。

蒙古军已差耿低、阿周领兵到罗殿，要攻鼠郎沙。三是蒋方得自杞国王传来蒙古军拟渡都泥大江的消息。这三项突然来的情报显示情况紧急，“若一渡都泥江，即是路城州，未免迫近横山之境”[①]。知宜州彭宋杰也差派将佐李质到播州，向蛮峒打听蒙古进兵的情报[②]。不久，刘雄飞的报告也指蒙古军欲渡都泥江[③]。这些从不同渠道获取的蒙古在蛮部进展的大量情报，说明谢济与刘雄飞两人侦察蒙情十分积极。不过，这些消息真假相杂，也影响布防的判断。如八月初，正当曾伯向理宗回报蒙古军欲渡都泥江可能是自杞欲与生黎相攻所传出来的假情报时，蒙古军已悄然发动由横山渡来宾江的军事行动了。这说明短暂的侦察行动，或想依赖诸蛮搜集情报，并不能做出有利的判断，甚至会影响防御部署。

宋廷想从诸蛮洞探听蒙古军情，在执行上要比在安南、大理复杂。特别是如何争取、利用与控制众多与宋、蒙似密似疏的蛮部，对宋廷与李曾伯等人来说，都是在集蒙情、应付战局之外更具挑战性的难题。南宋中期以来，向蛮洞买马时断时续，团结措施趋于消极，诸蛮与宋关系益加隔阂，而宋守边的官员对少数蛮酋习于在宋、蒙古与安南之间逢迎摇摆的态度则深恶痛绝。如宝祐六年（1258）七月，知邕州刘雄飞即指出：

---

① 李曾伯：《可斋杂藁》，《可斋续藁后》卷9，《奏边事已动》，页39上—40上。
② 同上注，页40下—41上。
③ 李曾伯：《可斋杂藁》，《可斋续藁后》卷9，《回宣谕奏》，页41。

“两江诸峒，习于往时，南边单弱，犹有负固强梗者，如近日李维藩之恶，不去之，必致通敌为患，此不容一切姑息。”云拱与刘雄飞也向李曾伯提到，蛮酋的行径“此等奸宄，人面兽心，平时犹梗吾化，有急必为敌用”[①]，并指出上安州许忠义为恶多端，及思明州的黄炳与安南关系深厚，诸女皆嫁陂国，左右多受安南官，与安南的关系如此亲密，对宋未必亲近，担心成为左江之患，建议朝廷实行激烈的处置手段。刘雄飞在向理宗奏报安南情势时，甚至建议铲除黄炳。李曾伯的态度较为持重，认为“炳特一峒，陂乃一国。炳附陂之情固久露，陂附敌之迹犹未明”，为免打草惊蛇，建议姑容炳过，借此深查安南与蒙古的关系，不必急于去炳[②]。由于李曾伯没有采取激烈的行动，此后蛮酋也向宋朝提供了蒙古军活动的情资。如李曾伯在同年九月十日奏边报中指出，从八月以来，通过探报人及思明州黄炳、路城州黄琰的探报，及从邕州获得安南的探报，都证实蒙古骑兵欲取道特磨道、安南入侵[③]，说明宋在蛮洞地区侦察蒙古军情的策略多样灵活，即使是对宋挟持两端的蛮酋，也是争取的对象。

许忠义和黄炳的情况相似。宝祐六年（1258）七月，刘雄飞曾向李曾伯指出，李维藩与许忠义两人都是邕州横山右江地

---

① 李曾伯:《可斋杂藁》,《可斋续藁后》卷7,《条具边事奏》, 页3。
② 李曾伯:《可斋杂藁》,《可斋续藁后》卷7,《回奏宣谕》, 页15。
③ 李曾伯:《可斋杂藁》,《可斋续藁后》卷7,《奏为边报》, 页32下。

区“负固强梗”的蛮酋[①]，许忠义因前任经略使徐敏子拔擢，逐渐坐大，今既有通敌为患的可能，应予以消灭[②]。李曾伯对刘雄飞的建议，仍持保留态度[③]。随后的探报也怀疑许忠义是引导蒙古入寇的人[④]，遂引发刘雄飞派兵铲除许忠义的行动，但因消息走漏，加上蒙古军已进犯宋境，以致无法如愿[⑤]。

刘雄飞等人对许忠义的猜疑，与实情并不相符。李曾伯在同年十月二十一日向理宗的报告中，即指出“然继传忠义巢穴亦为敌所焚荡”[⑥]，显然对先前说法有所修正。后来的报告也只说“自举兵以来，人疑右江溪洞阴有附敌，不为我用”，已不专指许忠义。蒙古第一次退兵之后，李曾伯为强化边防，对溪洞诸蛮改采积极招抚策略，要求刘雄飞派人开谕许忠义的党羽，不要在意先前的恩怨，希望“使之邀击敌人，以立功自见，相与要约，毋负国家”，并允许买马。不久，刘雄飞上报许忠义解到蒙古人的首级与衣甲军器，及蒙古骑兵两人、马一百余匹。为了嘉勉忠义的忠诚，雄飞即给付元印并许补官赏，优行支犒。曾伯一度怀疑许忠义“久不相顺，忽为此举”的用心[⑦]，但随后邕州通判赵立的报告，指许忠义与李维藩一

① 李曾伯:《可斋杂藁》,《可斋续藁后》卷7,《条具边事奏》，页3上。
② 同上注，页3下。
③ 李曾伯:《可斋杂藁》,《可斋续藁后》卷7,《回奏宣谕》，页15下。
④ 李曾伯:《可斋杂藁》,《可斋续藁后》卷7,《奏为边报》，页34上。
⑤ 李曾伯:《可斋杂藁》,《可斋续藁后》卷7,《回宣谕奏》，页44下—45上。
⑥ 同上注，页48上。
⑦ 李曾伯:《可斋杂藁》,《可斋续藁后》卷7,《奏边报并缴刘镇抚书》，页57上—58上。

样，似为蒙古所杀[①]。刘雄飞建议朝廷“乞与旌劝”[②]。开庆元年（1259）二月九日之后，李曾伯向报理宗，指出宋廷处理许忠义的事情对诸峒酋具有指标作用，他已责成谢济呈报实情[③]。但此后李曾伯的奏报中，均未再提及许忠义的事，后续发展不得而知。不过，从整件事情发展看来，由于宋廷长期疏于经营与诸蛮的关系，彼此关系冷淡，缺乏互信。而宋廷为了应付紧急危难，急于掌握蒙古军动向，则必须在短期内建立侦察网，但不论皇帝或李曾伯、刘雄飞，都因长期对蛮情不够了解、互动不足，加上情势急迫，未能获得蛮洞的信服，自然难以搜集到蒙古军事活动的完整情报。

宋廷为稳定与羁縻蛮酋的关系，也采取尊重传统、接纳现实的做法。此一现象，在南丹蛮莫氏家族的争夺领导权上，充分体现。南丹蛮以莫氏兄弟为首，但莫异德、莫异俊、莫异常兄弟长久以来相互仇杀。宝祐五年（1257），广西经略司曾派干办公事郭公著前去安抚，令其和解。当时异俊希望离蛮境出任省官，但经略司不允。李曾伯上任后，适异俊杀其兄，诸侄流落他乡。由于南丹蛮与大理诸蛮接邻，蒙古、安南均易乘虚而入，曾伯怕异俊有异志，也担心异德诸子报复，引惹事端，对宋不利。异俊以异德服毒身死为辞，通过宜州请求派兵弹压

① 李曾伯:《可斋杂藁》,《可斋续藁后》卷 8,《回宣谕奏》, 页 21 下—22 上。
② 李曾伯:《可斋杂藁》,《可斋续藁后》卷 8,《回奏宣谕》, 页 27 上。
③ 同上注, 页 33 上。

及承认他酋长的地位。曾伯认为异俊尚能尊宋，不致背负，既有气力且得众心，因此一方面派郭公著给榜，行下抚谕，一方面向理宗报告，建议尊重传统，承认现状[①]。宜州派人到南丹州访寻异德诸子，并解到南丹州印记暂存宜州，而任异俊权管干南丹州事，负责抚循峒落及防驻诸隘[②]。

李曾伯根据宜州等地查访所得，向理宗报告莫氏家族信息，指明莫异德有七子，眷属五十九人，其中大发、大盟二人在宜州，已获得保护，大刚、大宁都是七八岁的幼童，留在南丹州。据留在宜州的大发推测，另三子大荣、大秀、大逞，前二人在右江，大逞仍在南丹；大荣是武隆州酋的女婿，先奉异德之命，到武隆州借兵。曾伯令刘雄飞等派人深入溪洞，查访异德眷属，招至邕州，厚加抚恤，又令郭公著到南丹州搜访，并要求异俊善待异德留存的眷属。由于南丹州的环境、人事复杂，理宗告诫李曾伯“安异俊易，处异德诸子难”，更担心若宋廷收留逃到宜州的大发，将招致异俊的疑虑，不收留又怕大发转而投靠蒙古。曾伯体认此种复杂情势，认为不仅要抚辑大发，更要对奔窜在外地的异德诸子婿眷属加以安抚，以免流落。因此他建议在柳州与象州之间，拨荒田以处置大发兄弟[③]；同时积极查访异德流落在外的三名儿子，但不宜延大发兄弟到

① 李曾伯:《可斋杂藁》,《可斋续藁后》卷6,《回奏宣谕》, 页50—51。
② 李曾伯:《可斋杂藁》,《可斋续藁后》卷7,《条具边事奏》, 页2。
③ 李曾伯:《可斋杂藁》,《可斋续藁后》卷7,《回奏宣谕》, 页13下—14下、30上。

内地安置，以免引起异俊疑虑[①]。八月下旬，曾伯根据宜州缴送各峒首领的推伏状，向理宗报告异俊已符合孝宗朝张栻奏议所称“彼境兄弟旧亦曾相雠杀，亦是以诸峒首领推伏定论”，请认可莫异俊承袭，并将正式授印[②]。

但此时莫氏家族互残的情况又起。异德的长子大荣自武隆州借兵回南丹，杀死异俊，并向宋高峰寨递送公文申报，曾伯认为这是“出于子复父雠，乃经律之所亮，若俾之子袭父业，亦众情之所安”。为了安定情势，已令郭公著给榜抚恤，并待人心安定之后，给予州印[③]，只是担心异俊的党羽或尚存诸子会有反抗动作，将对宋造成困扰[④]。

到了开庆元年（1259）八月初，南丹蛮的情势又有新的发展。当莫大荣申请世袭诰命时，又遭他的叔叔莫异常及异俊的儿子大佐攻杀。异常向宜州申报。曾伯认为这种兄弟相互仇杀的事，在南丹州既已习以为常，只得承认现状，“因而抚之”，已令宜州开谕莫异常等安辑其众。由于牵涉人员众多，情况更趋复杂，曾伯怕引发事端，除了安抚，更“量调兵于高峰寨阴制之”，俟情势稳定后，再令宜州派官前去，“更与支拨盐、锦，措置关隘，弹压之也”[⑤]。从这份奏状显示，曾伯在紧急应付宋

① 李曾伯:《可斋杂藁》,《可斋续藁后》卷7,《回奏宣谕》，页16下。
② 李曾伯:《可斋杂藁》,《可斋续藁后》卷7,《奏备边及漕司券钱事》，页24。
③ 李曾伯:《可斋杂藁》,《可斋续藁后》卷7,《奏边西及南丹州事》，页29。
④ 李曾伯:《可斋杂藁》,《可斋续藁后》卷7,《回奏宣谕》，页30上。
⑤ 李曾伯:《可斋杂藁》,《可斋续藁后》卷9,《回宣谕奏》，页43上。

蒙战局的情势下，对南丹蛮的内争，除了先前抚辑的做法，也着手调兵防备，显然与稳定边防有关。

六、结语

为了抵抗北方金、蒙长期以来的军事压力，南宋在巩固川蜀、荆湖、两淮边防方面用力最深，成效也相当显著。然而，当蒙古选择采取夹击攻势，开辟西南战场，企图由云南进犯广西时，宋廷被迫采取紧急应变措施来应付新的考验，而广西也从北宋时期的边陲变成南宋朝廷的后门。

广西、贵州等西南地区地形复杂，更有如安南、大理等众多不隶宋廷版图的独立、半独立政权。宋廷自江南建政以来，虽然与他们保持着经济、文化的交流，但在政治、外交关系上相对消极、保守。因此，当宋廷得知蒙古入侵大理、进犯安南时，为了能在短时间之内在广西地区营造出得以抗御蒙古的条件，皇帝紧急调派当时出任湖南安抚使的李曾伯兼任节制广南军务，甚至赋予李曾伯广南制置大使的职权，作为理宗乃至宋廷在西南战线的联络窗口，并负有前线战略部署和指挥调度之责。

然而，广西地区的瘴疠气候，久为岭北人所惧，而当地兵粮不足，城墙关隘失修，又地处边陲，如何在仓促又艰辛的处境下，克服人力、装备、后勤支持上的阻碍，有效掌握边报，并建立军前与中央间完善的联系系统，对前线的李曾伯与后方的宋廷而言，都有许多亟待解决的难题。

李曾伯到任之后，首先面临的是如何确保与远在临安的皇帝及朝廷之间的联络渠道畅通且迅速无误。在理宗一再关切、要求下，李曾伯和湖南安抚使史岩之分别对辖下自临安经潭州到静江的军递铺系统，加以改进。虽然未必均能达到理宗的要求，但在一般情况下，军情的传递还能维持十三天以内完成，在紧急情况下，甚至能在十天内将消息自临安送达静江府；而从静江府到前线最重要的据点邕州，一般则需要四五天的日程。一旦蒙古军发动攻击，宋之递铺遭到破坏或递兵被杀，军情传递时程则大受延误，甚至中央与前线信息传递的渠道也遭阻断。正常铺递既受破坏，信息的往来传递只能绕远路进行。如蒙古第二次发动攻击期间，包围静江府城，并由静江往潭州，分兵四出，李曾伯只得派官兵由广东、福建往临安传递消息，临安则通过湖南安抚使，间接传达朝廷旨意。

在战时，宋廷为了充分掌握前线战况的发展，有效地调度指挥，除了循正常行政渠道，让丞相、枢密院、尚书省与战区最高长官保持联系，皇帝与最高指挥官个人之间更建立紧密的联络渠道。通过军递铺的传递，确保信息渠道的畅通，随时掌握战况，下达指令。李曾伯所著《可斋续藁后》卷5到卷9为我们了解宋蒙战争时的广西战场的信息传递提供了最重要的史料。

就体制上而言，朝廷与地方官员乃至战地指挥官之间，都有正式联系与指挥的渠道，这在李曾伯进呈理宗的奏札中随处可见。如宝祐六年（1258）四月二十日，李曾伯的报告中提到安南给邕州的公牒，“臣已将真本一宗缴申密院”[①]。五月二十五日以后，李曾伯也向理宗提到探报人梁材对蒙古侵犯安南报告的真本缴申枢密院[②]。对理宗追问传递延误一事，李曾伯除了向理宗报告，也将理宗的指示申枢密院，转牒江西、湖南两位安抚使[③]，对恐因筑城浚壕妨碍农事而停役民力的事，也“已具申枢密院”而合并向理宗奏报[④]。至于与丞相有关的事，如六年五月十六日关于钦州、宜州阙守臣一事，李曾伯曾向前任丞相程元凤报告，请理宗告知新相丁大全[⑤]。程元凤于四月辛丑被罢，丁大全于丁未接任[⑥]，七月二十五日曾伯的报告中，也说知钦州云拱提到蛮酋许忠义为患的信，已缴呈新丞相丁大全[⑦]；对南丹蛮莫氏兄弟相仇杀一事，曾伯也分别向丞相禀告，并将相关公文申缴枢密院[⑧]。甚至理宗也向李曾伯提到，他已谕令朝廷派五千人入广防秋[⑨]。这类经由正式渠道向朝廷各机关传递信息的

---

① 李曾伯:《可斋杂藁》,《可斋续藁后》卷 6,《回奏宣谕安南事》, 页 10 上。
② 李曾伯:《可斋杂藁》,《可斋续藁后》卷 6,《回奏宣谕》, 页 30 上。
③ 李曾伯:《可斋杂藁》,《可斋续藁后》卷 6,《回奏宣谕安南事》, 页 9 上。
④ 李曾伯:《可斋杂藁》,《可斋续藁后》卷 5,《回宣谕勉印帅往邕奏》, 页 35 下。
⑤ 李曾伯:《可斋杂藁》,《可斋续藁后》卷 6,《回奏宣谕》, 页 24 下。
⑥ 不著撰人:《宋史全文》卷 35, 页 45 下。
⑦ 李曾伯:《可斋杂藁》,《可斋续藁后》卷 7,《条具边事奏》, 页 3 上。
⑧ 李曾伯:《可斋杂藁》,《可斋续藁后》卷 6,《回奏宣谕》, 页 50 下—51 上。
⑨ 同上注, 页 22 下。

资料，在《可斋续藁后》中不胜枚举。不过，书中重要的部分仍是理宗与李曾伯之间通过文字商议战争与军事布防、情报搜集的问题，这正是本章探讨的主轴所在。

在宋理宗与李曾伯讨论的诸多议题中，蒙古军情的侦察无疑是最重要的一环。由于宋廷实力薄弱，面对广西新战场，如何通过众多复杂的羁縻州及半独立政权以掌握蒙古动向，巩固边防，是宋廷面临的一大考验。蒙古控制大理多年，对西南地区地理形势的掌握与少数民族的控御均优于宋朝。在如此不利的条件下，要在短时间之内，通过安南、大理以及复杂的羁縻州等渠道，了解蒙古军情动向，乃至蒙古与这些地区之间的关系，李曾伯显然需要多方布置、多管齐下，才能达成使命。

李曾伯是广西战地的最高指挥官，也是广西地区向中央传递信息唯一的渠道，理宗与宋廷所有的指令与意见也均以李曾伯为基点传递发布，因此李曾伯在文集中所留下的数据，最能完整见证当时军情侦察活动。现有的数据显示，李曾伯为了有效掌握蒙古军情，动员了大批人力，多渠道进行军情侦察工作，遂使此次宋蒙的广西战役，同时成为一场大规模的情报战。动员的人力包括宋廷正式任命的使臣（廖扬孙、杨庆成）、安南使臣（陈邦彦）、羁縻州（自杞）的国王、南丹蛮莫氏、部落酋长、俘虏（安南俘李小哥、宋军所俘蒙古军）、安南汉族士人与官员、海贼，以及邕、宜、钦、融镇抚使刘雄飞所派若干人。此外，钦州、宜州、象州等地也分别派人，四处打听侦察。可以说，宋廷与李曾伯为了有效掌握蒙古活动的情资，极尽可能地广布侦察网，延伸掌握情资的触角。

在诸多侦察环节中，以最前线的刘雄飞角色最为繁重。由于邕州地近安南、大理等地，刘雄飞除了负责最前线的指挥、布防，落实宋廷对蒙战略，更是前线探报搜集工作的重要执行者。另外，熟悉蛮情的谢济也是后期宋廷与李曾伯倚重的官员。在蒙古第一次发动攻击之后，宋廷与李曾伯深感对蒙古与羁縻溪洞的关系掌握不足，因此特别指派曾到过大理的谢济到横山寨外，团结少数民族，协助军情侦防。此举显然稍微化解了宋与蛮洞关系，并有助于掌握蒙古军的活动；但当时宋蒙战力悬殊，即使宋全力备战，亦难以抗蒙，况且宋廷并无法如李曾伯所请增兵防御，加上仓促间难以查证情资的准确性，当然难抵挡蒙古的进犯。

从李曾伯与理宗往来的信息内容中，也能观察到身处不同的位置，对信息的判断与战略决策，有不同的考虑。在这段时期，李曾伯将所获情报汇整之后，向理宗及枢密院等相关机构呈报，并分别提出经其判断认为情资不尽可信，或前后一致的部分，供理宗与朝廷决策之参考。不过，由于情资来源多元而复杂，信息亦是逐步传递的，而急于了解前线消息的理宗和宋廷，往往仅根据一时的信息即下达指示，未考虑前线情况可能已有变化。这类指示常给身为前线最高指挥官的李曾伯带来困扰。其中最严重的，要属宋廷担忧安南与蒙古关系过密，亟欲采取军事行动，以及理宗由探报得知大理饥荒消息，欲借此时机，派军进攻大理，发动牵制性战争二事。

理宗拟通过广西对安南与大理发动牵制性的战争，这既可能出自理宗根据有利情报所做的主观判断，也可能出于他身为君主对战争整体战略布局的考虑。在广西受敌的同时，四川、湖北，乃至两淮的前线，一样面临来自蒙古军主力的强大攻击。在蒙哥亲率大军进攻的情况下，四川战况最烈，相较之下，广西未见立即危险，且偶有有利情报回传。理宗与宋廷之所以谋划从安南、大理发动较大规模的牵制性战争，也许是期望能借此转移蒙古军注意，以降低四川、湖北直接受敌的压力。为此，理宗曾多次鼓励、奖赏主战的刘雄飞，而且批判李曾伯过于消极，难符他的期望。

因此，着眼于整体战略布局的理宗，与位居广西第一线统筹指挥的李曾伯出现了认知上的落差。面对与理宗战略认知的歧异，李曾伯批评刘雄飞有勇无谋，未精密筹划，并向理宗委婉解释了广西地区兵粮不足、兵力寡弱的情况，加上军队对安南、大理地形不熟，大军远征危险性极大。此外，他还再三利用新获得的情报，向理宗说明不宜出兵安南、大理的理由，这才改变了理宗与宋廷的决定。不过，宋的兵力与后勤资源不足，才是最后真正让理宗与宋廷打消念头的关键原因。宋廷谋由荆蜀、两淮、广西三方会兵，对蒙古作战，但蜀荆及两淮之兵无法外调，从中央到湖南、两淮等路，无法全力支持广西所需人力、物力，只能尊重李曾伯的建议，放弃发动安南、大理牵制性战争的计划。

从情报搜集成效的角度看，宋在安南、大理及羁縻溪洞三方面的蒙古军情侦搜工作，与这三者和宋、蒙关系的发展，关系密切。大理最早亡于蒙古，是蒙古驻屯重兵并经由安南攻宋的重要据点，是宋人侦察蒙古动向的重点。不过，大理与宋相距遥远，既无直接外交关系，又有少数民族的蛮部相隔，最不利情报搜集与传递。宋所获得有关大理乃至蒙古军在大理动向的消息，都只能通过羁縻溪洞间接取得，成效最低。然而，由于大理与四川接邻，是蒙古在广西之外最可能对宋发动攻击的区域，也是宋廷谋划集结四川、荆湖、广西三方兵力发动对蒙牵制性战争的地区，因此宋廷也一直关注大理的局势。

安南与宋、蒙的关系，则相当复杂。安南表面上奉宋正朔，实际上却自立年号，长期以来与宋维持着时疏时密的关系。南宋末年，由于蒙古的进犯，安南陷入存亡之秋，既想倚宋求存，却又无力抗蒙，只能采取两面应付的手法，依违在宋蒙之间；在得知安南向蒙古降服时，宋廷甚至意图对安南发动攻击。因此，当安南面临蒙古军的步步逼近时，与安南境土相接的广西唇亡齿寒的危机感最为直接。宋基于与安南长期以来的关系，复以众多汉人在安南任官或从事贸易活动，宋廷在安南的情报搜集，最易施展。在蒙古进犯安南期间，李曾伯除了通过双方使臣强固彼此关系，还多方派遣间探，侦察蒙古、安南之间的关系发展及蒙古军在当地的动向，作为措置边防的依据。因此，从情报侦搜的角度看，宋在安南方面的成效最大。不过，安南最终仍因无力抗拒蒙古而投降，成了蒙古攻宋的前哨站。

羁縻溪洞介于宋与安南、大理之间，由众多民族构成，种族复杂，不相统属，或为宋之羁縻州，或呈半独立状态，与宋关系相当多样。南宋虽较北宋更重视团结羁縻州，但自孝宗以后，疏于耕耘结纳，彼此关系趋于疏离，尤其停止买马的举动更影响了诸溪洞对宋的向心力。蒙古控制大理后，夹其优势，深入羁縻溪洞，这些半独立势力无力与之相抗。一方面蒙古借这些邻近宋境边陲的溪洞渗透入宋，另一方面宋也需要从这些地区探听蒙古军情。

然而，各溪洞种族繁多、势力分散，依违宋蒙之间，对宋或顺或叛。宋廷曾谋划以军事手段，强力铲除在宋蒙之间挟持两端者。但在蒙古第一次攻进之后，宋廷有感于对羁縻溪洞掌握不足，便改变策略，派出熟悉蛮情的谢济，积极招纳、团结羁縻蛮酋，以强化抗蒙战力。此外，宋廷也采取承认现状的政策，不介入羁縻州内部的权力争夺，以安辑循抚为主，避免少数民族离心，影响边防。在此策略下，宋廷在羁縻溪洞广派间探，侦搜蒙古军情的工作，颇有斩获。就情报搜集成效而言，宋在羁縻溪洞的成绩，仅次于在安南。无奈信息多元，布防仓促，情势急迫，终难摆脱战败的命运。

结　论

本书从中央集权体制对基层权力结构的形塑出发，观察宋代政治发展脉络中基层武力与基层社会的面貌；进而探讨地方势力与精英家族的政治抉择对其生存发展的影响；再由中央政局变动与信息获取的视角，追索决策形成的动态过程。在此之上，进一步尝试分析政策由制定到推动执行的过程中，为因应内外环境的不同刺激与挑战，必须有哪些调整与适应；这些应对之策又造成什么样的转变与影响。

各章的讨论以政治思维和政治运作为主轴，贯串社会史、军事史、地方史、家族史等领域，并从基层、动态的研究视角，进行跨领域的整合性观察，借以重新诠释原本分属不同领域的议题，期有助于丰富中国近世政治史的研究。宋代政治史涉及范围广泛，本书仅借各章所及议题，分别加以讨论，本章则拟对各篇所论及的政治发展与运作过程，提出综合性结论，冀能增益学界对宋代政治的理解与认识。以下分别从中央集权与基层权力结构、地方势力与政治适应及政局变动与信息流动三方面，加以说明。

一、中央与基层的权力互动

“强干弱枝”是有宋一朝立国的基本政策，也是宋代政治发展的基调。宋廷通过集权中央、削弱地方，改变了唐末五代割据自立的局面。此即赵普答太祖之言：“唐季以来……战斗不息……此非他故，方镇太重，君弱臣强而已。今所以治之，亦无他奇巧，惟稍夺其权，制其钱谷，收其精兵，则天下自安矣。”[①]权力、财赋、武力三者由地方往中央移动，既是强干弱枝政策的贯彻要点，也是中央集权体制赖以形塑基层权力结构的依据。以往宋代政治史研究多侧重典章制度的阐述与上层结构的讨论，较少贴近基层社会的政治面向。其实，若能由基层角度着眼，观察各项地方制度的设计背景、地方社会的权力结构、中央与地方互动关系，以及各项制度为适应不同时空冲击下所做的调整与转型，相信有助于理解政治力与社会力的交会的实况，也能对宋代政治与社会秩序的形成与转变，有较丰富多元的认识。本书探讨巡检、弓手与基层社会，正是此意。

武力是国家政治体系的重要结构，也是展现统治力的具象形式。历代治乱往往都与武力组织与流动关系密切，讨论帝

---

① 李焘:《续资治通鉴长编》卷 2，建隆二年七月戊辰条，页 49。

制中国的国家统治与社会秩序的联结互动，不能忽视相关课题。赵普所谓“节镇太重”，需“稍夺其权、制其钱谷、收其精兵”，正显示历经了晚唐五代的政治变局，赵宋政权建立后的首要施政目标即是以唐五代为鉴，借由制度制定，调整既有权力结构，建立新的政治秩序。宋廷规划、调整基层武力形态与组织结构，并借以重新塑造国家统治模式，向基层社会伸张政治力，达成社会控制、巩固政权的目标。宋仁宗时期，范祖禹论宋初“分天下为十八路，置转运使、提点刑狱，收乡长、镇将之权悉归于县，收县之权归于州，州之权归于监司，监司之权归于朝廷”[①]，说明这种“上下相维、轻重相制”的权力结构，是中央统治力得以深入基层的关键。巡检与土兵、县尉与弓手这两组在唐末五代已出现的武力形态，到宋代成为中央统治力深入地方基层的象征，也是因应非常时期社会失序的常见角色。

巡检的沿革是观察由唐至宋武力体系演变的适当题材。巡检萌芽于晚唐，属于基层低阶武职，至五代本应进入制度化阶段，却因朝代祚短、政局混乱，巡检职能与角色反趋于多样，明显呈现制度过渡期的特征。五代时期不仅存在晚唐的基层低阶巡检，还分化出帝王宠信的上层高阶巡检，他们拥有雄厚的军政实力，对五代政局的变化具有影响力。巡检制度的分化，

① 脱脱等:《宋史》卷337,《范镇从孙祖禹传》，页10796。

可视为五代时期战争频仍导致的战时性措置，在当时特殊的军政环境中，连带造就了若干权势凌驾君王的高阶巡检，叛逆之事时有所闻。巡检职能多样的现象，一直延续到北宋初期。赵宋政权初建，宋廷基于强干弱枝的立国政策，通过重建武力隶属系统及运作模式，强化中央权威。日后随着宋对辽、夏战事渐趋平息，宋廷进一步将巡检布置重点由边防转向境内社会秩序不稳之处。是以，高阶巡检渐减，巡检日渐转为维持地方治安的低阶武职，统领土兵驻守乡村险要之地，成为此后中国王朝的基层治安武力之一[①]。

与巡检相应的宋代基层武力，是县尉所辖的弓手。唐末五代，地方弓手本由藩镇所属的镇将领导，导致武力私人化，成为五代的政治特色与乱象本源之一。赵宋政权建立后，重新设置县尉，以削弱镇将权力。宋廷把镇将辖下具有私人武力性质的弓手，改归中央派任的县尉统率；日后更将弓手纳入职役体系，由地方百姓充任，与巡检、土兵共同构成宋代维护地方治安的常态武力。然而，维持地方治安的弓手改由地方人士担任后，相对也因其身份亦代表政治力与社会力，不免在实际行使公权力时，拉锯摆荡在中央统治与地方利益之间，显现政策在地方社会落实的过程中，因时空变化自然而生的差异性对策。

---

① 苗书梅:《宋代巡检初探》, 页 41—54;《宋代基层社会管理体制的重要一环: 巡检问题再探》。

除了武力隶属的板块移动与掌控机制的变化转移，宋代基层社会也随着国策与政局的变化，形成相应的权力结构；其中，“县”尤其是观察此权力结构与其运作的最佳基点。诚如范祖禹所言“乡长、镇将之权悉归于县”，宋代的县承继五代乡长与镇将所拥有的基层行政权力，是宋代行政运作的末梢，县官则是王朝权威的象征。赵宋通过行政体系设计，掌握地方社会，并在北宋中期以前得到贯彻，但在基层社会的政治场域中，也逐渐出现地方势力的发展空间。

在有宋一朝的行政体系下，县官固然代表中央权威执行公权力，但多因官员轮调与避籍等规定，领命治理非本籍之地，且任期仅两三年，造成地方施政重点因人而异，延续性不足，建设难继。县官必须仰赖胥吏执行庶政、催集赋税，依仗弓手、土兵维系治安，县政方能顺利运作。至宋徽宗时期，北方辽、金的压力不减反增，宋廷又推动各项耗费巨大的政务，对财赋倚赖更殷，财政中央化愈趋明显，苛扰急征激起民变，外患内乱相继，严重冲击江南社会。当政治环境骤变、社会秩序解体之际，尤赖地方权势之家出钱出力，协助平乱，并帮助推动在地建设及教化工作，以维系基层社会的稳定运行。南宋时强邻压境，国防军事负担加重，财政压力遽增。宋廷加强盐茶专卖以为国库开源，反造成走私贸易猖獗，武装变乱纷起，地方治安与建设负担愈形沉重，地方官员更加仰赖地方势力协助，地方势力对基层社会的影响力也因此大幅提升。

宋代和此前中国历代王朝一样，都存在代表国家政治力的中央政权与代表地方社会力的地方势力，两者的关系也随政治环境变化而有不同的发展互动。不过，宋代特殊之处在于，以财力自雄的地方豪雄及以知识谋生的士人群体因社会经济发达与科举制度勃兴，而有了在地方社会发挥影响力的空间。从北宋到南宋，不论基层武力或行政体系，都体现了中央通过制度规划引导国家政策向基层伸展统治力的意图。然而，随着内外环境变化，宋廷为适应时势、反映现实需求，也必须调整策略，适切修正各项政策、制度。在此过程中，反而为地方势力创造了发展空间，使县政运作出现官府与民间、政治力与社会力既合作又竞争的互动现象。此一趋势，是赵宋政权制定规范、推动政策之初始料未及的。

在宋代，基层事务往往必须由代表朝廷执行公权力的官府与由士人豪富之家组成的民间力量协力合作，方能顺利开展，显示了政治力与社会力包容共治是基层社会的主要形态。这种情况自南宋延续至明清各代，表现虽然强弱有别，却构成了中国基层社会运作的基本样貌，也成为探索中国近世以降基层社会发展的重要线索。

二、地方势力与政治适应

赵宋的立国政策不仅影响其政权性格，更关乎精英群体与政权之间的关系。宋廷推动重文政策，以科举取士，优容文人，也同时强化了士人的忠君观念与社会责任。士人因参与朝政，落实社会关怀，进而成为宋代的政治、社会主体，其春秋大义、夷夏之防等思维也逐渐扩散至整体社会，形成宋代文化的重要特质。然而，面对乱世危亡存续的挑战，这些价值观便不得不随之调整，以维护地方利益，谋求生存。

宋金交战后华北地方势力的变化就是明显的例证。宋金由和转战以来，女真人挟其骑战优势，迅即渡河破汴，以致徽钦北狩，宋室南迁。在此巨变下，华北遭受严重破坏，社会秩序崩解，抗金义军等诸多民间自卫武力在沦陷区趁势而起，各据一方。是效忠遥不可及的南宋王朝还是直接统御当地的新政权，他们或是始终如一，或是依违反复，情况不一。迨金人扶持的刘豫齐政权建立后，华北政局逐渐趋于稳定，这些活动于华北的地方势力为求生存发展，不得不在宋、金、齐之间做出政治抉择。其中，尤以洛阳一带的地方势力情况最为迫切。

洛阳是北宋西京，也是宋皇权象征的皇陵所在。宋金交战时期，洛阳虽迅速沦陷，但金尚无法全面实际统治，绝大部分地区仍为活跃于当地的多股地方势力所盘踞。这些拥众自重的豪强成为各方政权拉拢的对象，而以拥护南宋王朝的翟氏“忠护军”势力最大，受宋廷之命保护皇陵。齐刘豫政权建立后，视翟氏为眼中钉，亟谋铲除之。原隶翟氏麾下负责护陵的豪强孟邦雄，则因冀求建功立名，改投金齐，并助刘豫挖掘宋皇陵，以示效忠新政权。此举激怒了长期忠宋护陵的翟氏，其串联山寨余众，围攻洛阳城，擒杀孟邦雄家族等千余人。翟、孟等人本是赵宋统治下的洛阳豪民，在乱世中以武而兴，奉命护陵，甚受宋廷宠遇。宋室南渡后，无力驰援沦陷区，洛阳频受内外冲击，地方武力孤军在外。对他们而言，新旧王朝更替意味着生死存亡的关键时刻，挑战最直接，其政治抉择与政权认同因而充分反映理想价值与现实情境的差距。

若以承平时期强调的春秋大义、夷夏之别等忠逆二分法，检视混乱时代下渴望安身立命的人群，往往难以尽得其情；必须将他们在理想与现实间所面对的冲突纳入考虑，方得其实。生存问题对身处沦陷区的地方人士尤显迫切，在存亡绝续的现实压力下，承平时期所持守的国家认同和忠君观念势必需要因应政治环境而有所改变，甚或赋予新的诠释。南宋初年翟氏与孟氏为皇陵而战，乃至宋元之际李全叛金投宋、叛宋投蒙，到其子李璮再度叛蒙投宋的反复过程，都可作如是观[①]。这种为生存所做的政治抉择，正是社会力因应现实所采取的对策。

即使是看似宁静无波的承平时期，各种地方势力群体同样也会因国内政治环境转变而起落兴衰。过去对士人家族的研究多从家族延续或社会流动面向入手，讨论家族发展策略与安

① 黄宽重:《割据势力、经济利益与政治抉择——宋、金、蒙政局变动下的李全、李璮父子》, 页 87—106。

排，本书则不同，由“衰替”角度切入，观察国家政策的转变如何影响族内乃至族际团结，甚至导致地域士族整体的没落。这样的讨论不仅有助平衡看待家族的实际发展，也可以从反面呈现维系家族的关键因素。

南宋时期，四明地区的史氏、楼氏、袁氏、高氏、汪氏等士人家族因科举而兴家旺族。他们彼此援引，建立坚实的人际网络，在朝廷与地方累积丰沛的人脉与社会资源，成为影响中央政治与地方社会发展的要角。当地的讲学辩论、诗社、乡饮酒礼兴复、学舍修建、造桥铺路、施济，乃至具有地域色彩的乡曲义庄的推动，都是当地士人由个人出发，通过群体合作所累积的成果。在庆元党禁之前，四明士族参与中央朝政者众，一度垄断政局，并协力推动学术文化活动，影响力达到巅峰。嘉定时期，史氏叔侄、袁氏父子及高氏家族，政坛表现尤胜其父祖，但旋因政见相左，由群体合作走向分化对立，整体凝聚力和向心力开始松动。

从宁宗到宋亡，四明地区士人家族先后受到四波政治浪潮冲击，原本相互扶持发展的荣景逐渐消退，最终趋于没落。其中，庆元党禁与史弥远当政时期朝政争端所引发的政治风暴，牵涉多数四明士族。政见歧异和利益冲突均导致族内与族际人际关系疏离，甚至交恶，破坏地区一体共荣的认同感，造成士族间彼此竞合乃至对立的局面。其后贾似道当政，极力排挤四明人士，显示了在政坛权力的交替中，新执政者对四明士人往昔垄断政局的反弹与压制。此举使原已存在的家族内部与族际之间的矛盾与认同危机进一步加深，既导致个别家族的衰败，也影响整个地区的发展。

多次卷入政治风暴之后，部分族人基于政治理念的差异逐渐淡出政坛，挟着原有富裕优渥的家境与人际关系，转而追求艺文与精神生活，或关注医疗养生、营造品味生活等面向。家族与个人发展目标与人际关系网络既已转变，四明士族之间先前塑造的共荣内涵与风貌也不复再现。元朝政权建立后，对新政权的认同歧异，更加速了四明地区名门望族（如史氏家族与西门袁氏）的没落。相对地，后起的南袁氏一族因选择归顺新政权，获得元廷信任，转趋兴盛，却也肇致另两个袁氏家族的疏离与交恶。这个事例从另一侧面体现了政治理念与认同，乃至因应环境变化所做的政治抉择，既左右家族兴衰发展的命运，也对地域社会的整体发展有着深刻的影响。

豪富与士人是宋代地方社会的精英群体，以其财富与人望为资源，参与日常庶务与地方建设，协助排解纠纷，是维护基层社会秩序的重要角色，也是地方政治优劣的衡量目标。他们参与地方政务运作甚深，因在地政治资源瘠富而有大小久暂之别，也受国策走向与政治局势左右而有兴衰起落之变。洛阳豪雄与四明士族分别代表了乱世与承平时期发展面貌各有不同的社会群体，将其兴衰起落与现实政治发展结合观察，可以发现地方群体为适应现实环境所采取的对应性策略。较之以往从春秋大义或婚姻网络等通则性观点，或许更能贴近现实环境，有助于较真切地理解历史的发展。

三、政局变动与信息流动

从国家对外关系观察，国内政策走向与政局变动既影响外交策略，也左右了执行者的仕途，更直接关系战事成败乃至国家命运。通过信息传递与战略取舍等层面，探讨中央与地方、中枢与前线、君与臣之间的互动，这将对掌握执政者的政治立场与战略部署，以及信息取得与帝国决策间的联动关系，有所帮助。

北宋晚期，程节、程邻父子经略广西的变化，是观察政策变动对个人与国家影响的例证。在新党执政期间，程氏父子配合朝廷开边政策，以武力为后盾，经略广西，推动教化，深化宋廷统治广西的力道，也为南宋对西南地区的开发与经营奠定了基础。此时，广西渐由化外之地转为赵宋的西南门户，程氏父子个人与家族发展也臻于巅峰。然而，当旧党接续新党执政后，出于政治斗争及实质经营效益，西南边策幡然转为消极退缩。此一转变显现了宋廷的广西经略政策因新旧相互抵制，而在积极拓边与安抚羁縻之间摇摆不定。身处在变动频繁的政治环境中，程氏父子的经营成果无法获得肯定，难以再展长才，甚至阻碍了往后的仕途发展。西南边策退缩，也使宋廷失去经营西南边地的大好先机，一旦外敌挟游骑优势，由大理进犯南宋，便使宋廷的广西经营与战略部署面临严峻考验。这在南宋晚期的宋蒙战役中得到验证。

宋室南渡以后，苦于应付来自北方的金蒙压迫，只能倾力支撑江淮战线，以维系政权命脉，难以有效兼顾西南防务；反观蒙古攻占大理有年，对西南地区的掌握与对少数民族的控御均优于宋朝。南宋晚期，蒙哥汗发动三方攻宋战役，李曾伯仓促受命负责广西防务。由于宋廷实力薄弱，且已错失经营西南的先机，想在情势复杂的广西战场扳回劣势，必须仰仗众多羁縻州和半独立政权协助，大规模搜集蒙古军情动向情报，以为因应。因此，李曾伯上任后，为了掌握蒙古在大理、安南等地的军事部署与攻击路线，动员大批人力，经由安南、大理及羁縻溪洞三方面，进行多渠道的情报搜集。李曾伯亦于宋廷所在的临安与驻地静江府之间，建立了军递铺作为紧急联系系统，确保情报信息来往迅速无误，定时向朝廷汇报军情发展与战略建议，以利中央与前线之间的指示与战报的传递。

这时宋朝面对的是一场史无前例、危及社稷生死存亡的战役。在临安的理宗与在前线的李曾伯由于立场不同，对信息的掌握以及战略考虑有别，因此在决策与执行之间歧异甚巨。在《可斋续藁后》中，往往可见宋理宗根据一两项线索，即下达指令，改变战略方向，其指令或出于对蒙战略的全面性思考与调整，却对前线指挥官李曾伯构成极大的压力。李曾伯评估宋军战力与西南边区经营成效，深知中央战略指示难以执行，无法符合理宗期待，因而不断以新获情报为佐证，上奏为原定战略辩护，期盼获得君主认可。这充分体现了战时体制下，宋廷动员与部署的实况，以及中枢与前线、君与臣之间复杂而多样的关系，他们与对情报运用和判断的差异。从君臣不断往返的圣旨与奏折中，我们既看到了理宗时而奋励、时而焦虑的心境变化，也看到了前线李曾伯难以获得有效支持，需独立面对骤变的战况，并承受君主指责的无力感；同时也呈现出不同立场对信息掌握与政策执行的差异，以及政策与对策之间的落差。

《可斋续藁后》更揭示出两宋战略布局的转变。此时皇帝固然对臣僚多有指示与责难，但中央与前线、君与臣之间反复论辩沟通的分量大幅增加；虽然“将由中御”的基本方针不变，但相较于宋朝建立以来以阵图指挥作战等做法，差异甚大[①]；这说明到了南宋晚期，在临安的宋廷面对三面包夹的强大外患，对西线烽火已经鞭长莫及，无力持续贯彻直接指挥的传统。此一决策权转变的现象，与晚宋镇抚使一职短暂再现的历程、前线将领乃至统帅的指挥权的扩大，以及南宋地方武力发展，都说明了南宋政权为因应时局的变化，在不背离强干弱枝

① 曾瑞龙:《经略幽燕：宋辽战争军事灾难的战略分析》(香港：中文大学出版社，2003)。吴晗:《阵图和宋辽战争》，收入氏著《历史的镜子：吴晗讲历史》(北京：九州出版社，2008)，页 92—101。黄繁光:《论宋真宗对辽作战与阵图使用的关系》，《淡江史学》17 期（2006），页 43—65。王曾瑜:《宋朝兵制初探》。

的原则下，政策调整更为弹性而灵活。李曾伯与理宗的反复沟通，可以理解为政策指示与执行之间的落差，更可以视为赵宋政权性格在南宋所出现的调整与转变。

从宋蒙广西战役可以看到两宋经略广西的发展轨迹，与南宋经营西南门户的最终结果的背景。尽管北宋晚期程节、程邻父子经营广西地区取得了一定的成果，但权威性强的中央政策反复变化，以致西南经略不够深入，难以持续；复以南宋疏于耕耘，与蒙古相较，显然有所不足。因此，在李曾伯领导广西抗蒙前后近三年间，虽多方搜集情报，奏报过一百四十二份奏札，无奈信息多元，布防仓促，情势急迫，加以战力悬殊，宋廷最终难以摆脱战败的结局。

后　记

经历了长时间的淬炼，本书终于能在众多师友的祝福与期盼下顺利出版，内心的感慨与感激难以言喻。

我对历史的兴趣部分源自家庭基因，更多则来自成长经历。少时生活看似平稳无波，实则在在涌现政治与社会的内外冲击。少不更事的我身处其间，亟欲理解自身处境；随着年岁渐长，我的渴望汇聚为社会关怀，也引发了探寻时代变迁源头的企图心。我因缘际会走进了南宋，从此埋首于这个时代特有的风景，至今已逾四十年而不知老之将至。

我选择以南宋为学史志业，固然与寄现实关怀于历史世界有关，但更重要的原因在于这个时代是历史研究中尚待开垦的园地；且不论数十年前的史学界，即便时至今日，南宋都是块尚待拼补的历史地图。在学史之路上，我因个性与兴趣使然，选择了与前辈们不同的方向。我从文集入手，冀能以异于往昔的探讨方式，了解更为丰富多样的历史图像，一方面从宋元交替的朝代更迭，渐及于两宋之际的南渡伊始；另一方面由边缘人物与地方事务切入，从侧面理解政治问题，进而讨论社会性议题。

通过生活在遥远过去人们的主观眼光和只字词组，去拼凑出一个完整的社会图像与时代发展脉络并不容易，多年来我只能借着各类专题，一点一滴串联这些历史片段的轮廓。然而，研究议题多样，我自己兴趣多元，有时虽能抓住若干呈现时代特质的主题，却时常浅尝即止，未能深入；有时则限于个人学力，不敢轻率涉足经济、思想等在南宋更具意义的领域，以致四十余年来所拼织的南宋史图像，至今还是一片片零散的碎花布，虽有模糊的轮廓，而无清晰且完整的样貌。这种无法求全的窘困，固与研究途径有关，另来也是受自身学养所限，临老虽有感悟，却也无可如何。

本书雏形发想于我结束多年的宋代家族研究，将之编整为专书出版之际。当时我甫脱身心困境，人生再次充满壮年旺志，自我期许能在新的研究阶段中，尝试从较大的问题框架出发，梳理、整合个别历史课题，不再局限于单一的个案研究。适巧余英时教授与邓小南教授两本宋史研究巨著相继问世，两书的政治文化讨论对宋史学界和我个人都有不小的影响；而后承邓小南教授之邀，加入信息渠道研究专项，遂触发了我从基层结构、政治适应与信息流动三个侧面探讨南宋社会，进而整合于政治观察之下，汇集成专题性书册的规划。

此时，国外已不乏对既有政治史的检讨，或对社会史、文化史，乃至叙事书写的反思，而国内学者也基于研究经验与学术传承之需，重新认识政治史研究的意义。是以书稿初规划时，我自忖个人的历史观察与写作形态，着重多视角关照，期望收拢各种社会图样，以响应当时的政治发展情况，或可为国内长期沉寂的政治史研究提供新的讨论方式。为求在本书中更细致地说明自己的政治观察构想，我在书稿修订过程中，翻阅若干讨论国内外历史学发展的作品，方知自己学史历程的土法炼钢，无形中竟与国际间重启政治史研究的氛围相映成趣。

长年在行政与学术中两头燃烧，我的研究是攻错他山少，埋首造车多。得知自己的理念与其他学人的史学研究反思殊途同归，一则喜于学问的探索总能四海同鸣，另一则也开始苦思书中原有的“新政治史”新意何在，自己的研究理念又能否为学界增益。其间虽有亟欲出版之心，却迟迟无法厘清思绪，竟致难以成稿，心情之困顿实难以笔墨形容；书名再三改易，正是我思绪几度转折盘桓的写照。直至今春，我终于能为自己、为本书的政治史研究勾勒出妥适的定位——其新意不在改弦易辙，而在返约为博；既是回归，也就无须标举为新视野、新途径——遂决定在最后一次整理文稿后送交出版。过程相当顺利，无奈此时健康再亮红灯，我自知已无拖延本钱，乃在获得审核意见之后全力修订，终有今日的顺利出版。

历经无数的煎熬与困顿，本书有幸能获学界赐正，要说的话和感谢的人很多很多。四年来，我既遭逢生涯重大转折，也再一次面临生命挑战。2009年，有感于长年身兼烦琐而沉重的行政工作，身心已无力应付，我选择卸下公职。幸得时中兴大学萧介夫校长、台北“中央研究院”历史语言研究所王汎森所长的谅解，以及长庚大学杨定一董事长与包家驹校长的接纳，方能转换跑道，暂时退而不休。两年来，我在良好的医疗照顾下，既得化育英才之乐，又能有较充裕的时间回归研究，让暮年人生尚能发挥余温。

和前次出版《宋代的家族与社会》时情况类似，此次整理书稿我再逢性命交关的时刻。我与内人锦香原期盼退休后能颐养天年，近三年来却相继致病。虽在王惠畅与庄正铿两位名医的悉心照顾下，得以重拾彩色人生，但对我们的后半生而言是冷酷的警示。以往忙忙碌碌面对事务、想改变一切的雄心大志心态，势须调整，放下重担，寻找一个平稳的生活方式。目前一时未必能完全做到，但已逐步放慢步伐，调整态度，重新面对人生。庆幸的是，这三年来子女各已成家立业，奕霆与佳慧正展布新局，奕雯、柏戎为我带来予宽、予方二孙，事业也稳定发展；子嗣有继，烦恼不再，人生实可无憾。

本书文稿整理修订颇费时日，几至心力疲困。幸有昔日学生何晋勋先生费神重辑并提供修改意见，使全书主题逐渐聚焦，以之串联本书收录的每篇论文，且逐一调整、修订。熊慧岚小姐多年来担任我的助理，全心全力协助我处理研究以及庶务行政等杂务。她心思细密，处事认真，以温和而严肃的口气与我讨论问题，使每篇文章、每段文字都得费心思量修正，重新梳理，助我最多。陈雯怡女士与雷之波先生协助本书英译；曾美芳小姐和童永昌先生协助修订表格与文字，检核史料，减少失误。两位匿名审查人的修订意见，俾使本书从概念、论点到细部文字都能有所提升，让本书修订获得尚称满意的结果。李孝悌兄除了为本书提供补充意见，更能秉公处理，寻觅公正审查人，为学术把关，精神可感。本书承蒙陶晋生老师惠赐序文，嘉勉有加；陶老师不但是我的硕士、博士论文指导教授，长年来更对我的研究与健康关怀备至，尤为感谢。王德毅老师及众长官师友的盛情照抚，难言谢于一一，谨借本书表达永铭于心的感激之情。

我自知余生不长，却仍对毕生衷心致力的南宋史研究有些新的想法，希望持续以赴，对人文社会学界怀抱热忱，希望协助改善。虽是老大带病之身，但曾经徘徊于人生幽谷的经历，更让我萌生积极旺盛的意志，以面对未来的各种挑战。即便于今大小病痛不断，得定期接受各种检查，迫使我不得不放慢生活与工作的步伐，但我的脚步却不会就此遏止。我仍将保持青年时期乐观进取的心境，继续耕耘人生、学术与我对社会的志业。

我的人生历经艰涩，却承载厚重关爱与照护，因此虽有曲折却不掩精彩，在在都让我由衷感谢。锦香、子女与兄姐家人既担心我的健康，又无力阻止我对工作的偏执，在双重煎熬下，对我无止境的付出，使我能直道而行，无后顾之忧。在我人生每一个阶段，众多师友与工作伙伴对我抱持宽容，予我扶持，在关心我的健康之余，更在幕前幕后默默襄助，使我能克尽职责，不辱使命。廖运范院士与谢胜湖医师十多年来一直为我的健康把关，让我得以度过艰辛却美丽的人生。

最后，更要借此书衷心感念恩师林忠胜先生。我一生受惠于无数师长的恩泽，才得以成长，而林忠胜老师对我扶持尤巨。林老师不但开启我对中国历史的宏观视野，激发我投身学术的热忱，在我服役期间资助经费，助我度过困境，更积极鼓励我精进研究，让我有信心与勇气，在学术道途上继续迈进。林老师深耕教育，毕生献身历史教学与口述历史，是热爱乡土、功在千秋的教育家，成就足为当代知识分子标杆；老师虽然因病辞世，但学行将永为世人敬仰追思。我受教先生门下，蒙惠最多却无以回报，如今痛失良师，深感哀恸，谨以本书献给教我、助我的恩师。

黄宽重敬识

2011年9月12日中秋于

宜兰山水寨

参考书目

一、古代典籍

(一) 史籍、方志

〔唐〕杜佑撰，王文锦点校:《通典》，北京：中华书局，1988。

〔后晋〕刘昫等:《旧唐书》，台北：鼎文书局，1979。

〔宋〕范成大撰，陆振岳点校:《吴郡志》，南京：江苏古籍出版社，1999。

〔宋〕范坰、林禹:《吴越备史》，台北：台湾商务印书馆，1966，四部丛刊续编本。

〔宋〕李焘:《续资治通鉴长编》，北京：中华书局，1995。

〔宋〕李心传:《建炎以来系年要录》，台北：台湾商务印书馆，1983，景印文渊阁四库全书本。

〔宋〕梁克家纂修:《淳熙三山志》，收入中华书局编辑部编:《宋元方志丛刊》，北京：中华书局，1990。

〔宋〕陆游:《南唐书》，台北：台湾商务印书馆，1983，景印文渊阁四库全书本。

〔宋〕吕中:《宋大事记讲义》，台北：台湾商务印书馆，1983，景印文渊阁四库全书本。

〔宋〕马令:《南唐书》，台北：台湾商务印书馆，1966，四部丛刊续编本。

〔宋〕欧阳修:《新五代史》，台北：鼎文书局，1980。

〔宋〕欧阳修、宋祁:《新唐书》，台北：鼎文书局，1979。

〔宋〕确庵、耐庵编，崔文印笺证:《靖康稗史笺证》，北京：中华书局，1988。

〔宋〕司马光编著,〔元〕胡三省音注，标点资治通鉴小组校点:《资治通鉴》，北京：古籍出版社，1956。

〔宋〕宋绶、宋敏求编:《宋大诏令集》，台北：鼎文书局，1972。

〔宋〕王钦若等编:《册府元龟》，台北：台湾商务印书馆，1983，景印文渊阁四库全书本。

〔宋〕王溥:《五代会要》，台北：台湾商务印书馆，1983，景印文渊阁四库全书本。

〔宋〕谢深甫:《庆元条法事类》，台北：新文丰出版公司，1976。

〔宋〕徐梦莘:《三朝北盟会编》，上海：上海古籍出版社，1987，影印清许涵度刻本。

〔宋〕薛居正等:《旧五代史》，台北：鼎文书局，1981。

〔宋〕宇文懋昭撰，崔文印校证:《大金国志校证》，北京：中华书局，1986。

〔元〕不著撰人:《宋史全文》，台北：台湾商务印书馆，1983，景印文渊阁四库全书本。

〔元〕冯福京修，〔元〕郭荐纂:《大德昌国州图经》，收入中华书局编辑部编:《宋元方志丛刊》，北京：中华书局，1990。

〔元〕胡三省:《通鉴释文辨误》，台北：台湾商务印书馆，1983，景印文渊阁四库全书本。

〔元〕马端临:《文献通考》，台北：新兴书局，1963，影印武英殿本。

〔元〕马泽修，〔元〕袁桷纂:《延祐四明志》，收入中华书局编辑部编:《宋元方志丛刊》，北京：中华书局，1990。

〔元〕脱脱等:《宋史》，台北：鼎文书局，1980。

〔元〕脱脱等:《金史》，台北：鼎文书局，1980。

〔元〕脱脱等:《辽史》，台北：鼎文书局，1980。

〔元〕王元恭修，〔元〕王厚孙、徐亮纂:《至正四明续志》，收入中华书局编辑部编:《宋元方志丛刊》，北京：中华书局，1990。

〔明〕宋濂等:《元史》，台北：鼎文书局，1980。

〔清〕蒋廷锡等纂:《古今图书集成》，上海：中华书局，1934。

〔清〕吴任臣撰，徐敏霞、周莹点校:《十国春秋》，北京：中华书局，1983。

〔清〕徐松辑:《宋会要辑稿》，台北：新文丰出版公司，1976。

〔清〕张道超等修，〔清〕马九功等纂:《伊阳县志》，台北：成文出版社，1976。

蕉封桐修，萧国桢纂:《修武县志》，台北：成文出版社，1976。

刘莲青、张仲友等纂修:《巩县志》，台北：成文出版社，1968。

（二）文集、笔记、杂著

〔宋〕蔡襄:《端明集》，台北：台湾商务印书馆，1983，景印文渊阁四库全书本。

〔宋〕陈耆卿:《嘉定赤城志》，收入中华书局编辑部编:《宋元方志丛刊》，北京：中华书局，1990。

〔宋〕陈舜俞:《都官集》，台北：台湾商务印书馆，1983，景印文渊阁四库全书本。

〔宋〕陈襄:《州县提纲》，台北：台湾商务印书馆，1983，景印文渊阁四库全书本。

〔宋〕陈著:《本堂集》，台北：台湾商务印书馆，1983，景印文渊阁四库全书本。

〔宋〕程珌:《洺水集》，台北：台湾商务印书馆，1983，景印文渊阁四库全书本。

〔宋〕范祖禹:《范太史集》，台北：台湾商务印书馆，1983，景印文渊阁四库全书本。

〔宋〕句延庆:《锦里耆旧传》，台北：台湾商务印书馆，1983，景印文渊阁四库全书本。

〔宋〕韩淲:《涧泉日记》，台北：台湾商务印书馆，1983，景印文渊阁四库全书本。

〔宋〕洪迈:《容斋随笔》，上海：上海古籍出版社，1978。

〔宋〕洪适:《盘洲文集》，台北：台湾商务印书馆，1965，四部丛刊初编本。

〔宋〕胡宿:《文恭集》，台北：台湾商务印书馆，1983，景印文渊阁四库全书本。

〔宋〕胡太初:《昼帘绪论》，收入官箴书集成编纂委员会编:《官箴书集成》，合肥：黄山书社，1997。

〔宋〕黄干:《勉斋集》，台北：台湾商务印书馆，1983，景印文渊阁四库全书本。

〔宋〕黄震:《黄氏日抄》，台北：大化书局，1984，影印乾隆三十三年刊本。

〔宋〕李光:《庄简集》，台北：台湾商务印书馆，1983，景印文渊阁四库全书本。

〔宋〕李元弼:《作邑自箴》，收入官箴书集成编纂委员会编:《官箴书集成》，合肥：黄山书社，1997。

〔宋〕李曾伯:《可斋杂藁》，台北：台湾商务印书馆，1983，景印文渊阁四库全书本。

〔宋〕刘克庄:《后村先生大全集》，台北：台湾商务印书馆，1967，四部丛刊初编本。

〔宋〕龙衮:《江南野史》，台北：台湾商务印书馆，1983，景印文渊阁四库全书本。

〔宋〕楼钥:《攻媿集》，台北：台湾商务印书馆，1979，四部丛刊初编本。

〔宋〕陆游撰，李剑雄、刘德权点校:《老学庵笔记》，北京：中华书局，1979。

〔宋〕彭龟年:《止堂集》，台北：台湾商务印书馆，1983，景印文渊阁四库全书本。

〔宋〕邵伯温撰，李剑雄、刘德权点校:《邵氏闻见录》，北京：中华书局，1983。

〔宋〕沈辽:《云巢编》，台北：台湾商务印书馆，1983，景印文渊阁四库全书本。

〔宋〕史弥坚修，〔宋〕卢宪纂:《嘉定镇江志》，收入中华书局编辑部编:《宋元方志丛刊》，北京：中华书局，1990。

〔宋〕舒璘:《舒文靖集》，台北：台湾商务印书馆，1983，景印文渊阁四库全书本。

〔宋〕司马光:《传家集》，台北：台湾商务印书馆，1983，景印文渊阁四库全书本。

〔宋〕司马光撰，邓广铭、张希清点校:《涑水记闻》，北京：中华书局，1989。

〔宋〕苏辙著，曾枣庄、马德富校点:《栾城集》，上海：上海古籍出版社，1987。

〔宋〕王明清:《挥麈录》，北京：中华书局，1961。

〔宋〕王庭珪:《卢溪文集》，台北：台湾商务印书馆，1983，景印文渊阁四库全书本。

〔宋〕吴泳:《鹤林集》，台北：台湾商务印书馆，1983，景印文渊阁四库全书本。

〔宋〕熊克:《中兴小纪》，福州：福建人民出版社，1985。

〔宋〕杨亿:《武夷新集》，台北：台湾商务印书馆，1983，景印文渊阁四库全书本。

〔宋〕叶梦得撰，侯忠义点校:《石林燕语》，北京：中华书局，1984年。

〔宋〕叶适:《叶适集》，北京：中华书局，1961。

〔宋〕俞文豹撰，张宗祥辑补并校:《吹剑四录》，收入杨家骆主编:《宋人札记八种》，台北：世界书局，1963。

〔宋〕袁采:《袁氏世范》，台北：台湾商务印书馆，1983，景印文渊阁四库全书本。

〔宋〕袁甫:《蒙斋集》，台北：台湾商务印书馆，1983，景印文渊阁四库全书本。

〔宋〕袁文:《瓮牖闲评》，上海：上海古籍出版社，1985。

〔宋〕袁燮:《絜斋集》，台北：台湾商务印书馆，1983，景印文渊阁四库全书本。

〔宋〕曾巩撰，陈杏珍、晁继周点校:《曾巩集》，北京：中华书局，1984。

〔宋〕张端义:《贵耳集》，台北：木铎出版社，1982。

〔宋〕张方平:《乐全集》，台北：台湾商务印书馆，1983，景印文渊阁四库全书本。

〔宋〕张纲:《华阳集》，台北：台湾商务印书馆，1986，四部丛刊三编本。

〔宋〕张齐贤:《洛阳缙绅旧闻记》，台北：台湾商务印书馆，1983，景印文渊阁四库全书本。

〔宋〕赵彦卫撰，杨家骆主编，刘雅震点校:《新校云麓漫钞》，台北：世界书局，

1959。

〔宋〕赵与褰:《辛巳泣蕲录》，收入《笔记小说大观》，台北：新兴书局，1988。

〔宋〕真德秀:《西山先生真文忠公文集》，台北：台湾商务印书馆，1965，四部丛刊初编本。

〔宋〕真德秀:《西山政训》，台北：新文丰出版公司，1985，丛书集成新编本。

〔宋〕郑刚中撰，〔宋〕郑良嗣编:《北山集》，台北：台湾商务印书馆，1983，景印文渊阁四库全书本。

〔宋〕周密撰，吴企明点校:《癸辛杂识》，北京：中华书局，1988。

〔宋〕朱熹:《朱文公政训》，台北：新文丰出版公司，1985，丛书集成初编本。

〔宋〕朱熹撰，郭齐、尹波点校:《朱熹集》，成都：四川教育出版社，1996。

〔元〕程端礼:《畏斋集》，台北：新文丰出版公司，1988，四明丛书本。

〔元〕戴表元:《剡源戴先生文集》，台北：台湾商务印书馆，1979，四部丛刊初编本。

〔元〕戴良:《九灵山房集》，台北：台湾商务印书馆，1983，景印文渊阁四库全书本。

〔元〕袁桷:《清容居士集》，台北：台湾商务印书馆，1965，四部丛刊初编本。

〔明〕何乔新:《椒邱文集》，台北：台湾商务印书馆，1983，景印文渊阁四库全书本。

〔明〕黄淮、杨士奇编:《历代名臣奏议》，上海：上海古籍出版社，1989，影印明永乐内府刊本。

〔清〕董诰等编:《全唐文》，北京：中华书局，1983。

〔清〕端方:《匋斋藏石记》，香港：香港明石文化国际出版有限公司，2004。

〔清〕黄宗羲:《宋元学案》，北京：中华书局，1986。

〔清〕罗振玉:《罗雪堂先生全集》，台北：大通书局，1989，景印陈氏庆余堂刊本。

〔清〕全祖望:《鲒埼亭集》，台北：华世出版社，1977。

〔清〕王昶:《金石萃编》，收入中国东方文化研究会历史文化分会编:《历代碑志丛书》，南京：江苏古籍出版社，1998。

〔清〕王言:《金石萃编补略》，收入中国东方文化研究会历史文化分会编:《历代碑志丛书》，南京：江苏古籍出版社，1998。

〔清〕王梓材、冯云濠:《宋元学案补遗》，台北：新文丰出版公司，1988，四明丛书本。

〔清〕汪森编:《粤西文载》，台北：台湾商务印书馆，1983，景印文渊阁四库全书本。

(三) 史料纂辑

陈柏泉编著:《江西出土墓志选编》，南昌：江西教育出版社，1991。

陈尚君辑纂:《旧五代史新辑会证》，上海：复旦大学出版社，2005。

国家图书馆善本金石组编:《宋代石刻文献全编》，北京：北京图书馆出版社，2003。

吴钢主编:《全唐文补遗》，西安：三秦出版社，1994。

曾枣庄、刘琳主编:《全宋文》，上海：上海辞书出版社，2006。

中国社会科学院历史研究所宋辽金元史研究室点校:《名公书判清明集》，北京：中华书局，1987。

周绍良、赵超主编:《唐代墓志汇编续集》，上海：上海古籍出版社，2001。

二、今人论著

安国楼:《宋朝周边民族政策研究》，台北：文津出版社，1997。

白钢主编:《中国政治制度通史》，北京：人民出版社，1996。

包伟民:《宋代地方财政史研究》，上海：上海古籍出版社，2001。

包伟民主编:《宋代制度史研究百年（1900—2000）》，北京：商务印书馆，2004。

包弼德（Peter K. Bol）著，刘宁译:《斯文：唐宋思想的转型》，南京：江苏人民出版社，2001。

彼得·柏克（Peter Burke）著，江政宽译:《法国史学革命：年鉴学派1929—89》，台北：麦田出版社，1997。

陈雯怡:《由官学到书院——从制度与理念的互动看宋代教育的演变》，台北：联经出版事业公司，2004。

邓小南:《宋代文官选任制度诸层面》，石家庄：河北教育出版社，1993。

邓小南:《祖宗之法——北宋前期政治述略》，北京：生活·读书·新知三联书店，

2006。

邓小南主编:《政绩考察与信息渠道——以宋代为重心》，北京：北京大学出版社，2008。

段玉明:《大理国史》，昆明：云南民族出版社，2003。

龚延明:《宋史职官志补正》，杭州：浙江古籍出版社，1991。

郭正忠:《两宋城乡商品货币经济考》，北京：经济管理出版社，1997。

韩森（Valerie Hansen）著，包伟民译:《变迁之神：南宋时期的民间信仰》，杭州：浙江人民出版社，1999。

何忠礼:《宋史选举志补正》，杭州：浙江古籍出版社，1992。

河南省文物考古研究所编:《北宋皇陵》，郑州：中州古籍出版社，1997。

河原正博:「漢民族華南発展史研究」，东京：吉川弘文馆，1984。

黄宽重:《晚宋朝臣对国是的争议——理宗时代的和战、边防与流民》，台北：台湾大学文学院，1978。

黄宽重:《南宋地方武力——地方军与民间自卫武力的探讨》，台北：东大图书公司，2002。

黄宽重:《南宋时代抗金的义军》，台北：联经出版事业公司，1988。

黄宽重:《宋代的家族与社会》，台北：东大图书公司，2006。

黄宽重主编:《汉学研究》27卷2期“宋代的信息传递与政令运行”专辑，台北：汉学研究中心，2009。

贾志扬（John W.Chaffee）:《宋代科举》，台北：东大图书公司，1995。

李昌宪:《宋代安抚使考》，济南：齐鲁书社，1997。

李弘祺:《宋代官学教育与科举》，台北：联经出版事业公司，1994。

李弘祺:《宋代教育散论》，台北：东升出版事业公司，1980。

李锦绣:《唐代财政史稿　下卷》，北京：北京大学出版社，2001。

李天鸣:《宋元战史》，台北：食货出版社，1988。

李全德:《唐宋变革期枢密院研究》，北京：国家图书馆出版社，2009。

梁天锡:《宋代祠禄制度考实》，香港：龙门书店，1978。

梁天锡:《宋枢密院制度》，台北：黎明文化事业公司，1981。

梁天锡:《宋宰辅制度研究论集·第一辑·宋宰辅兼摄制度》，香港：中国佛教文化出版有限公司，1996。

梁天锡:《宋宰相表新编》，台北:“国立”编译馆，1996。

梁庚尧:《南宋的农村经济》，台北：联经出版事业公司，1984。

刘子健:《两宋史研究汇编》，台北：联经出版事业公司，1987。

刘子健:《欧阳修的治学与从政》，香港：新亚研究所，1963。

斯波义信著，方健、何忠礼译:《宋代江南经济史研究》，南京：江苏人民出版社，2001。

斯波义信著，庄景辉译:《宋代商业史研究》，台北：稻禾出版社，1997。

寺地遵著，刘静贞、李今芸译:《南宋初期政治史研究》，台北：稻禾出版社，1995。

陶晋生:《宋辽关系史研究》，台北：联经出版事业公司，1984。

王曾瑜:《宋朝兵制初探》，北京：中华书局，1983。

王曾瑜:《宋朝阶级结构》，石家庄：河北教育出版社，1996。

严耕望:《中国地方行政制度史（甲）秦汉地方行政制度》,《“中央研究院”历史语言研究所专刊》45A，1961。

严耕望:《中国地方行政制度史（乙）魏晋南北朝地方行政制度》,《“中央研究院”历史语言研究所专刊》45B，1963。

余英时:《朱熹的历史世界——宋代士大夫政治文化的研究》，台北：允晨文化出版公司，2003。

虞云国:《宋代台谏制度研究》，上海：上海社会科学院出版社，2001。

曾瑞龙:《经略幽燕：宋辽战争军事灾难的战略分析》，香港：中文大学出版社，2003。

赵冬梅:《文武之间：北宋武选官研究》，北京：北京大学出版社，2010。

郑智鸿:《雅克·勒高夫的法式新史学》，台北：唐山出版社，2007。

朱开宇:《科举社会、地域秩序与宗族发展——宋明间的徽州，1100—1644》，台北：台湾大学出版中心，2004。

朱迎平:《宋代刻书产业与文学》，上海：上海古籍出版社，2008。

三、论文

岸本美绪讲述，朱庆薇记录整理:《“秩序问题”与明清江南社会》,《近代中国史研究通讯》32期（2001），页50—58。

岸本美绪著，何淑宜译:《明清地域社会论的反思》,《近代中国史研究通讯》30期（2000），页164—176。

包弼德:《地方传统的重建——以明代的金华府为例（1480—1758）》，收入李伯重、周生春主编:《江南的城市工业与地方文化（960—1850）》，北京：清华大学出版社，2004，页247—286。

包伟民:《略论元初四明儒士的遗民心态》,《中国史研究》2011年1期，页157—167。

包伟民:《走向自觉：关于深入拓展中国古代制度史研究的几个问题（代前言）》，收入包伟民主编:《宋代制度史研究百年（1900—2000）》，北京：商务印书馆，2004，页1—9。

曹家齐:《宋代文书传递制度述论》，收入邓小南主编:《政绩考察与信息渠道——以宋代为重心》，北京：北京大学出版社，2008，页341—377。

常建华:《日本80年代以来的明清地域社会研究述评》,《中国社会经济史研究》1998年2期，页72—83。

陈冠文:《宋代广西汉、壮民族间的文化交流》,《广西民族研究》1989年4期，页68—71。

陈伟明:《宋代岭南主粮与经济作物的生产经营》,《中国农史》1990年1期，页20—31。

陈振:《关于宋代的县尉与尉司》,《中州学刊》1987年6期，页113—116。

陈振:《论宋代的县尉》，收入邓广铭、徐规等主编:《宋史研究论文集》，杭州：浙江人民出版社，1987，页308—323。

陈振:《宋史研究中官制引起的几个问题》，收入《宋史论集》，郑州：中州书画社，1983，页178—201。

陈智超:《南宋二十户豪横的分析》，收入邓广铭、徐规等主编:《宋史研究论文集》，杭州：浙江人民出版社，1987，页248—266。

陈智超:《一二五八年前后宋、蒙、陈三朝间的关系》，收入邓广铭、程应镠主编:

《宋史研究论文集》，上海：上海古籍出版社，1982，页410—452。

戴建国：《宋代的狱政制度》，收入氏著《宋代法制初探》，哈尔滨：黑龙江人民出版社，2000，页264—280。

邓广铭：《南宋对金斗争中的几个问题》，《历史研究》1963年2期，页21—32。后收入氏著《邓广铭治史丛稿》，北京：北京大学出版社，1997，页144—162。

邓广铭：《宋史刑法志考正》，《"中央研究院"历史语言研究所集刊》20本下（1948），页123—173。

邓广铭：《宋史职官志考正》，《"中央研究院"历史语言研究所集刊》10本（1948），页433—593。

邓小南：《北宋苏州的士人家族交游圈——以朱长文之交游为核心的考察》，《国学研究》3卷（1995），页451—488。

邓小南：《龚明之与宋代苏州的龚氏家族：兼谈南宋昆山士人家族的交游与沉浮》，收入《中国近世家族与社会学术研讨会论文集》，台北："中央研究院"历史语言研究所，1998，页81—109。

刁培俊：《当代中国学者关于宋朝职役制度研究的回顾与展望》，《汉学研究通讯》22期3卷（2003），页15—26。

刁培俊：《分工与合作：两宋乡役职责的演变》，《河北大学学报（哲学社会科学版）》2005年4期，页95—99。

刁培俊：《宋代的富民与乡村治理》，《河北学刊》2005年2期，页149—153。

刁培俊：《宋代乡村精英与社会控制》，《社会科学辑刊》2004年2期，页91—96。

刁培俊：《乡村中国家制度的运作、互动与绩效：试论两宋户等制的紊乱及其对乡役制的影响》，《中国社会经济史研究》2006年3期，页10—20。

方诚峰：《统会之地——县学与宋末元初嘉定地方社会的秩序》，《新史学》16卷3期（2004），页1—22。

方震华：《文武纠结的困境——宋代的武举与武学》，《台大历史学报》33期（2004），页1—41。

方震华：《军务与儒业的矛盾——衡山赵氏与晚宋统兵文官家族》，《新史学》17卷2期（2006），页1—54。

方积六：《关于唐代团结兵的探讨》，《文史》25辑（1985），页95—108。

高聪明：《论南宋财政岁入及其与北宋岁入之差异》，收入漆侠主编：《宋史研究论丛》第三辑，保定：河北大学出版社，1999，页214—225。

郭恩秀：《八〇年代宋代宗族史中文论著研究回顾》，《新史学》16卷1期（2005），页125—157。

何晋勋：《宋代地方士大夫家族势力的构成——以鄱阳湖地区为例》，台湾清华大学历史研究所硕士论文，1995。

洪业：《高似孙史略笺正序之一》，《史学年报》1卷5期（1933），页1—10。

侯旭东：《传舍使用与汉帝国的日常统治》，《中国史研究》2008年1期，页61—82。

华山：《南宋初年的宋金陕西之战》，《历史教学》1955年6月号，页19—23。

黄纯艳：《宋朝对交趾和占城的政策：以朝贡贸易为中心》，发表于"第十届海洋史国际学术研讨会会议"，2008。

黄繁光：《论宋真宗对辽作战与阵图使用的关系》，《淡江史学》17期（2006），页43—65。

黄繁光：《南宋中晚期的役法实况——以〈名公书判清明集〉为考察中心》，收入漆侠主编：《宋史研究论文集》，保定：河北大学出版社，2002，页236—261。

黄繁光：《宋代民户的职役负担》，台北：文化大学史学研究所博士论文，1980。

黄宽重：《北宋晚期对广西的经略——以程节、程邻父子为中心的讨论》，收入《法国汉学》丛书编辑委员会编：《法国汉学·第12辑：边臣与疆吏》，北京：中华书局，2007，页208—225。

黄宽重：《串建历史记忆　形塑家族传承——以楼钥及其族人的书画文物搜藏与书籍刊刻为例》，《故宫学术季刊》28卷3期（2011），页39—60。

黄宽重：《从害韩到杀岳：南宋收兵权的变奏》，收入《国际宋史研讨会论文集》，台北：文化大学史学研究所史学系，1988，页517—534。

黄宽重：《从和战到南北人——南宋时代的政治难题》，收入《中国历史上的分与合学术研讨会论文集》，台北：联合报系文化基金会，1995，页169—189。

黄宽重：《地方武力与国家认同：以两宋之际洛阳地区的地方势力为例》，发表于"十至十三世纪中国文化的碰撞与融合暨赤峰第三届中国古代北方文化国际学术研讨会"，内蒙古赤峰，2004。

黄宽重：《割据势力、经济利益与政治抉择——宋、金、蒙政局变动下的李全、李璮父子》，收入《世变、群体与个人》，台北：台湾大学历史系，1996，页87—106。

黄宽重:《贾涉事功述评——以南宋中期淮东防务为中心》,《汉学研究》20卷2期(2002)，页165—188。

黄宽重:《郦琼兵变与南宋初期的政局》,《“中央研究院”历史语言研究所集刊》60本1分(1989)，页93—121。后收入氏著《南宋军政与文献探索》，台北：新文丰出版公司，1990，页51—104。

黄宽重:《略论南宋时代的归正人》(上)(下),《食货月刊》7卷3期(1977)，页15—24；7卷4期(1977)，页22—33。

黄宽重:《马扩与两宋之际的政局变动》,《“中央研究院”历史语言研究所集刊》61本4分(1990)，页789—808。

黄宽重:《秦桧与文字狱》，收入岳飞研究会编:《岳飞研究·第四辑——岳飞暨宋史国际学术研讨会论文集》，北京：中华书局，1996，页152—172。

黄宽重:《宋代浮梁程氏家族的兴替》，收入《中国近世家族与社会学术研讨会论文集》，台北：“中央研究院”历史语言研究所，1998，页195—212。

黄宽重:《宋代四明士族人际网络与社会文化活动——以楼氏家族为中心的观察》,《“中央研究院”历史语言研究所集刊》70本3分(1999)，页627—669。

黄宽重:《宋代四明袁氏家族研究》，收入《宋史研究集》第二十三辑，台北：“国立”编译馆，1995，页479—517。

黄宽重:《唐宋基层武力与基层社会的转变——以弓手为中心的观察》,《历史研究》2004年1期，页3—17。

黄宽重:《以艺会友——楼钥的艺文涵养养成及书画同好》,《长庚人文社会学报》4卷1期(2011)，页55—92。

黄宽重、梁庚尧:《南宋时代邕州的横山寨》,《汉学研究》3卷2期(1985)，页507—534。

黄清连:《圆仁与唐代巡检》,《“中央研究院”历史语言研究所集刊》68本4分(1997)，页899—942。

金荣济:《财政集权化的推移与地方财政：从地方财政看唐宋变革》，发表于“第53回东方学会”，东京，2003。

雷家宏:《宋代“弓手”述论》,《晋阳学刊》1993年4期，页65—71。

李华瑞:《宋代妇女地位与宋代社会史研究》，收入邓小南主编:《唐宋女性与社会》，上海：上海辞书出版社，2003，页905—916。

李家豪:《没落或再生：论元代四明地区的士人与家族》，台北：台湾大学历史学系研究所硕士论文，1998。

李如钧:《官民之间：宋元学田争端初探》，收入黄宽重主编:《基调与变奏：七至二十世纪的中国（社会思想）》，台北：政治大学历史学系等，2008，页151—168。

梁庚尧:《豪横与长者：南宋官户与士人居乡的两种形象》,《新史学》4卷4期（1993），页45—95。

梁庚尧:《家族合作、社会声望与地方公益：宋元四明乡曲义田的源起与演变》，收入《中国近世家族与社会学术研讨会论文集》，台北："中央研究院"历史语言研究所，1998，页213—237。

梁庚尧:《南宋的贡院》,《中国史学》1卷（1992），页35—61。

梁庚尧:《南宋的贫士与贫宦》,《台湾大学历史学系学报》16期（1991），页91—137。

梁庚尧:《南宋的社仓》,《史学评论》4期（1982），页1—33。后收入氏著《宋代社会经济史论集》下册，台北：允晨文化出版公司，1997，页427—473。

梁庚尧:《南宋广南的盐政》,《大陆杂志》88卷1期（1994），页7—19；88卷2期（1994），页14—27；88卷3期（1994），页15—27。

梁庚尧:《宋代财政的中央集权趋向》，收入胡建国主编:《中华民国史专题论文集（第五届讨论会）》，台北："国史馆"，2000，页563—581。

梁庚尧:《宋代福州士人与举业》,《东吴历史学报》11期（2004），页175—213。

林煌达:《唐宋州县吏员之探讨》，收入黄宽重主编:《基调与变奏：七至二十世纪的中国（政治外交军事）》，台北：政治大学历史学系等，2008，页125—148。

刘琴丽:《五代巡检研究》,《史学月刊》2003年6期，页34—41。

刘子健:《刘宰和赈饥》,《北京大学学报（哲学社会科学版）》1979年3期，页54—62。后收入氏著《两宋史研究汇编》，台北：联经出版事业公司，1987，页307—359。

柳立言:《"杯酒释兵权"新说质疑》，收入《宋史研究集》第二十二辑，台北："国立"编译馆，1992，页1—20。

柳立言:《从赵鼎〈家训笔录〉看南宋浙东的一个士大夫家族》，收入第二届国际华学研究会议秘书处主编:《第二届国际华学研究会议论文集》，台北：文化大学出版社，1991，页495—550。

柳立言：《南宋政治初探——高宗阴影下的孝宗》，《“中央研究院”历史语言研究所集刊》57本3分（1986），页533—584。

柳田節子：「宋代の県尉ー土地問題に関連してー」，收入氏著『宋元社会経済史研究』，东京：创文社，1995，页184—197。

苗书梅：《宋代基层社会管理体制的重要一环：巡检问题再探》，发表于“第三届中国史学会：‘基调与变奏：七至二十世纪的中国’国际学术研讨会”，台北：政治大学历史学系等，2007。

苗书梅：《宋代巡检初探》，《中国史研究》1989年3期，页41—54。

聂崇岐：《论宋太祖收兵权》，《燕京学报》34期（1948），页85—106。后收入氏著《宋史丛考》上册，台北：华世出版社，1986，页263—282。

聂崇岐：《宋代府州军监之分析》，《燕京学报》29期（1941），页1—56。后收入氏著《宋史丛考》上册，台北：华世出版社，1986，页70—126

聂崇岐：《宋役法述》，《燕京学报》33期（1947），页196—271、322—324。后收入氏著《宋史丛考》上册，台北：华世出版社，1986，页1—69。

皮庆生：《宋人的正祀、淫祀观》，《东岳论丛》26卷4期（2005），页25—35。

平田茂树：《日本宋代政治史研究述评》，收入包伟民主编：《宋代制度史研究百年（1900—2000）》，北京：商务印书馆，2004，页40—63。

钱穆：《论宋代相权》，《中国文化研究汇刊》2卷（1942），页145—150。

覃成号：《宋代南丹蛮、抚水蛮、环州蛮之社会形态》，《广西民族研究》1991年1期，页87—91。

日野開三郎：「唐代藩鎮の跋扈と鎮将」（2）（3）（4），『東洋学報』27卷1号（1939），页1—62；27卷2号（1940），页153—212；27卷3号（1940），页311—350。

日野開三郎：「五代鎮将考」，『東洋学報』25卷2号（1938），页216—247。后收入刘俊文主编：《日本学者研究中国史论著选译》5卷，北京：中华书局，1993，页72—104。

山口智哉：「宋代郷飲酒礼考——儀礼空間としてみた人的結合の〈場〉」，『史学研究』241号（2003），页66—96。

石田肇：「南宋明州の高氏一族について——高閌・高文虎・高似孫のこと」，收入宋代史研究会编：『宋代の社会と宗教』，东京：汲古书院，1985，页225—256。

石文济:《南宋初期军力的建立》,《史学汇刊》9期(1978),页75—81。

宋晞:《宋代役法与户等的关系》,收入氏著《宋史研究论丛》第三辑,台北:文化大学出版部,1988,页1—26。

苏基朗:《中国经济史的空间与制度:宋元闽南个案的启示》,《历史研究》2003年1期,页35—43。

檀上宽著,夏日新译:《明清乡绅论》,收入刘俊文主编:《日本学者研究中国史论著选译》2卷,北京:中华书局,1993,页453—483。

汤佩津:《北宋的南边政策——以交趾为中心》,嘉义:中正大学历史研究所博士论文,2004。

王德毅:《略论宋代国计上的重大难题》,收入氏著《宋史研究论集》第二辑,台北:鼎文书局,1972,页287—313。

王德毅:《南宋杂税考》,收入氏著《宋史研究论集》第二辑,台北:鼎文书局,1972,页315—370。

王棣:《宋代乡司在赋税征收体制中的职权与运作》,《中州学刊》1999年2期,页126—131。

王棣:《宋代乡里两级制度质疑》,《历史研究》1999年4期,页99—112。

王棣:《从乡司地位变化看宋代乡村管理体制的转变》,《中国史研究》2000年1期,页82—93。

王华艳、范立舟:《南宋乡村的非政府势力初探》,《浙江社会科学》2004年1期,页134、193—198。

王锦屏:《20世纪60年代以来宋代民间信仰研究述评》(待刊稿)。

王曾瑜:《宋朝的吏户》,《新史学》4卷1期(1993),页43—106。

吴晗:《阵图和宋辽战争》,收入氏著《历史的镜子:吴晗讲历史》,北京:九州出版社,2008,页92—101。

吴雅婷:《回顾1980年以来宋代的基层社会研究——中文论著的讨论》,《中国史学》12期(2002),页65—93。

吴永章:《论宋代广西羁縻州制》,《广西民族研究》1989年2期,页44—53。

須江隆:「地域社会へのまなざし一祠廟制の新局面一」,发表于“第53回东方学会”,东京,2003。

许建昆:《孙克宽先生行谊考述》,《东海中文学报》18期(2006),页79—112。

杨效曾：《艰苦抗金的民族英雄李彦仙》，《文史杂志》2卷1期（1942），页57—63。

曾冠雄：《从化外到门户——论政权南移与南宋广西的发展》，新竹：台湾清华大学历史研究所硕士论文，1996。

曾我部静雄：「宋代の巡檢、県尉と招安政策」，收入氏著『宋代政経史の研究』，东京：吉川弘文馆，1974，页145—248。

张邦炜：《宋代避亲籍制度述评》，收入氏著《宋代婚姻家族史论》，北京：人民出版社，2003，页360—375。

张谷源：《宋代乡书手的研究》，台北：文化大学史学研究所硕士论文，1998。

张国刚：《唐代团结兵问题辨析》，《历史研究》1996年4期，页37—49。

张雄：《宋代广西左江羁縻州概说》，《中南民族学院学报（哲学社会科学版）》1990年3期，页5—10。

张荫麟：《北宋的外患和变法》，《思想与时代》5期（1941），页22—29；6期（1942），页31—38。后收入《张荫麟文集》，台北：中华丛书委员会，1956，页418—429。

张玉范：《〈攻媿集〉宋本、文渊阁四库全书本、武英殿聚珍本之比较》，《国学研究》11卷（2003），页351—364。

竺沙雅章：「宋代官僚の寄居について」，『東洋史研究』41卷1期（1982），页28—57。

佐竹靖彦：《宋代福建地区的土豪型物资流通和庶民型物资流通》，收入漆侠主编：《宋史研究论文集》，保定：河北大学出版社，2002，页220—235。

佐竹靖彦：「唐宋期福建の家族と社会—閩王朝の形成から科挙体制の展開まで—」，收入《中国近世家族与社会学术研讨会论文集》，台北："中央研究院"历史语言研究所，1998，页371—473。

佐竹靖彦：「『作邑自箴』の研究——その基礎的再構成」，『人文学報』238号（1993），页1—36。

图书在版编目(CIP)数据

政策与对策：宋代政治史探索 / 黄宽重著．
上海：上海三联书店，2025.7.- ISBN 978-7-5426-8814-9
I.D691.21
中国国家版本馆CIP数据核字第202588SD15号

图字：09-2025-0160号

政策与对策：宋代政治史探索
黄宽重　著

责任编辑 / 宋寅悦
策划编辑 / 林立扬
特约编辑 / 林立扬　赵玮婧
装帧设计 / 杨　慧
内文制作 / 孟小雨
责任校对 / 张大伟
责任印制 / 姚　军
出版发行 / 上海三联书店
（200041）中国上海市静安区威海路755号30楼
邮　　箱 / sdxsanlian@sina.com
邮购电话 / 编辑部：021-22895517
发行部：021-22895559
印　　刷 / 天津联城印刷有限公司
版　　次 / 2025年7月第1版
印　　次 / 2025年7月第1次印刷
开　　本 / 720mm × 1000mm　1/32
字　　数 / 230千字
印　　张 / 11.5
书　　号 / ISBN 978-7-5426-8814-9
定　　价 / 86.00元

如发现印装质量问题，影响阅读，请与印刷厂联系：010-84483866

后浪微信｜ hinabook

筹划出版｜银杏树下

出版统筹｜吴兴元

编辑统筹｜林立扬

责任编辑｜宋寅悦｜特约编辑｜林立扬　赵玮婧

装帧制造｜墨白空间｜ mobai@hinabook.com

封面设计｜杨　慧

后浪微博｜ @后浪图书

读者服务｜ editor@hinabook.com 188-1142-1266

投稿服务｜ onebook@hinabook.com 133-6631-2326

直销服务｜ buy@hinabook.com 133-6657-3072

后浪出版咨询(北京)有限责任公司
POST WAVE PUBLISHING CONSULTING (BEIJING) CO.,LTD